미국의
본심

일러두기

- 일부 용어 중 중국식 한자어 표기가 있으며, 인명의 경우 외래어 표기 원칙을 따랐으나 표기 확인이 어려운 인명은 관례적으로 사용하는 표기 형식을 따랐습니다.
- 이 책의 영어 제목은 《The New Cold War: U.S.– China Rivalry and the Future of Global Power》입니다.
- The English title of this book is *The New Cold War: U.S.– China Rivalry and the Future of Global Power*, authored by Dr. Seong–Hyon Lee.

트럼프 2.0 시대의
글로벌 각자도생
시나리오

미국의 본심

이성현 지음

THE FUTURE OF GLOBAL POWER

와이즈베리
WISEBERRY

프롤로그

힘의 시대와 대한민국의 선택

기원전 416년, 아테네는 펠로폰네소스 전쟁 중 중립을 지키던 멜로스(Melos) 섬을 침공하여 주민들을 학살했다. 이러한 국제 정치의 냉혹함은 투키디데스의 《펠로폰네소스 전쟁사》에 자세히 기록되어 있으며, 힘의 논리가 지배하는 국제 관계의 대표적인 사례로 남아 있다.

아테네인들이 중립을 선언한 멜로스 주민들을 무자비하게 학살한 유일한 이유는 그들이 약했고, 스스로를 방어할 힘이 부족했기 때문이다. 강대국은 중소국이 강대국 간의 경쟁 구도에서 '중립'을 고수하려는 입장을 자국의 권위에 대한 도전으로 간주하는 경향이 있다. 아테네는 멜로스를 무력으로 제압함으로써 다른 도시들에 명확한 경고를 보냈다.

2000년이 지난 오늘날에도 우리는 여전히 '힘의 논리'가 작동하는 세계에 살고 있다. 가자(Gaza) 지구에서 무고한 시민들이 희생되는 참상과 우크라이나-러시아 전쟁에서 수십만 명이 목숨을 잃는 동안, 세계 평화 유지의 책임을 표방하는 유엔^{UN}은 이러한 상황에 속수무책으로 대처하지 못하고 있다. 현실주의 국제정치학의 거장인 존 미어샤이머 교수는 약소국에게 '스스로를 지킬 힘을 키우라'고 조언한다.

물론 국제 질서는 단순히 힘만으로 작동하지 않는다. 제2차 세계대전 이후 형성된 국제법, 다자 협력 체제, 그리고 국제기구의 역할은 힘의 논리를 어느 정도 제어해왔다. 하지만 이러한 질서를 지탱해 온 미국의 영향력이 점차 약화하면서 우리는 다시금 힘의 역학이 노골적으로 작동하는 현실에 직면하고 있다.

윌리엄 번스 전 CIA 국장은 2024년《포린 어페어스》기고문에서 '미국이 더 이상 압도적인 우위를 점하지 못하는 시대'임을 정확히 짚어냈다. 미국은 이제 복합적인 도전을 홀로 감당할 수 없다. 대한민국이 미중 관계에 각별한 관심을 기울이는 이유는 과거부터 지정학적 변수로서 강대국들의 갈등에 종속되는 경험을 해왔기 때문이다. 특히 미중 간 긴장이 고조될수록 북한 문제를 포함한 한반도 현안의 조율은 더욱 어려워진다.

도널드 트럼프의 재선이 가지는 의미를 정확히 이해하는 것은 오늘날 대한민국에 필수적이다. 2016년 11월 그의 첫 당선 당시, 많은 이들이 이를 '이변'으로 치부했다. 그러나 이번 재선에서 그는 선거인단^{electoral college}과 일반 투표^{popular vote} 모두에서 승리했다. 무엇보다 펜실베이니아, 조지아, 위스콘신, 노스캐롤라이나 등 주요 경합주에서 승리를 거두며 필요한 270명의 선거인단을 훌쩍 넘는 312명을 확보했다. 또한 공화당 후보로서는 20년 만에 처음으로 전국 일반 투표에서도 승리했다.

이 승리로 공화당은 상원과 하원 모두에서 다수당으로서 강력한 입지를 확보하게 됐다. 트럼프의 승리로 공화당은 상원에서 전체 100석 중 53석을 차지해 다수당이 되었으며 하원에서도 전체 435석 중 220석을 확보하며 다수당 지위를 유지했다. 이는 '트럼프 현상'이 단순한 일회성 돌풍이 아님을 분명히 한다. 오히려 선거인단 수만 보더라도 그는 2016년 304명을 확보했던 데서 나아가 이번 재선에서는 더 많은 312명을 확보하며 미국 사회 내 지지가 오히려 더 증가했음을 보여준다. 핵심은 트럼프라는 개인이 아니라 '트럼피즘'Trumpism을 가능케 한 미국 사회의 구조적 변화다.

물론 트럼프 현상이 미국 정치의 유일한 흐름이라 말할 수는 없다. 미국의 정치 지형은 복잡하며 트럼프에 저항하는 시민사회와 정치적 반작용 역시 강력하다. 다양성과 포용, 다자주의적 국제 협력을 지지하는 세력도 여전히 미국 내에서 활발히 존재한다. 그럼에도 불구하고 트럼프가 상징하는 흐름은 그의 퇴장 이후에도 미국 정치와 국제 관계에 장기적 영향을 미칠 가능성이 크다.

이 책에 수록된 인터뷰에서 조지프 나이 하버드대 석좌교수는 미국의 소프트 파워soft power가 약화하고 있음을 지적했다. 트럼프의 일방주의와 다자주의에 대한 불신은 '아메리카 퍼스트'America First의 연장선이며 이 기조가 재선 이후에도 지속된다면 미국의 글로벌 리더십은 더욱 약화될 수 있다. 소프트 파워의 약화는 미국 외교 전반에 부정적인 영향을 미치며 국제 사회에서 리더십 공백을 초래할 수 있다.

한편, 중국의 경우 시진핑 주석의 영향력이 절대적이다. 다시 말해 미국에서는 트럼프 개인이 퇴장하더라도 그를 만든 사회적 기반이 지속할 가능성이 크고 중국에서는 시진핑 개인의 리더십이 구조를 좌우하는 구도가 뚜렷하다. 어느 쪽이 더 구조적인 지속성을 갖고 있는지는 진지하게 성찰할 문제다.

트럼프 2기 행정부가 2025년 1월 출범하기 전까지 3년간 주중 미국대사로 활동했던 니컬러스 번스는 이렇게 말했다. "중국에 부임했을 때 나의 핵심 임무는 장기적인 힘의 경쟁에서 미국의 전략적 입지를 강화하는 것이었다. 이제 미국으로 돌아가며 나는 미국이 효과적으로 경쟁해왔다고 확신한다. 특히 인도·태평양 지역에서 미국은 중국을 상대로 전략적 우위를 강화했다. 지금 미국은 예전보다 더 강해졌다."

11년간 중국에 거주했던 나의 경험에 비추어 볼 때 현재 중국이 겪고 있는 어려움은 매우 깊고 복합적이다. '제로 코로나' 정책으로 인한 경제적 타격은 일반적으로 알려진 것보다 훨씬 크며 시진핑 퇴진을 요구하는 공개 시위는 중국 사회에서 극히 이례적인 현상이었다. 청년 실업률 20.8퍼센트, 위험 수위의 지방정부 부채, 고령화와 노동 인구 감소로 인한 '중진국 함정' middle-income trap 우려 등 중국은 민심 이반, 경제 침체, 사회 위기라는 내부의 3중고에 직면해 있다. 여기에 미국의 군사 및 첨단 기술 압박이라는 외부의 2중고까지 더해져 중국의 전략적 입지는 더욱 좁아지고 있다.

최근 세계를 놀라게 한 중국의 '딥시크' DeepSeek, 深度求索 충격에서 내가 주목한 지점은 단지 기술 혁명이 아니라 그것이 가져올 수 있는 정신적 반등의 가능성이다. 탕핑躺平 세대로 불리는 중국 Z세대의 사회에 대한 체념적 태도에 대해 중국 정부는 이들에게 국가에 대한 자부심과 애국심을 고취하려는 기회로 활용하려 한다. 이는 1970년대 한국의 새마을 운동과 유사한 '헝그리 정신' 자극 시도와 유사하다. 향후의 흐름을 주의 깊게 지켜볼 필요가 있다.

한국에서는 미중 관계를 공생적인 G2 구도로 보는 낭만적 사고가 여전히 잔존한다. 미국이 대중 정책을 디커플링decoupling에서 디리스킹de-risking으로 전환한 것을 일각에서는 미중 화해로 오해하기도 했다. 마치 한국만 소외될 수 있다는 우려 속에서 조급하게 대중 관계 개선에 나서야 한다는 주장도 등장했다. 사안을 구분해 볼 필요가 있다.

첫째, 한국이 중국과 불필요하게 척지고 살 필요는 없다. 여기엔 중국 측의 노력도 필요하다. 둘째, 한국에서 종종 나오는 미중 데탕트 설이나 미중 그랜드 바겐 설은 심각한 오판이다. 미국의 대중 전략은 수사적으로는 건설적일 수 있으나 실질적으로는 더욱 견제 지향적이기 때문이다. 미중 갈등 서사가 10장까지 있는 책이라면 우린 현재 1장을 막 지나고 있을 뿐이다.

현재 미중 갈등의 양상은 과거 미소 냉전보다 더 불확실하고 위험하다. 열전熱戰, 즉 무력 충돌의 가능성이 완전히 배제될 수 없기 때문이다. 미 국방부가 일론 머스크에게 중국과의 전쟁 계획을 브리핑하려 했다는 논란도 이를 방증한다. 트럼프는 이를 가짜 뉴스로 일축했지만 실제로 해당 계획의 존재 여부에 대해서는 별다른 반박이 없다. 그레이엄 앨리슨

Graham Allison 하버드대 교수는 '미중 간 무력 충돌 가능성은 일반인의 인식보다 훨씬 크다'고 경고했다.

100여 년 전, 개화기 조선의 지식인들은 주변 열강의 의도와 전략을 제대로 읽지 못했고 그 대가로 국권을 상실했다. 정보 부족보다도 정보를 올바르게 해석할 수 있는 판단력과 잠재적 위기에 대처하는 상상력이 부족했던 것이다. 이 역사적 교훈은 지금도 유효하다.

지금 대한민국은 미중 갈등이 얼마나 악화할 수 있는지를 냉철하게 상상해야 할 시점에 서 있다. 세계 10위권 경제력을 가진 오늘의 대한민국이 과거처럼 국권을 완전히 상실할 가능성은 낮을지 모르나 그 어느 때보다도 고통스러운 결정을 강요받을 가능성은 커지고 있다.

대한민국의 전략적 모호성 strategic ambiguity 은 지금까지 나름의 성과를 거두었다. 이는 단순한 '영리한 회피'가 아니라 불확실한 국제 질서 속에서 국익을 극대화하려는 현실적 전략이었다. 그러나 미중 경쟁이 격화하고 양측의 요구가 날로 거세지는 상황에서 이 전략의 효용과 한계를 냉정히 재검토할 필요가 있다.

대한민국은 미중 두 강대국이 우리의 전략적 모호성을 '이해'해주고 있는 것이 아니라 각자의 이유로 '참아주고 있을 뿐'이라는 사실을 인식해야 한다. 이미 남중국해, 사드 배치, 화웨이 제재, G11 참여 등 주요 이슈에서 우리는 입장을 요구받아 왔다.

기억을 환기하자면 한국에서는 한때 중국 중심의 미래 질서에 대비하여 조기에 중국 편에 서야 한다는 주장도 제기된 바 있다. 그러나 이는 국제 정세를 지나치게 단순화한 인식에 기반한 것이었다. 그렇다고 미국이

나 중국 어느 한 국가에 전적으로 의존하는 접근이 유일한 해법은 아니다. 이제는 전략적 모호성을 넘어 한미 동맹을 건강하게 관리하면서 동시에 대한민국 고유의 전략적 자율성 공간을 확장해 나가야 할 시점이다. 이를 위해서는 국력의 뒷받침이 필요하다. 부국강병한 국가는 더 넓은 선택지를 가질 수 있다.

나는 코리아 피크 Korea Peak를 우려한다. 외부 도전이 커지는 와중에 내부적으로 사회 신뢰가 약화하고 있다. 12·3 계엄령 논란에서 대한민국 사회의 민주주의를 향한 저력을 확인한 점은 고무적이지만 계속되는 정치 갈등, 외교 마비, 사법 불신은 대한민국이 이번 시험을 온전히 버텨내지 못할 수도 있다는 불안을 증폭시킨다.

미중 갈등이 격화되는 이 시점은 국제 질서의 대전환기이기도 하다. 기존의 분석 틀로는 설명할 수 없는 복합성과 불확실성이 존재한다. 9·11 테러 이후 미국 정부가 강조한 '최악의 상황을 상상하지 못한 실패' A Failure to Imagine the Worst는 우리에게도 깊은 교훈을 준다. 우리는 최악을 상상하고 그에 대비하며 동시에 협력의 가능성을 탐색하고 전략적 자율성을 확대하는 창의적 외교를 추구해야 한다.

나는 20년 넘게 미국과 중국을 포함한 해외에서 살아오며 한 가지를 절감했다. 외국인들은 나를 '이성현'이라는 개인으로 보지 않고 언제나 '한국인'으로 인식했다. 우리는 지울 수 없는 운명 공동체적 정체성을 지녔다. 이 격변의 시대에 대한민국이 생존하고 번영하기 위해 필요한 것은 상상력이다. 전략적 사고력, 복잡한 세계 속에서 우리만의 위치를 구축할 수 있는 창의력, 바로 그것이 한국 사회에서 가장 결핍된 덕목이기도 하다.

　이 책은 불확실한 국제 질서와 미중 관계에 대한 나의 고민을 담았다. 유사한 문제 의식을 가진 독자들에게 작은 도움이 되기를 바란다.

– 미국 매사추세츠주 하버드대학교에서,
이성현

차례

프롤로그 힘의 시대와 대한민국의 선택　　　　　　　　　　004

PART 1　제국의 쇠퇴와 불확실성의 국제 정세

- 한번 넘어지면 재기하지 못하는 제국 쇠퇴의 유일한 예외　　027
- 미국과 대영제국: 역사적 비교와 유사성　　030
- 일극에서 다극화로: 21세기 미국 외교의 재정립　　044
- 혼란의 시대: '신냉전'의 비유　　052
- 새로운 냉전인가, 차가운 평화인가?　　059
- 미중 관계의 변화: 2008년 금융위기부터 '신냉전'까지　　066
- 트럼프 행정부의 등장과 미중 관계의 변곡점　　071
- 바이든 시대의 미중 갈등: 새로운 냉전의 서막　　076

PART 2　트럼프의 귀환

- 털시 개버드와 도널드 트럼프　　089
- 미국인들은 왜 다시 트럼프를 백악관으로 보냈을까?　　098
- 트럼프에게 투표한 미국의 한인들　　113
- 미국에서 자동차로 여행하기: 길 위의 여정을 통해 얻은 것들　　118
- 트럼프의 백악관 재입성에 환호하는 미국인들은 누구인가?　　123
- 트럼프가 바로 미국이다　　129

PART 3 미국의 소프트 파워 추락과 트럼프의 사람들

- 더 강해진 트럼프, 중국에겐 트럼프 2기가 아닌 3기인 이유   136
- 신과 트럼프   148
- '좌충우돌 트럼프'에서 '준비된 트럼프'로?   154
- '루빅스 큐브'가 된 미국 외교: 트럼프의 파격 인사와 체제 재편   160
- 복잡다단한 인수인계   164

PART 4 새로운 글로벌 질서와 지각변동

- 트럼프 2기와 대만 정책   173
- 트럼프 2기와 유럽 정책   174
- 트럼프 2기와 러시아, 우크라이나   178
- 트럼프 2기와 중동 정책   183
- 트럼프 2기와 멕시코, 중남미   191
- 이란과의 핵 협상 가능성   195
- 트럼프 2기와 인도   196
- 트럼프 2기와 이중적 동남아시아 정책   198
- 트럼프 2기 행정부의 글로벌 사우스 정책   202

PART 5 강대국의 치명적 밀당

- 미중 관계의 근본적 리셋 — 211
- 정부를 넘어 민간 영역까지 확산되는 갈등 — 217
- 미중 데탕트에 대한 오해와 이해 — 226
- 중국 분석을 끝낸 미국 — 238
- 미국이 보는 중국의 패권 전략 — 241

PART 6 한 명의 야망 vs. 14억 명의 미래

- 국가를 자기 것으로 만든 사람 — 256
- 시진핑의 중국: 개인 숭배, 통제, 그리고 불확실한 미래 — 265
- 시진핑의 외교정책과 세계관: 모순과 전략 — 268
- 시진핑 시대의 미중 패권 경쟁: 새로운 강도의 전방위적 각축전 — 276
- 시진핑의 칼날: 인민해방군의 특권을 흔드는 개혁의 맹추격 — 281

PART 7 미국은 벌써 이겼는가

- 서방 모델에 대한 '대안적 현대화' 구상을 당당히 밝히는 중국   295
- 트럼프의 재선: 분열과 불안 속의 변화, 그리고 역설적 기대   304
- 트럼프가 바꿔놓은 세상   309
- 이상과 현실 사이: 트럼프의 관료주의 개혁   312
- 트럼프 2기와 미국의 길: '위대한 미국'은 어디로 가는가?   316
- 트럼프 2기와 글로벌 권력 재편: 미국과 중국, 승자는 누구인가?   320
- 한국은 미중 갈등 속에서 어떤 '상상력'을 발휘해야 하는가?   323

PART 8 초강대국 틈새에서의 생존과 도약

- 미중 패권 경쟁 속 한국의 딜레마: 동맹과 국익 사이에서   337
- 전환기의 국제 질서와 한국의 미래 비전   347

주   350
에필로그   360

PART 1

THE
FUTURE OF
GLOBAL
POWER

제국의 쇠퇴와 불확실성의 국제 정세

"영국이 다시 제국의 영광을 되찾을 가능성은 없나요?" 런던 근교에 거주하는 제임스 호어 James Hoare 대사를 방문하고 그의 집을 나서려다 반농담 삼아 그렇게 물었다. 은퇴한 외교관이자 아시아 전문가인 호어 대사의 저택에는 책이 유독 많았다. 책장에 다 넣지 못한 책들이 현관으로 통하는 복도 양쪽에 벽처럼 쌓여 있었는데, 그 모습은 마치 책들이 길을 안내하는 듯했다. 그때 무심코 시선이 간 곳에서 'Empire…'라는 제목이 눈에 띄었고 그 순간 가볍게 질문을 던진 것이다.

호어 대사는 2001년 평양 주재 초대 대리대사 Charge d'affaires 로 파견되어 근무한 이색적인 경력을 지닌 베테랑 외교관이자 역사학자다. 그런 이유로 한반도 연구자들 사이에서도 잘 알려져 있다.

"아이고… 이제 우리는 그런 꿈도 꿀 처지가 못 됩니다." 호어 대사는

1 제국의 쇠퇴와 불확실성의 국제 정세

웃으며 손사래를 쳤다. 미래란 아무도 모르는 법이다. 역사는 돌고 도는 것이라 하지 않던가. 21세기 역사의 수레바퀴는 과연 어디로 향하고 있을까?

퍼리드 저카리아Fareed Zakaria는 그의 책《흔들리는 세계의 축: 포스트 아메리칸 월드》에서 미국이 여전히 세계에서 가장 강력한 국가로 남아 있지만, 아시아를 중심으로 한 여러 국가의 부상 때문에 미국의 상대적 영향력이 약화되고 있음을 진단한다.[1] 저카리아는 이를 '나머지 국가들의 부상'the rise of the rest이라는 개념으로 설명하며, 글로벌 권력이 단극unipolar에서 다극multipolar 체제로 변화하고 있다고 분석한다.[2] 그가 제시한 여러 견해는 풍부한 논쟁 거리를 제공한다. 그중 핵심 요지 하나를 꼽자면 '유일 초강대국'이었던 미국의 지위가 상대적으로 쇠퇴하고 있다는 것이다.

여기서 주목해야 할 부분이 있다. 그것은 바로《흔들리는 세계의 축: 포스트 아메리칸 월드》이 출판된 시점이다. 2008년에 발간됐으니 2025년 현재 기준으로 보면 이미 17년 전에 쓰인 책이다. 미래를 내다보는 통찰력이 그저 놀라울 뿐이다. 하지만 관점은 언제나 상대적이다. 당시 중국 베이징에 거주하던 나는 이 책의 내용을 대충 훑어보고선 '당연한 얘기군' 하며 시큰둥한 마음으로 덮어버렸다.

단지 내 오만함 때문만은 아니었다. 당시 중국은 무척이나 역동적이었다. 저카리아가 말한 '미국 외 다른 국가들의 부상' 중에서도 특히 '중국의 부상'은 단연 눈부셨다. 더욱이 나는 중국이라는 '용'龍이 뻗어 오르는 광경을 최전선에서 매일 지켜보고 있었다. 그랬기에 그 책의 내용이 당연하게 느껴졌던 것이다.

당시에 다른 한국인들도 대부분 나와 비슷하게 느꼈다. 한국에는 중국 열풍이 강하게 불었고, 부상하는 중국이 미국의 경제력을 뛰어넘는 것은 시간 문제라는 인식이 광범위하게 퍼져 있었다. 심지어 '10만 중국 전문가 양성' 주장까지 나오던 시기였다. 이는 조선 선조宣祖 시절 이이李珥가 외적의 침입에 대비해 10만 병력을 길러야 한다고 주장했다고 전해지는 '10만 양병설'에서 착안한 것이다. 인구 14억 명의 대국大國인 중국 시장을 선점하려면 그만큼 많은 중국 전문가가 필요하다는 의미였다.

한국이 중국과 지리적으로 맞닿아 있다는 점도 이러한 인식에 한몫했다. 가까우면 자주 왕래하게 되는 것이 인지상정이니 말이다. 그 무렵 나는 중국에서 수십 년간 거주한 중국통 박근태 CJ그룹 중국 본사 대표를 가끔 만나곤 했다. 하루는 점심을 먹다가 서울에 있던 그가 조금 전에 비행기로 베이징에 도착했다는 사실을 알게 되었다. 이 일화를 통해 알 수 있듯이 아침은 서울에서, 점심은 베이징에서 먹을 정도로 한국과 중국은 지리적으로 가깝다.

당시 나는 베이징 북서쪽 칭화대학교 근처의 화칭가원華清嘉園 아파트에 살고 있었다. 주변에 여러 대학이 밀집해 있어 한국 유학생들은 그 지역을 '대학로', 한자식 표현으로 '학원로'學院路라 불렀다. 거기 살 때는 집 근처 카페에 자주 들러 책을 읽고 글을 쓰곤 했다. 그러던 어느 날 문득 창밖을 보니 얼마 전까지 공터였던 곳에 어엿한 빌딩 한 채가 떡하니 들어서 있었다. 내가 즐겨 앉던 창가 자리는 해가 잘 들던 곳이었다. 하지만 그 빌딩이 들어선 이후 늦은 오후만 되면 빌딩의 그림자가 길게 드리웠다.

'대체 저 빌딩은 언제 저렇게 들어선 거지?' 중국의 변화에 꽤 익숙한

편이라고 자부하던 나조차도 당시 중국이 보여주던 변화의 속도에 자주 놀라곤 했다. 말 그대로 하룻밤 자고 나면 창밖에 새로운 빌딩이 우뚝 서 있는 광경을 목격할 정도였으니 말이다.

내가 박사 과정을 밟았던 칭화대학교 앞 사거리에는 2010년에 미국 마이크로소프트 캠퍼스가 들어섰다. 5,000명 이상을 수용할 수 있는 대규모 건물이었다. 건설 노동자들이 24시간 동안 여덟 시간씩 3교대로 쉬지 않고 공사를 진행했고, 놀라울 정도로 짧은 기간에 완공해버렸다. 빌딩 1층에는 스타벅스 커피숍이 들어섰고, 2층 식당가에는 매운 향신료를 쓰는 특색 있는 지방 음식점이 문을 열었다. 한번 들른 뒤로는 단골이 되었을 정도로 맛도 훌륭했고 가격도 합리적인 곳이었다. 게다가 집 앞이라 가기 편했다. 책방이 있고, 그 책을 읽을 수 있는 카페가 있고, 배고프면 읽던 책을 덮고 걸어서 갈 수 있는 맛집이 있는 곳. 그 이상 무엇이 더 필요하랴.

중국의 부상은 당시 미국에서도 열띠게 논의되던 주제였지만 아무래도 물리적 거리가 있다 보니 한국에 비해 체감하는 현실감이 달랐다. 그런 면에서 보면 지구 건너편에 있는 미국의 독자들에게 퍼리드 저카리아가 중요한 공헌을 했다고 볼 수 있다.

하지만 저카리아의 공헌은 중국의 부상을 알리는 것보다 그로 인해 '상대적 쇠퇴'를 겪는 미국의 글로벌 리더십이 어떻게 변화하는지를 조망하는 데 있다. 다시 말해 '미국 헤게모니' 시대 이후 새롭게 재편될 국제 질서에 대한 상상력을 자극한 것이다. 이 논의는 오늘날까지도 현재진행형이다.

저카리아는 이 변화를 단순히 미국의 쇠퇴로만 보지 않는다. 대신 중국, 인도, 브라질 등 신흥 국가들이 경제·정치적으로 성장하면서 권력의 중심이 분산되는 현상으로 분석한다. 이는 세계 권력 구조가 다양화되고 있음을 보여주는 동시에 과거와 다른 새로운 국제 질서가 형성되고 있음을 의미한다.

세계 질서의 변화를 읽는 남자, 퍼리드 저카리아의 통찰

퍼리드 저카리아는 28세라는 젊은 나이에 미국 외교협회의 저널 《포린 어페어스》Foreign Affairs의 최연소 편집장으로 발탁되어 1992년부터 2000년까지 편집장을 맡았던 걸출한 인물이다. 인도에서 태어난 저카리아는 예일대학교에서 학사 학위를 받았고, 하버드대학교에서 정치학 박사 학위를 취득했다. 국제관계와 세계 정치 분야에서 뛰어난 전문성을 인정받은 언론인이자 정치 평론가다.

대학에 초청받아 강연할 때도 준비된 원고나 쪽지를 보지 않고도 정리된 생각을 유창하게 말한다. 그뿐만이 아니다. 이어지는 Q&A에서는 손을 든 질문자가 많아 사회자가 서너 개의 질문을 한꺼번에 묶어 제시하는 일이 많다. 그런데도 질문의 세부 사항과 핵심을 놓치지 않고 막힘 없이 논리적인 대답을 한다.

그는 CNN의 국제 문제 프로그램 〈퍼리드 저카리아 GPS〉Fareed Zakaria GPS를 진행하고 있는데, 이 프로그램은 피버디상을 수상했으며 여러 차례 에미상

1 제국의 쇠퇴와 불확실성의 국제 정세

> 후보에 오른 바 있다. 또한 그는 《워싱턴 포스트》의 칼럼니스트로 활동 중이며, 2000년부터 2010년까지 《뉴스위크》 인터내셔널 편집장, 2010년부터 2014년까지 《타임》의 대기자로 일했다.

저카리아는 미국이 여전히 군사적, 정치적 우위를 유지할 가능성이 크다고 보았다. 그러면서도 한편으론 국력이 부상하는 다른 국가들이 더욱 강력하게 자국의 이익을 주장함에 따라 미국의 절대적 영향력은 감소할 것임을 경고했다.

이러한 흐름은 한국에서도 감지된다. 근래 한국에서 제기되는 자체 핵무기 개발론을 살펴보자. 초강대국이자 동맹국인 미국은 핵 위협으로부터 한국을 방어할 능력을 갖추고 있으므로, 한국이 자주적으로 핵무장을 추진할 필요는 없다는 입장을 견지하며 이를 설득하려 한다. 하지만 한국민은 어떤가? 70퍼센트 이상이 핵 보유를 원하고 있다. 왜 그럴까? 북한의 핵 위협이 고도화되면서 한국인들의 위기 인식이 높아진 영향도 있을 것이다. 하지만 국력이 성장한 대한민국이 국익적 관점에서 자국의 이익을 더 강하게 주장하고자 하는 흐름이 반영된 것으로도 볼 수 있다.

각국 군사력을 평가하는 비정부 기구 '글로벌 파이어 파워'Global Firepower, GFP가 발표한 자료에 따르면, 2025년 기준 한국의 군사력은 세계 5위다.[3] 1위는 미국, 2위는 러시아, 3위는 중국, 4위는 인도가 차지했다. 영국이 6위, 프랑스가 7위, 일본이 8위, 튀르키예는 9위, 이탈리아는 10위, 브라질은 11위, 파키스탄은 12위, 인도네시아는 13위, 독일은 14위, 그리고 이스라엘은 15위다.

이 정도 수준이라면 한국이 국력에 걸맞게 핵무기를 보유해야 한다는 주장이 나올 법도 하다. 특히 핵무기 보유를 '강대국'의 조건으로 삼는다면 더욱 그렇다. 세계에서 9개국이 현재 핵무기를 보유한 국가로 알려져 있다. 그렇다면 세계 5대 군사 대국으로 평가받는 한국이 '당연히 핵무기를 가져야 한다'는 주장이 나올 수 있다는 얘기다.

9개국이 보유한 핵무기의 현주소: NPT와 비공식 보유국의 양면성

전 세계를 통틀어 공식적으로 핵무기 보유국으로 인정되는 국가는 총 9개국이다. 이들은 크게 두 그룹으로 나뉜다.

첫 번째 그룹은 핵확산금지조약 Nuclear Nonproliferation Treaty, NPT에 따라 핵 보유가 인정된 5개국이다. 러시아는 약 5,580개의 핵탄두를 보유하고 있으며 전 세계에서 가장 많은 핵무기를 보유한 국가다. 미국이 보유한 핵탄두는 약 5,044개에 달한다. 프랑스는 약 290개, 영국은 약 225개의 핵탄두를 보유하고 있다. 중국은 현재 약 500개의 핵탄두를 보유하고 있는데, 2023년 410개에서 보유 수치가 증가했다.

두 번째 그룹은 NPT에 서명하지 않았거나 탈퇴해 비공식적으로 핵무기를 보유한 4개국이다. 파키스탄은 약 170개의 핵탄두를, 인도는 약 172개의 핵탄두를 보유하고 있다. 이스라엘은 약 90개의 핵탄두를 보유하고 있는 것으로 추정되지만 이를 공식적으로 인정한 것은 아니다. 북한은 약 50개의 핵탄두를 보유한 것으로 추정되며, 최대 90개까지 생산할 수 있는 핵분열 물질을 보유하고 있을 가능성이 있다.

2025년 초 기준으로 전 세계 핵무기 재고량은 약 1만 2,331개로 추정된다.[4] 미국과 러시아가 전 세계 핵무기의 약 90퍼센트를 보유하고 있다. 중국은 핵무기 현대화 및 확장을 진행 중이며 향후 10년 동안 핵 비축량이 계속 증가할 것으로 예상된다. 또한 북한은 핵 프로그램을 국가안보전략의 중심 요소로 삼아 우선시하고 있다.

'글로벌 파이어 파워'의 순위는 인력, 장비, 천연자원, 재정, 지리와 같은 60개 이상의 개별 요소를 종합적으로 반영해 산출한 것이라고 웹사이트에 소개되어 있다. 결국 재래식 무기를 기준으로 평가한 것이다. 러시아의 블라디미르 푸틴이 우크라이나에 핵무기 사용을 검토했던 것처럼 핵무기 사용의 실존적 위협이 존재하는 시대에 재래식 무기를 기준으로 해서는 군사력을 객관적으로 판단할 수 없다. 핵무기 능력이 더욱 중요하기 때문이다.

북한의 경우 재래식 무기를 기준으로 하면 세계 36위지만, 핵무기를 포함한 군사력으로는 세계 8~9위 정도로 추정된다.[5] 이 기준으로 볼 때 핵무기가 없는 한국은 북한과 비교해서 순위가 크게 떨어진다는 주장도 제기된다. 실제로 남한의 재래식 무기는 북한의 핵무기 앞에서는 무기라 부르기조차 민망한 수준이라는 분석도 있다. 제2차 세계대전 당시 맹위를 떨치던 일본이 핵탄두 두 발을 맞고 곧바로 항복한 사례에서 보듯 양측의 전력은 비교 자체가 불가능하다는 것이다. 정부 차원에서 실행에 옮기기는 어렵겠지만, 미국의 반대에도 불구하고 한국의 자체 핵무장을 요구하는 목소리는 당분간 계속 제기될 가능성이 있다.

한번 넘어지면 재기하지 못하는
제국 쇠퇴의 유일한 예외

내가 제임스 호어 대사에게 '대영제국 부활' 가능성을 반농담으로 물어본 때는 2010년이었다. 그 후 대영제국이 부활했다는 뉴스를 아직 듣지 못했다. 반면 중국, 인도, 브라질 등 신흥 국가들은 급부상하고 있다. 한국 역시 이 기간에 반도체, K-컬처, 방산 산업 등에서 주목할 만한 성장을 이루었다.

나는 한국이 새로운 국제 질서 재편을 면밀히 파악하고 현명하게 대응해야 한다고 생각한다. 이는 대한민국의 명운이 걸린 문제이기 때문이다. 한국이 그러한 역할을 제대로 하고 있다는 뚜렷한 증거는 아직 부족한 편이다. 한국은 대전략 없이 우왕좌왕하며 여러 시행착오를 겪고 있는 듯하다. 이 부분은 나중에 더 자세히 다룰 기회가 있을 것이다.

제국의 역사를 살펴보면 흥미로운 점이 있다. 수천 년 동안 수많은 '제국'이 흥망성쇠를 거듭해왔지만, 몰락한 뒤 다시 강력한 제국으로 '부활'해 현재까지 이어지는 사례는 거의 없다는 점이다.

그런데 한 미국 학자가 최근 베이징을 방문해 "그 예외가 중국이냐?"

라고 물었다고 한다. 역사적으로 많은 제국이 부침을 겪었다. 하지만 중국처럼 쇠퇴 후 다시 부흥해 부와 권력, 그리고 고대의 영토를 상당 부분 유지하며 현대적 위상을 회복한 사례는 매우 드물다. 이집트, 이란, 그리스 등은 풍부한 문화유산을 지키고 있지만 영토와 영향력은 크게 줄어들어 현재는 제국이라기보다 하나의 국가로만 존재한다. 그런 점에서 중국은 고대와 현대를 잇는 매우 독특한 사례로 평가받는다.

1644년에 세워진 청나라는 1911년까지 존속한 중국의 마지막 제국이었다. 그런데 중국은 이후 혼란과 분열을 겪고도 최근 수십 년간 세계적인 경제·정치 강국으로 다시 떠올랐으며 역사적 영토 역시 상당 부분 지켜냈다. 이는 이미 제국으로서의 전성기를 잃어버린 다른 고대 문명들과 비교해 두드러진 차이를 보여주는 대목이다. 여기서 더 나아가 시진핑 시기에 들어서는 대만 통일 의지도 강화하고 있으며, 심지어 남중국해에 인공섬을 만들고 군용 활주로를 건설하는 등 영토 확장에 나서고 있다. 호어 대사의 말처럼 '해가 지지 않던' 대영제국도 한번 위용을 잃은 뒤로는 다시 부흥하지 못하고 있다. 적어도 현재까지는 말이다.

물론 이집트, 이란, 그리스의 유산이 오늘날에도 이어지고 있다는 점은 분명하다. 그러나 이들의 현대적 역할은 중국이 부흥한 양상과는 확연한 차이를 보인다. 예컨대 이집트는 오랜 역사를 통해 흥망을 거듭했지만, 현대 국가로서의 위상은 고대 제국 시절의 광대한 영토 지배력과 세계적 영향력과는 거리가 멀다. 오늘날 이집트는 북아프리카와 중동 지역에서 제한된 역할을 수행하고 있을 뿐이다.

이란 역시 과거 페르시아제국 시절에는 영역을 넓게 확장하기도 했으나 현재는 지역적 영향력을 발휘하는 데 머무는 수준이다. 그리스 역시 서구 문명에 지대한 영향을 끼쳤으며 그 문화적 기여가 여전히 높이 평가되지만, 고대 제국의 위상과는 거리가 멀다.

이러한 중국의 '예외적' 특성에 주목하는 국가가 바로 중국과 패권 경쟁을 하는 미국이다. 현재 미국에서는 중국에 대한 연구가 그 어느 때보다 활발하게 이뤄지고 있다. 정치학자는 물론이고 경제학자, 첨단무기 개발자뿐만 아니라 역사학자에게도 의견을 자주 묻는다고 한다. 역사의 장구한 흐름 속에서 미국과 중국 두 강대국의 경쟁 관계를 파악해보려고 했던 것이지 싶다.

이러한 논점을 염두에 두고 현재의 국제 정세를 살펴보자. 오늘날 국제 질서를 관통하는 주요 관찰점 가운데는 특히 중요한 점 두 가지가 있다. 첫째는 퍼리드 저카리아의 지적대로 '상대적 쇠퇴'를 겪고 있는 미국이 과연 한번 꺾이면 다시 일어서지 못하는 '제국의 저주'에 빠질 것인가, 아니면 특유의 '복원력'resilience을 발휘할 수 있을 것인가 하는 점이다. 둘째는 미국이 중국의 부상을 억제하는 전략을 펴는 상황에서 중국이 과연 미국을 넘어서는 '제국'으로 다시 굴기할 수 있을 것인가 하는 점이다.

독자들도 이미 눈치챘겠지만 이 두 가지는 각기 책 한 권 분량의 논의를 필요로 할 만큼 많은 쟁점과 후속 질문을 수반하는 주제다. 우리는 중국의 부상만큼이나 '트럼프의 미국'이 과연 현재와 같은 제국적인 지위를 유지해나갈 수 있을지 궁금하다.

미국과 대영제국:
역사적 비교와 유사성

　미국의 글로벌 리더십 변화를 논할 때 대영제국과의 비교는 피할 수 없는 주제다. 대영제국은 19세기부터 20세기 초까지 세계에서 가장 강력한 제국으로 존재했고, 광대한 식민지를 통치하며 국제무대에서 막강한 영향력을 행사했다. 당시 대영제국의 권력은 영토 확장뿐 아니라 경제적 지배와 군사적 힘에 기반하고 있었다. 이러한 대영제국의 역사적 경험은 오늘날 미국의 상황을 이해하고 분석하는 데 중요한 시사점을 제공한다.

　대영제국과 미국의 가장 큰 공통점은 경제적 힘을 통한 글로벌 영향력 확대다. 대영제국은 자원을 추출하고 식민지를 착취하는 방식으로 경제적 지배를 유지했고 이를 통해 세계 무역을 장악했다. 반면 미국은 자유무역과 세계화를 통해 경제적 힘을 확장해왔다. 두 나라 모두 이러한 경제적 기반을 토대로 국제 질서에서 중심적인 역할을 수행했다. 그리고 이는 글로벌 리더십을 유지하는 핵심 요소가 되었다.

　군사력 측면에서도 두 제국은 강력한 해군력을 중심으로 세계적 지위를 유지해온 공통점이 있다. 대영제국은 전 세계 곳곳에 해군 기지를 두고 운영하며 식민지를 통제했다. 미국은 제2차 세계대전 이후 북대서양조약기구 North Atlantic Treaty Organization, NATO를 축으로 군사 동맹을 구축해 전 세계에 걸쳐 군사적 영향력을 행사해왔다. 이러한 군사적 역량은 두 나라가 국제정치 무대에서 중요한 역할을 수행하는 결정적 원동력이 되었다. 또한 글로벌 리더십을 뒷받침하는 또 다른 핵심 기반이었다.

그러나 미국과 대영제국 사이에는 비슷한 점만 있는 것은 아니다. 분명한 차이점도 존재한다. 대영제국은 직접적인 식민지 통치를 통해 영토를 확장했지만 미국은 동맹국들과의 협력을 통한 간접적 지배 방식을 주로 활용했다. 그뿐만이 아니다. 대영제국은 제국주의와 '문명화의 사명'White Man's Burden을 내세워 지배를 정당화했다. 반면 미국은 민주주의와 인권 수호를 강조하며 글로벌 리더로서의 역할을 정당화하고 있다. 이러한 차이점은 두 제국의 리더십 스타일과 국제 질서에 대한 접근법이 어떻게 다른지를 잘 보여준다.

전쟁은 제국의 위상에 커다란 변화를 가져온다. 우선 제1차 세계대전은 대영제국에 심대한 타격을 주었고 군사적·재정적·인적 자원에도 상당한 부담을 안겨주었다. 전쟁 이후 영국이 영토적 통제의 정점에 도달하기는 했지만, 이 전쟁은 영국이 세계 최강대국의 자리에서 물러나 쇠퇴하는 시발점이 되었다. 전쟁이 가져온 경제적 부담은 영국을 채무국으로 만들었고 인플레이션 문제도 심각해졌다. 오스트레일리아, 뉴질랜드, 캐나다 등 코먼웰스Commonwealth로 불리는 영연방 국가들은 점차 자주성을 강하게 주장하기 시작했다. 이는 결국 제국의 응집력을 약화시키는 결과를 낳았다.

이어 제2차 세계대전은 대영제국을 더욱 약화시키고 쇠퇴를 가속화했다. 전쟁 때문에 영국의 자원은 고갈됐다. 게다가 일본이 아시아와 동남아시아의 여러 식민지를 점령함으로써 영국의 명성에 큰 손상을 입혔다. 일본의 승리로 아시아에서 영국의 무적 이미지는 무너졌고, 가장 가치 있는 식민지였던 인도는 1947년 영국에서 독립했다. 이러한 사건들은 영토에 대한 영국의 통제권을 포기해야 한다는 압력을 가중시켰다. 결국 이런 일련의 흐름은 제국 전반에 걸쳐 탈식민지화를 가속화했다. 엎친 데 덮친 격으로 전쟁 때문에 생긴 경제적 피해와 식민지 상실은 영국의 세계적 영향력을 더욱 감소시켰다. 영국이 더 이상 세계 최강대국의 지위를 유지하기 어려워진 것이다.

영국과 달리 전쟁으로 덕을 본 나라도 있다. 바로 신흥강대국으로 떠오르던 미국이다. 제2차 세계대전은 미국과 대영제국에 매우 다른 결과를 가져왔다. 대영제국이 쇠퇴기에 접어든 반면 미국은 세계 초강대국으로 부상했다. 미국은 전쟁 중과 전쟁 후에 상당한 경제적 이익을 얻었다. 1940년에서 1945년 사이 국민총생산이 두 배 이상 증가했고, 산업 생산성은 96퍼센트 상승했다.[6] 기업들이 법인세를 납부한 후에 남는 순이익도 크게 증가했다. 예를 들어, 미국의 가장 큰 회사 2,230곳의 세후 수입을 살펴보니 전쟁 전보다 41퍼센트 증가해 144억 달러에 달했다. 전쟁으로 1,700만 개의 새로운 민간 일자리가 창출되어 실업률도 전에 비해 상당히 감소했다.[7]

1945년까지 미국의 경제적 성장은 계속됐다. 세계 상품의 절반 이상을 생산했고 전 세계 금 보유량의 약 3분의 2를 보유하면서 지배적인 경제 강국으로 자리 잡았다.[8] 이러한 경제적 변화를 통해 미국은 전후 세계 리더십의 기반을 마련했으며, 마셜 플랜Marshall Plan과 같은 이니셔티브를 통해 유럽 재건의 중심 세력이 되었다. 또한 전 세계 수출의 3분의 1 이상을 차지하게 되었다. 미국은 전쟁을 통해 기술 발전을 촉진했고, 지속적인 경제 성장을 이루며 세계 정치와 경제의 리더로 자리매김했다. 이런 흐름 속에서 미국은 국제기구를 형성하고 세계 안정을 유지하는 데 새로운 책임을 맡게 되었다.

영국은 미국과 사정이 달랐다. 도시와 경제를 재건하는 데 경제적 어려움을 지속적으로 겪었을 뿐만 아니라 세계적 영향력도 줄어들고 있었다. 식민지와 제국의 위신을 상실한 영국은 변화에 대처하기 위해 세계 무대에서 자신의 역할을 재정의해야만 했다. 결국 제2차 세계대전은 미국을 초강대국 지위로 밀어 올리고 대영제국의 쇠퇴를 가속화했다.[9] 세계 권력 균형을 미국의 리더십 쪽으로 재편성하는 전환점이 된 것이다.

영국의 경험에서 얻을 수 있는 교훈은 무엇일까? 미국처럼 경제적 힘을 유지하되 과도한 군사적 확장을 피하고, 중국과 같은 다른 강대국들의 부상에 유연하게 대응해야 한다는 점이다. 교훈은 또 있다. 미국은 소프트 파워soft power 영역에서 중국을 넘어서고 동맹을 강화하는 동시에 국내 안정을 유지해야 한다. 그렇게 함으로써 급격하게 영향력이 감소한 대영제국의 패착을 따라가지 않을 수 있다. 이는 미국이 현재의 글로벌 리더십을 유지하고 발전시키는 데 중요한 교훈이 될 것이다.

중국의 부상에 '유연하게 대응'한다는 것은 결코 중국의 부상을 '용인'한다는 의미가 아니다. 이는 갈등이 전면적인 군사 충돌 등으로 번져 통제할 수 없는 파국으로 확대되는 것을 관리한다는 뜻이다. 미중 관계 악화가 통제에서 벗어나 '자유 낙하'하며 충돌하는 것을 방지하기 위해 바이든 행정부가 가드레일을 세우려 노력한 이유도 이 때문이다.[10]

2024년 9월, 유서 깊은 도시 필라델피아에서 미국 정치학회American Political Science Association, APSA 연례 회의가 개최되었다. 필라델피아는 미국 독립선언의 발상지로 1776년 7월 4일 미국이 대영제국에서의 독립을 선언한 곳이며 역사적으로 중요한 장소다. 다시 말해 우리가 흔히 '미국'이라 부르는 미합중국이 탄생한 곳이다. 필라델피아는 미국의 임시 수도였으며, 이후 1800년에 이르러 워싱턴이 미국의 정식 수도가 되었다.

미국 명칭의 역사와 한자 표기 차이

우리가 흔히 '미국'이라고 부르는 나라의 정식 명칭은 '아메리카 합중국' United States of America 이다. 이 이름은 1776년 〈독립선언서〉에 처음 등장했으며 이듬해 공식적으로 확정되었다. 흥미로운 점은 한국, 중국, 일본 그리고 북한이 각각 다른 한자로 미국을 표기한다는 사실이다. 한국과 중국은 '美國'을 쓰는 반면, 일본과 북한은 '米國'을 사용한다. 이는 각 나라의 역사적·문화적 배경과 밀접한 관련이 있다.

과거 청나라 시절 중국인들은 'American'의 발음을 '메리칸'으로 들었고, 이를 '美利堅'(메이리젠)으로 음역했다. 이후 이를 간략화해 '美國'(메이궈)이라 부르기 시작했다. 조선 역시 중국식 표기를 받아들여 '미국'으로 읽게 되었다. 반면 일본은 'America'를 처음에 '亞米利加'(아미리가)로 표기했으며 이를 줄여 '米國'(베이코쿠)으로 사용하기 시작했다. 일각에서는 일본이 '美'(아름다울 '미') 대신 '米'(쌀 '미')를 쓴 이유는 2차 세계대전 패배 이후 미국에 대한 반감을 드러낸 것이라는 해석을 제기하기도 한다. 북한은 이러한 일본식 표기를 그대로 이어받아 지금까지 사용하고 있다.

> 흥미롭게도 한국 역시 고종 때부터 순조 즉위년(1907년)까지는 '美國'을 사용하다가 일제강점기에는 '米國'으로 표기를 변경했다. 그러다가 해방 직후 미군정 시기에 다시 '美國'이 쓰이기 시작했다. 이처럼 다른 나라의 국명 표기와 그 변경도 정치적, 역사적 맥락에서 이루어짐을 알 수 있다.

미국 건국의 아버지 중 한 명인 토머스 제퍼슨 Thomas Jefferson 은 필라델피아에서 작성한 〈독립선언서〉에서 '생명, 자유, 행복 추구' life, liberty, and the pursuit of happiness 를 양도할 수 없는 인간의 권리로 명시했다. 이는 미국 민주주의의 근간을 이루는 사상으로, 17세기 영국의 철학자인 존 로크 John Locke 의 책 《통치론》에 등장하는 '생명, 자유, 재산'에서 영감을 받은 것이다.[11] 로크는 자연 상태에서의 개인은 이러한 기본적인 권리를 가지며 정부는 이를 보호하기 위해 존재한다고 주장했다.

제퍼슨은 로크의 사상을 계승하면서도 '재산' 대신 '행복 추구'라는 표현을 사용했다. 이는 재산을 소유한 것과 관계없이 모든 사람이 자신의 행복을 추구할 권리가 있음을 강조하기 위한 것이다. 또한 '재산'이라는 물질적 가치보다 더 포괄적이고 이상적인 가치를 지향하고자 했던 당시 계몽주의 사상의 영향도 반영된 결과였다. 이러한 이념적 토대를 바탕으로 미국은 자유와 평등을 강조하면서 전 세계에 민주주의의 이상을 전파해왔다. 그러나 오늘날 미국은 과거와는 다른 복잡한 도전에 직면한 상태다. 21세기 국제 질서는 과거와 비교할 수 없을 정도로 복잡해졌다. 미국은 전통적 리더십을 유지하면서 새로운 글로벌 권력 역학에 적응해야 하는 상황에 놓인 것이다.

미국의 글로벌 리더십을 논할 때 그 기초를 이루는 것은 '할리우드 영화'와 '코카콜라' 등으로 대표되는 소프트 파워다. 마치 북한 당국이 총살 위협을 하며 막으려 해도 'K-드라마'가 북한에 깊숙이 침투한 것처럼 이 두 가지는 전 세계에 없는 곳이 없다. 하지만 국제정치적 관점에서 볼 때 주목하게 되는 것은 역시 강력한 군사력과 경제력이다. 제2차 세계대전 이후 미국은 세계 경제의 중심지로 부상했으며, 냉전 시기에는 자유 진영의 지도자로서 전 세계에 민주주의와 자유시장경제를 전파했다. 이러한 배경 속에서 미국은 세계의 '경찰' 역할을 자처하며 국제 질서를 유지하는 데 핵심적 기여를 해왔다. 그러나 21세기에 들어서면서 미국의 이러한 리더십에 의문을 제기하는 목소리가 점차 커지고 있다. 그 이유는 국제 정세의 변화와 새로운 도전 요인들의 등장 때문이다.

특히 최근 부각되는 미중 경쟁은 미국의 리더십이 더 이상 독점적이지 않음을 단적으로 보여주는 사례다. 중국은 빠른 경제 성장을 기반으로 세계 제2의 경제 대국으로 부상했고 국제무대에서 미국과 치열하게 경쟁하고 있다. 비록 최근 들어 중국 경제가 침체기에 접어들었다는 진단이 나오고 있지만, 여전히 중국은 세계 2위의 경제 대국이다. 3위인 일본과 4위인 독일을 합친 것보다도 훨씬 큰 경제 규모를 유지하고 있다.

이러한 사실에서 우리는 중요한 점을 읽어내야 한다. 시진핑習近平 중국 국가주석이 '제로 코로나' 정책을 주도하면서 중국 경제 활동은 상당 부분 위축된 상황이다. 그럼에도 중국은 향후 상당 기간 미국을 추격하는 세계 2위 경제 대국 지위를 유지할 것이라는 점 말이다.

2023년 GDP 기준 상위 4개 경제국의 순위

- 미국: 26조 8,550억 달러 (약 26.9퍼센트)
- 중국: 19조 3,740억 달러 (약 19.4퍼센트)
- 일본: 4조 4,100억 달러 (약 4.4퍼센트)
- 독일: 4조 3,090억 달러 (약 4.3퍼센트)

    미국은 중국의 부상을 견제하기 위해 동맹국들과의 협력을 강화하고자 한다. 그 과정에서 한국 등 동맹국들에게 자국의 전략적 목표에 동참할 것을 강하게 요구하고 있다. 이러한 미국의 요구는 때로 동맹국들에게 큰 압박으로 작용한다. 더불어 접근 방식에도 변화가 나타나는 중이다. 과거에는 미국이 동맹국들에게 안보를 제공하는 대가로 주둔 비용 지원을 받았다. 그러나 최근에는 동맹국들에게 더 많은 책임과 대폭적인 비용 분담을 요구하는 실정이다. 이러한 변화는 미국의 글로벌 전략 변화와 국내 정치적 압력에서 비롯된 것으로 해석할 수 있다.

    트럼프 1기 행정부의 '미국 우선'America First 정책은 동맹국들에게 큰 충격을 안겨주었다. 트럼프는 NATO 동맹국들에게 국방비 증액을 요구하며 전통적인 동맹 관계에 상당한 긴장을 초래했다. 2018년 NATO 정상회의에서 트럼프 대통령은 동맹국들의 국방비 지출이 GDP의 2퍼센트에 미치지 못한다며 강하게 비판했다.[12] 이는 미국의 동맹 관리 방식이 거래적이며, '비용 대 효과' cost vs. benefit 중심적으로 변하고 있음을 보여주는 대표적 사례다.

2022년 기준, 한국의 GDP 대비 국방비 지출은 2.8퍼센트다. 한국은 2020년부터 이 수준을 유지하고 있으며, 이는 대만(2.2%), 호주(1.9%), 중국(1.7%), 일본(1.2%)보다 높은 수치다.[13] 이는 트럼프 대통령이 요구한 기준을 충족하는 수준이지만 미국은 여전히 한국에 더 많은 비용 분담을 요구하는 상황이다. 이러한 요구는 한미 동맹의 성격과 한국의 국방정책에 중요한 영향을 미치고 있다. 나아가 양국 간 협상에서도 주요 쟁점으로 떠오르는 중이다.

트럼프 1기 행정부 이후 바통을 이어받은 바이든 행정부 시기 미국은 동맹 관계 회복을 위해 상당한 노력을 기울인 것으로 평가받는다. 하지만 동시에 동맹국들에게 여전히 자국의 전략적 목표를 따를 것을 요구했다. 즉 트럼프의 미국과 그 뒤를 이은 바이든 행정부는 스타일에서 그리고 대통령의 개인적 성정에서 자주 대비되기도 하지만, 큰 흐름에서 볼 때 중요한 공통점이 있다는 것이다.

특히 중국 견제를 목적으로 한 인도-태평양 전략 Indo-Pacific Strategy 은 한국과 일본 등 동맹국들에게 미국의 전략적 목표에 부합하는 안보·경제적 결정을 내릴 것을 요구했다. 이 전략은 바이든 행정부가 2022년 공식 선포했다.[14] 하지만 실은 그 전의 트럼프 행정부 시기인 2017년 선포한 '자유롭고 열린 인도-태평양' Free and Open Indo-Pacific, FOIP 과 궤를 같이한다.[15] 그리고 이는 다시 그 전으로 거슬러 올라가 2011년 오바마 대통령이 호주 의회 연설에서 '아시아 회귀' Pivot to Asia 정책을 선언한 것과 같은 정책 의

도를 반영한다.**16**

결국 인도-태평양 전략은 미국의 외교정책 우선순위를 중동에서 아시아로 옮겨 중국을 견제하겠다는 지속적 의지를 나타낸 것이다. 이런 큰 그림에 주목해야 한다. 그런데 한국에서는 지나치게 미국 각 행정부의 차이점(예를 들어 바이든과 트럼프의 차이점, 트럼프 1기와 2기의 차이점 등)에 주목하는 경향이 있다. 인도-태평양 전략은 동맹국들에게 새로운 형태의 압박으로 작용했다. 더불어 각국은 자국의 이익과 미국과의 관계 사이에서 균형을 모색해야 하는 어려운 상황에 처하게 되었다.

미국은 중국과의 경제 관계와 안보 협력에서 한국이 더 강력한 역할을 맡아줄 것을 요구했다. 예컨대 사드 Terminal High Altitude Area Defense, THAAD 배치 문제는 한국이 미국과 중국 사이에서 겪는 딜레마를 단적으로 보여준다. 미국의 요구에 따라 사드를 배치했지만 이는 곧 중국의 경제 보복으로 이어졌고, 한국 경제는 상당한 타격을 입었다. 그럼에도 한국은 이 경험을 통해 얻은 것이 있다. 미중 갈등 속에서 한미 동맹을 우선시하면서도 국익 수호 차원에서 한국이 어느 정도의 자구적 自救的 전략적 공간을 확보해야 할 필요성이 있음을 절감하는 계기가 된 것이다.

이러한 상황에서 미국의 다른 동맹국들 역시 변화의 움직임을 보이고 있다. 미국 의존도를 다시 생각하고 독립적인 외교정책을 추구하려는 것이다. 유럽에서는 '전략적 자율성' strategic autonomy 개념이 부각되고 있는데, 이는 유럽연합 European Union, EU이 군사·경제·기술 등 주요 분야에서 독립적으로 정책 목표를 달성할 능력이 있음을 의미한다. 이 개념은 2013년

EU 공식 문서에 처음 등장한 뒤 점차 발전해왔다.[17] 배경으로는 미국의 대유럽 안보 공약에 대한 불확실성, 브렉시트로 인한 EU 내부 도전, 러시아의 우크라이나 침공에 따른 안보 환경 악화, 미중 경쟁 심화에 따른 지정학적 불확실성 등이 꼽힌다.

전략적 자율성에는 EU 차원의 방위력 증강 및 신속대응군 창설, 핵심기술 분야 육성, 그리고 독립적인 대외정책 추진 능력 등이 포함된다. 하지만 EU 회원국 간에 이견과 논란도 적지 않다. 프랑스 등은 이를 적극 추진해야 한다고 주장하는 반면 동유럽 국가들은 미국·NATO와의 관계를 우선시한다. 더불어 완전한 자율성과 개방적 자율성 사이에서 논쟁이 벌어지기도 한다. 그럼에도 향후 전략적 자율성 개념은 계속해서 발전하고 구체화될 것으로 예상된다. 또한 EU 차원의 방위산업 육성 및 공동 군사력 강화 노력도 지속될 전망이다.

동남아시아 국가연합 Association of Southeast Asian Nations, ASEAN 은 '아세안 중심성' ASEAN centrality 이라는 공식 슬로건을 내세워 미중 경쟁에 휘말리지 않기 위해 노력하고 있다.[18] 이는 동남아시아 국가들이 강대국들의 경쟁 속에서도 자국의 이익을 지키고 독립성을 유지하기 위한 전략적 접근이다.

이처럼 미중 경쟁이 심화되는 가운데 여러 국가의 전략은 조금씩 다르다. 일본은 미국 쪽으로 찰싹 붙었고, 한국은 윤석열 정부가 들어와 미국 쪽으로 방향을 전환했다. 하지만 확실한 중립의 길을 걷거나 미묘한 제3의 길을 모색하는 국가도 있다. 각자의 선택이 다른 것은 각 국가가 처한 지정학적·지경학적 환경이 각기 다르기 때문이다.

참고로 흥미로운 점은 미중 경쟁 시대에 인도가 보여주는 확고한 전략적 자주성이 두 강대국 사이에서 뚜렷하게 드러난다는 것이다. 중국을 견제하기 위해 인도를 끌어들이려는 미국의 지속적인 구애와 중국과의 끊임없는 국경 마찰에도 불구하고 인도는 미중 양국과 일정 거리를 유지하며 자기만의 길을 가고 있다.

인도의 전통적 비동맹 정책Non-Aligned Policy은 미국과 중국 간의 경쟁이 심화되는 시대에도 여전히 인도의 외교 방향을 결정하는 핵심 원칙으로 작용하고 있다.[19] 이는 전략적 자주성을 확보하기 위한 노력이다. 인도는 미중 양국과 교류하면서도 독자적인 의사결정을 유지하며 사안에 따라 유연하게 움직인다. 또한 브릭스BRICS, 상하이협력기구SCO, 쿼드Quad 등 미국 주도 및 중국 주도의 모든 국제 기구에 초대받아 활동하며 경제적·안보적 이익을 극대화하고 미국, 중국, 러시아 등 주요 강대국과 균형 잡힌 관계를 유지함으로써 자국의 국익을 확보하고자 한다.

이는 미국과 중국으로부터 강대국으로 인정받는 인도의 특수한 상황 덕분에 가능한 일이다. 인도가 부러웠는지 한국의 일부 정책 보고서에서는 한국도 미중 경쟁 사이에서 어느 한쪽 편을 들기보다는 한국의 국익에 따라 '사안별 선택'을 하자는 제안을 하고 있으나 한국의 지정학적·지경학적 특성을 감안하면 현실적으로 어려운 제안이다. 이 정도가 되려면 적어도 핵무기 정도는 보유해야 하지 않을까 싶다. 그렇다고 내가 한국의 핵무장을 무조건적으로 지지한다는 의미로 오해받지 않기를 바란다. 국제 정치에서 한국이 활용할 수 있는 '지렛대'의 한 예로, 최근 한국에서 핵무장 논의가 진행되고 있음을 예시로 든 것이다. 최근 국제 정세를 보면, 초강대국 미국이 엄연히 건재함에도 중국은 미국의 위상에 도전하고 있고, 러시아는 미국의 반복된 경고에도 불구하고 우크라이나를 침략했으며, 하마스는 미국의 명실상부한 일촌 이스라엘을 공격했다. 큰 틀에서 볼 때 이러한 행위들은 미국의 위상에 주는 함의가 크다. 마치 고양이 주변을 걷는 것마저도 벌벌 떨며 조심하던 생쥐들이 더는 고양이를 두려워하지 않는 것과도 같다.

다시 말해 이는 변화된 국제정치 환경을 토대로 각국이 '변화된 미국의 위상'에 대해 나름대로 반응하면서 생겨나는 현상이다. 각자의 생존과 번영 극대화에 적합한 포지셔닝을 하려는 노력으로도 해석이 가능하다. 지금은 시대적 대변혁기이고 지정학판이 새로 짜여지는 시기다.[20] 왠지 구한말과 비슷하지 않은가? 구한말 때 조선의 위정자들은 당파 싸움에 몰두했다. 심지어 외세를 빌려 당파 싸움에서 유리한 권력 고지를 확보하려 들었다. 국내 정치 시각의 연장선에서 국제정치를 보니 객관적인 지정학 분석이 굴절되었다. 국가 운영은 사실상 정체되었고, 국론은 국가 위기 수준으로 분열되었다. 그러다 나라가 망했다.

빌 게이츠는 최근 CNBC와의 인터뷰에서 "밤에 당신이 잠들지 못하도록 만드는 것은 무엇이냐?"는 질문을 받았다.[21] 그리고 게이츠는 코로나19와 같은 지구적 팬데믹의 재발과 제3차 세계대전의 가능성을 가장 우려되는 문제로 지목했다. 제3차 세계대전 가능성에 대한 우려가 공중파에서 논의되었다는 것은 시사하는 바가 크다. 그만큼 현재 우리가 살고 있는 세상이 불확실성으로 가득함을 대변하는 것이기 때문이다. 컴퓨터를 만들던 빌 게이츠가 공중파에 나와서 제3차 세계대전에 대한 걱정 때문에 잠을 못 잔다고 말하는 시대가 되었다.

얼마 전까지만 해도 '핵무기는 갖고 있는 것이지 사용하는 것이 아니다'라는 상식이 통했다. 하지만 더는 그런 상식이 유효하지 않은 세상이 되었다고 볼 수 있다. 실제로 대만해협을 둘러싼 미중 간의 무력 충돌 시나리오에는 핵무기 사용 가능성도 포함되어 있다. 예를 들어 애틀랜틱 카운슬의 보고서는 대만 분쟁에서 제한적 핵 확전의 가능성이 실제적이며, 통제되지 않은 핵 확전도 가능함을 지적했다.[22]

특히 주목할 점은, 대만과 관련해 유사시 미국이 고려하고 있는 시나리오다. 물리적 거리상 중국에 비해 초기 증원이 불리한 미국 입장에서는 이러한 불리함을 극복하고자 전쟁 초기에 선제적으로 대만에 핵무기를 사용할 수도 있다는 시나리오가 고려되고 있다. 이는 대만에 매우 큰 인명 피해가 발생할 수 있는 재앙이 될 수 있으며, 미국은 이에 대한 근거로 냉전 시 서독과 맺은 '양해'를 제시한다. 서독을 보호하기 위해 유사시 불가피하게 서독 영토 일부에 미국의 핵무기 사용을 양해한다는 것이 주요 내용이다.

러시아의 푸틴이 우크라이나를 대상으로 핵무기 사용을 검토하자, 사이가 가까운 중국의 시진핑 국가주석과 인도의 모디 총리가 강하게 푸틴을 말렸다는 보도가 있다.[23] 바이든 행정부도 가만히 있지 않았다. 그런 상황이 발생하면 미국이 '강한 무력 대응'을 할 것임을 정보 채널을 통해 러시아 측에 경고함으로써 도발을 무마시켰다고 한다.

만약 제3차 세계대전이 발생한다면 이는 미국에 어떤 영향을 미칠까? 더불어 한국을 포함한 미국의 동맹국들에게 미칠 잠재적 영향은 무엇일까? 이러한 질문은 현재의 국제 정세와 미래의 잠재적 위험을 고려할 때 매우 중요한 의미를 지닌다.

제3차 세계대전과 같은 잠재적 미래 분쟁을 생각해보면 미국과 동맹국들, 특히 한국에 미칠 영향에 대한 우려가 커진다. 게이츠의 경고대로 그러한 전쟁이 일어난다면 대규모 인명 손실, 경제적 파괴, 핵무기 사용 가능성 등 매우 심각한 문제들이 생길 것이다. 특히 한국은 전략적 위치 때문에 대만 갈등에 직접 연루될 가능성이 높으며[24] 이는 무역 중단, 군사비 증가, 민간인 피해 등으로 이어질 수 있다.

미국 내부에는 '제3차 세계대전과 같은 핵전쟁은 반드시 피해야 한다'는 신중론이 존재한다. 하지만 미중 갈등이 심화됨에 따라 '중국을 단호하게 제압해야 한다'는 강경한 주장이 나오는 것도 무시할 수 없다. 한국은 이처럼 유동적인 국제 정세의 흐름과 변화를 면밀히 주시해야 한다.

일극에서 다극화로:
21세기 미국 외교의 재정립

미국의 글로벌 질서 전략은 시대 흐름에 따라 큰 변화를 거쳐왔다. 그리고 이는 국제 정세의 변화와 미국 내부의 정치·경제적 상황 변화를 그대로 반영한다. 제2차 세계대전 직후 미국은 전후 자유주의 질서를 수립하면서 경제적 안정을 촉진하고 분쟁을 방지하는 데 심혈을 기울였다. 또한 민주주의를 확산하기 위해 유엔United Nations, UN, NATO, 국제통화기금

International Monetary Fund, IMF, 세계은행World Bank 등의 설립을 주도했다. 이때는 미국이 소련에 맞서 자유세계를 이끌었던 냉전 시기로, 미국은 '자유세계의 리더'로서 공산주의의 확산을 막기 위한 봉쇄 정책을 적극적으로 추진했다.

냉전이 종식된 1991년 이후 소련이 붕괴하자 미국은 자유민주주의와 자본주의가 전 세계로 확산될 수 있게 일극 체제를 구상했다. 1990년대는 미국의 지배력이 절정에 달하고 경제 세계화가 확대된 시기다. 당시 미국은 '역사의 종언'이라는 개념 아래 자유민주주의와 시장경제를 세계 전역에 퍼뜨리고 국제 문제에 적극적으로 개입했다.[25]

그러나 2001년 9·11 테러 이후 미국은 방향을 달리한다. 국가안보를 최우선 순위로 하는 전략을 펼치며 글로벌 테러와의 전쟁을 선언한 것이다. 아프가니스탄과 이라크를 침공해 테러에 대응했고 일방적으로 개입했으며, 위협의 사전 억제를 중심으로 움직였다. 이런 움직임은 미국의 일방주의적 외교정책을 두드러지게 보여주면서 국제사회에서 미국의 이미지에 부정적인 영향을 끼쳤다.

2010년대부터는 미국의 글로벌 질서가 중국과의 강대국 경쟁 국면으로 접어든다. 경제적 민족주의가 부활하고 기술과 무역 분야에서 전략적 경쟁이 가속화됨에 따라 인도-태평양 지역에서의 동맹 강화가 중요한 특징으로 부상했다. 이는 제2차 세계대전 이후 수립된 자유주의 질서를 둘러싼 체계적인 도전으로 간주되었다. 이에 따라 미국은 경제, 기술, 군사 등 다양한 영역에서 중국을 견제하기 위해 동맹국들과의 협력을 한층 강화하고 있다.

미국은 여전히 세계에서 제일 강력한 경제 대국이자 군사 강국이지만 리더십이 독점적이지는 않다. 상황이 이렇다 보니 글로벌 협력과 동맹국들과의 새로운 관계 구축이 필수 과제로 떠올랐다. 특히 앞서 살펴봤듯이 미중 경쟁 국면에서 미국은 동맹국들에게 자국의 전략적 목표에 부합하는 결정을 요구하는 상황이다. 그리고 이런 요구는 동맹국들에게 외교적 딜레마를 안겨주는 요인이 되고 있다. 예컨대 미국이 제안한 '칩 4 동맹'은 반도체 공급망에서 중국을 배제하려는 시도다.[26] 하지만 한국, 일본, 대만 등 참여국들은 중국과의 관계 악화를 우려할 수밖에 없다.

'역사의 종언'은 공산주의 역사가 끝났다는 뜻?

앞서 언급한 《역사의 종언》은 프랜시스 후쿠야마의 유명한 책 제목으로, 이것은 소련 붕괴와 공산주의의 종식을 의미하지 않는다.[27] 그의 주장은 헤겔의 변증법적 역사관에 기반한다. 헤겔은 역사를 이념 간의 끊임없는 투쟁과 종합을 통해 발전하는 과정으로 보았다. 후쿠야마는 자유시장 경제와 민주주의 정치 체제를 결합한 자유민주주의가 이러한 이념적 진화의 최종 단계라고 주장한다. 인류가 보편적으로 추구할 만한 더 나은 체제는 존재하지 않으며, 이념 발전의 종착점에 도달했다는 것이다. 공산주의의 몰락은 이러한 주장을 뒷받침하는 중요한 증거로 제시되지만, 역사의 종언이 공산주의만의 종말을 뜻하는 것은 아니다.

다시 말해 역사의 종언은 사건, 갈등, 전쟁이 사라진다는 의미가 아니다. 후

> 쿠야마는 여전히 많은 사건이 발생할 것이지만 더 이상 최선의 사회 구성 방식에 대한 근본적인 이념적 투쟁은 없을 것이라고 말한다. 자유민주주의에 대한 실질적인 체제적 대안이 부재하며, 공산주의는 그러한 대안 중 가장 최근에 실패한 사례다. 따라서 후쿠야마의 주장은 특정 이념(공산주의)의 역사가 끝났다는 뜻이 아니라 인류가 더 나은 사회를 만들기 위한 이념적 진화의 방향성이 자유민주주의로 수렴되었다는 광범위한 철학적 선언이다. 물론 2025년 트럼프 2기의 미국을 보면 고개가 갸우뚱해진다. 그만큼 역사적으로 급변하는 혼돈의 시대에 우리가 살고 있는 것이다.

미국의 리더십은 여전히 국제 질서를 유지하는 중요한 축이지만, 21세기의 새로운 도전 속에서 그 역할을 재정립할 필요가 있다. 과거 압도적인 군사력과 경제력을 기반으로 한 일방적 리더십이 더 이상 유효하지 않기 때문이다. 또한 다극화된 세계 질서는 새로운 형태의 리더십을 원한다. 이러한 변화에 발맞추려면 미국의 외교정책과 국제관계 전반에 대한 근본적인 재고가 필요한 상황이다.

미국은 자국의 이익에 부합하는 국제 질서를 구축하고 주도해왔다. 동시에 이익에 부합하지 않는다고 판단하면 국제 질서를 준수하지 않거나 조약에서 탈퇴하기도 했다. 이러한 행태는 여러 사례를 통해 확인할 수 있다. 파리기후협정Paris Agreement이 대표적인 예다. 미국은 2015년 협정 체결에 참여했지만, 미국 경제에 부담을 준다는 이유로 2017년 트럼프 대통령은 탈퇴를 선언했다. 유엔해양법협약United Nations Convention on the Law of the

Sea, UNCLOS에 있어서도 미국의 태도는 애매하다. 협약 체결에는 참여했으나 자국의 이익을 침해할 우려가 있다는 이유로 현재까지 비준하지 않고 있다. 이는 국제 협약에 대한 미국의 태도가 국내 정치와 경제적 이해관계에 따라 크게 달라질 수 있음을 보여준다.

중거리핵전력조약Intermediate-range Nuclear Forces Treaty, INF Treaty의 경우를 살펴보자. 미국은 러시아의 조약 위반과 중국의 중거리 미사일 위협 증가를 이유로 2019년 공식적으로 탈퇴했다. 이는 미국의 안보 이익을 위한 결정이었지만 동시에 국제 군비 통제 체제에 큰 영향을 미치는 조치이기도 했다. 그 결과 미국의 전략적 유연성이 높아진 반면 국제 안보 환경의 불확실성은 더욱 커졌다.

환태평양경제동반자협정Trans-Pacific Partnership, TPP도 초기에는 미국이 주도적으로 참여했으나, 2017년 트럼프 정부 시절 탈퇴를 결정했다. 미국 노동자에게 불이익을 준다는 것이 그 이유였다. 이후 일본의 주도로 이와 유사한 버전인 포괄적·점진적 환태평양경제동반자협정Comprehensive and Progressive Agreement for Trans-Pacific Partnership, CPTPP이 체결되었다. 그러나 미국은 자국의 무역 이익에 부합하지 않는다는 판단 아래 민주당과 공화당 정부 모두 가입을 거부하고 있다.

1971년 8월 15일, 리처드 닉슨 대통령이 단행한 '닉슨 쇼크' 또한 미국의 일방적 행태를 논할 때 빠지지 않고 언급되는 대표적 사건이다. 닉슨 쇼크는 미국의 금태환 철회를 골자로 하는 중대한 경제 정책 변화였다. 한편으로는 사실상 브레턴우즈 체제Bretton Woods system, BWS의 종말을 의미했다. 1944년에 도입된 금환본위제 체제가 1960년대 후반 다양한 도전에 직면하자 닉슨 대통령은 달러의 금태환 정지, 수입품에 대한 추가 관세 부과, 임금 및 물가 동결 등 일련의 조치를 발표했다.

그 결과 변동환율제 시대가 열리고 달러 중심의 불환 통화 체제로 전환되었다. 나아가 미국이 자국 경제 이익을 우선시하는 정책 기조로 돌아서는 계기가 되었다. 닉슨 쇼크는 20세기 후반 세계 경제 질서에 큰 전환점이 되었으며 그 영향은 현재까지도 이어지고 있다. 이 사건은 미국이 국제경제 질서를 자국 이익에 맞춰 재편할 수 있는 능력과 의지가 있음을 보여주는 대표적 사례다. 또한 미국의 경제적 패권과 이에 따른 책임 사이에서 발생하는 긴장 관계를 잘 드러내준다.

미국의 리더십 변화는 기후 변화, 팬데믹, 국제 테러리즘, 난민 문제 등 국경을 초월한 글로벌 이슈들에 대응하는 과정에서 자국의 이익을 우선시하는 경향에서도 잘 드러난다. 예컨대 트럼프 행정부가 2017년 파리기후협정에서 탈퇴를 선언한 것은, 미국의 화석 연료 산업을 보호하고 경제적 부담을 줄이기 위한 결정이었다. 이는 국내 정치적 상황에 대한 고려가 국제사회가 요구하는 기후 변화 대응보다 우선시되었음을 상징적으로 보여준다.

바이든 행정부는 2021년 파리기후협정에 복귀했으나, 2025년 트럼프 2기가 출범하면서 파리기후협정에서 다시 탈퇴를 선언하며 유엔에 공식 탈퇴 통보서를 제출했다. 이에 따라 기후 변화 대응을 위한 국제 재정 지원을 중단하는 등 친환경 정책을 폐기했다. 공식 탈퇴는 2026년 초 발효될 예정이나 미국은 이미 협정 의무에서 벗어났다고 인식한다. 미국의 이러한 결정은 국제사회에서 우려와 비판을 불러일으키고 있으며, 유럽연합과 유엔 등은 미국의 탈퇴가 전 세계 기후 변화 대응 노력에 심각한 타격을 줄 것이라고 경고한다.

미국은 국내의 정치적 압력과 경제적 이해관계 때문에 적극적인 기후 변화 대응에 어려움을 겪어왔다. 미국 내 화석 연료 산업의 영향력, 일자리 손실에 대한 우려, 그리고 중국 등 경쟁국들의 환경 정책에 대한 의구심 등이 미국의 기후 변화 정책 이행에 장애물로 작용하고 있는 것이다. 이는 글로벌 리더로서의 미국의 역할과 국내의 정치적 현실 사이에 자리한 긴장 관계를 잘 보여준다.

특히 주목할 점은 코로나19 팬데믹 대응에서 미국의 리더십이 상당한 도전에 직면했다는 것이다. 초기 대응 실패와 백신 국수주의 논란 등은 미국의 글로벌 리더십에 심각한 의문을 불러일으켰다. 팬데믹 초기에 미국은 바이러스의 심각성을 과소평가하고 검사 역량을 신속히 확대하지 못했다. 이 상황에서 트럼프 행정부는 중국에 책임을 전가하고 세계보건기구World Health Organization, WHO 탈퇴를 선언하는 등 국제 협력에 소극적인 태도를 보였다. 이는 미국의 글로벌 리더십에 대한 국제사회의 신뢰를 크게 떨어뜨리는 결과를 초래했다.

백신 개발 이후에도 미국은 '백신 국수주의'라는 비판을 피해갈 수 없었다.[28] 당시 트럼프 행정부는 초기에 자국민을 위한 백신 확보에 집중하면서 글로벌 백신 분배에 소극적인 모습을 보였는데, 이는 세계적 팬데믹 대응에 있어 리더십 부재로 비춰졌다.

반면 중국은 코로나19를 자국 영향력 확대의 기회로 삼고자 했다. '백신 외교'를 통해 개발도상국들에 대규모 백신을 공급하며 우호적 관계 구축을 꾀했고, 특히 동남아시아 국가들을 대상으로 적극적인 백신 외교를 펼쳤다. 글로벌 보건 위기를 자국의 소프트 파워 강화 기회로 활용하려는 중국의 전략적 접근을 보여주는 사례다.

그러나 중국의 백신 외교가 완전히 성공적이었다고 보기는 어렵다.[29] 일부 국가에서는 중국 백신의 효능을 둘러싼 의문이 제기되었고, 중국의 의도에 대한 경계심도 존재했기 때문이다. 한편 늦은감은 있으나 미국도 한편으로는 코백스COVAX 등 다자 메커니즘을 통해 글로벌 백신 공급에 참여하며 리더십을 회복하기 위해 노력했다.

코백스는 2020년에 설립된 국제적 이니셔티브로, 코로나19 백신의 개발과 생산을 가속화하고 전 세계 모든 국가가 공정하게 백신에 접근할 수 있도록 보장하는 것을 목표로 한다.[30] 미국의 코백스 참여는 글로벌 보건 협력에 대한 미국의 의지를 보여주는 중요한 신호였다.

결과적으로 코로나19 팬데믹은 미국 주도의 국제 질서가 도전받고 있음을 여실히 보여주었다. 이는 글로벌 위기 상황에서 미국의 리더십에 대해 다시 생각하게 만들었을 뿐만 아니라 국제 협력의 중요성을 환기하는 계기가 되었다.

유럽 국가나 아시아의 경우, 나의 경험에 의하면 특히 인도 학자들은 이와 같은 미국의 일방주의적 태도 혹은 리더십 방기에 대해 종종 지적한다. 예를 들어 드골 대통령 시기 프랑스는 미국의 베트남 정책을 강력히 반대했는데 궁극적으로 이는 미국의 일방주의적 외교에 대한 반발이었다. 프랑스를 비롯한 유럽 국가들의 반발과 지적은 미국의 일방주의적 행동을 역사적으로 경험해온 데서 비롯된다. 인도와 같은 탈식민지 국가들은 미국의 일방주의를 새로운 형태의 제국주의로 인식하는 경향이 있다. 이들 국가는 자국의 주권과 독립성을 중요시하며, 강대국의 일방적 행동에 민감하게 반응한다.

국제 질서에 대한 인식 차이도 중요한 요인이다. 프랑스와 인도는 미국 주도의 단극 체제보다는 다극 체제를 선호한다. 미국의 일방주의가 국제 질서의 균형을 해친다고 인식하기 때문이다. 또한 유럽 국가들과 인도는 유엔과 같은 국제기구를 통한 다자주의적 접근을 중시하는 경향이 있다. 이런 이유로 미국이 이러한 기구를 무시하고 일방적으로 행동할 때 비판의 목소리를 높이는 것이다.

혼란의 시대:
'신냉전'의 비유

미국이 전통적 리더십을 방기하는 이 혼란의 시대를 후대는 어떻게 평가할까? 미국과 중국의 경쟁은 21세기를 정의하는 특징이 되었으며 많은 학자, 정책 입안자, 논평가들은 이 경쟁이 신냉전을 구성하는지를 두고 논쟁을 벌이고 있다. 우리는 새로운 국제 질서의 명칭을 모색하고 새로운 패러다임을 탐구해야 하는 '혼돈의 과도기'에 진입했다. 이 혼돈의 과도기에도 이름을 붙여야 할 것이다.

냉전 시대가 종식되고 사람들은 '지금은 어떤 시대지?'라는 질문을 던졌으나 적절한 답변을 찾지 못하다가 '탈냉전Post-Cold War 시대'라 지칭하기 시작했다. 이는 정답이기도 하고 한편으론 상상력이 부족한 답변이기도 하다. 냉전에서 탈피했으니 '탈냉전'으로 표현한 것이지만 냉전 후 맞이한 새로운 시대의 정체성을 제대로 알려주는 표현은 아니기 때문이다. 오히려 냉전에 기준점을 둠으로써 냉전의 트라우마와 그 영향력이 얼마나 컸는지만 부각될 뿐이다.

그러다 어느 순간부터 그것이 '글로벌라이제이션'globalization이라는 용어로 수렴되는 시기에 접어든다. 한국에서도 1994년 당시 김영삼 대통령이 '세계화'segyehwa를 국가발전전략으로 제시하기도 했다. 하지만 글로벌라이제이션은 모든 문명을 하나로 통합하려는 신자유주의적 구상이다. 따라서 본질적으로 비현실적인 측면이 있으며 냉전 이후 시대를 지칭하는 유용한 답변이 되지 못한다.

마땅한 대안이 없는 상황에서 '신냉전'이라는 용어는 학계 일부와 정치권에서 주목을 받으며 현 상황을 설명하는 개념으로 차용되었다. 학계 전반에서 폭넓게 수용되고 있지는 않지만, 우리가 놓인 국제 정세의 위중함을 가리킨다는 측면에서는 매우 유용하다. 특히 21세기를 살아가는 시민들이 현재 미국과 중국 사이에 존재하는 경쟁의 본질을 이해하고 인식하는 데 있어 '신냉전'이라는 단어만큼 간결하고 직관적인 표현도 없어 보인다.

그럼에도 지금 이 시대가 신냉전 상태인지 아닌지 살펴보는 것은 중요하다. 그에 따라 각 국가의 대응이 달라지고, 국가의 전략과 기업의 대응 수위도 달라질 수 있기 때문이다. 지금이 신냉전 시대인지 알아보기 위해서는 먼저 '원조 냉전'의 특징을 살펴볼 필요가 있다. 나아가 현재 미중 갈등의 유사점과 차이점을 구별해보는 사유의 과정이 필요하다.

이때 놓치지 말아야 할 것이 있다. 우리가 처한 상황과 정세에 따라 '신냉전'이란 표현도 조금씩 다르게 인식한다는 점이다.

1940년대 후반부터 1990년대 초반까지 지속된 냉전은 미국과 소련 간의 이념적, 지정학적 지배권을 둘러싼 전 세계적인 투쟁으로 특징지어진다. 현재의 미중 경쟁을 신냉전으로 특징짓는 주요 논거 중 하나가 바로 지정학적, 이념적 투쟁의 존재다. 마이크 폼페이오 Michael Pompeo 전 미국 국무장관은 2020년 연설에서 "자유세계는 이 새로운 폭정에 맞서 승리해야 한다."라고 말했다.[31] 그가 중국 공산당을 언급하면서 이렇게 말했던 것처럼 민주 자본주의를 대표하는 미국과 국가 자본주의 state capitalism를 구현하는 중국은 근본적으로 양립할 수 없는 정치체제를 가진 것으로 인식된다.

국가 자본주의와 국가 주도 자본주의

국가 자본주의는 국영 기업과 투자를 통해 국가가 시장에서 지배적인 역할을 하는 경제 체제를 일컫는다. 이 체제에서 국가는 이윤을 추구하기 위해 기업을 운영하며 종종 민간 기업과 경쟁한다. 그러나 경제의 최종 통제와 방향은 국가의 손에 달려 있다. 국가 자본주의의 예로는 중국과 러시아가 대표적이다.

반면 국가 주도 자본주의 state-led capitalism는 국가가 경제를 이끌고 지도하는 데 중요한 역할을 하지만 반드시 생산 수단을 소유하는 것은 아닌 경제 체제를 말한다. 이 모델에서 국가는 경제 정책을 수립하고, 인센티브를 제공하며, 민간 기업이 운영할 수 있는 틀을 마련한다. 국가는 규제, 보조금, 민간 기업과의 파트너십을 통해 경제에 강한 영향력을 발휘할 수 있다. 국가 주도 자본주의를 채택한 국가의 예로는 급속한 경제 성장 시기의 일본과 한국을 들 수 있다.

국가 자본주의와 국가 주도 자본주의의 주요 차이점은 국가 소유와 통제의 정도다. 국가 자본주의에서는 국가가 기업을 직접 소유하고 운영하는 반면, 국가 주도 자본주의에서는 국가가 경제를 이끌지만 더 많은 민간 소유와 시장 원리를 허용한다. 하지만 이러한 용어가 항상 일관된 의미로 사용되는 것은 아니며, 서로 다른 경제 체제 간의 경계가 모호할 수 있음에 유의해야 한다. 실제로 많은 국가가 경제적인 면에서 국가 개입과 민간 기업의 요소를 모두 갖고 있다.

이러한 이념적 충돌은 냉전 시대 민주주의와 공산주의 간의 투쟁을 떠올리게 한다. 최근 몇 년 동안 미중 양국 간의 군사적, 기술적 경쟁이 심화되고 있다. 핵무기를 포함한 중국 군사력의 빠른 현대화와 확장은 미국 정책 입안자들 사이에 우려를 불러일으켰다. 2021년 미국 전략사령부 U.S. Strategic Command 사령관인 찰스 리처드 Charles Richard 는 향후 10년 동안 중국의 핵무기 비축량이 두 배, 세 배 또는 네 배로 증가할 수 있음을 경고했다.[32] 또한 인공지능 Artificial Intelligence, AI, 사이버 능력, 우주 탐사 등 첨단기술 분야에서의 미중 간 경쟁은 사람들에게 과거 냉전 시대의 군비 경쟁을 다시금 떠올리게 만들었다.

경제적 디커플링decoupling과 무역 전쟁도 미중 관계의 두드러진 특징이 되었다. 2018년 트럼프 행정부가 중국 상품에 관세를 부과한 것은 양국 간의 장기적인 무역 전쟁이 시작됨을 알린 일종의 신호탄이었다.[33] 이러한 경제 경쟁은 냉전 시대 소련을 대상으로 사용된 경제 전략과 유사하며, 중국의 부상을 막기 위한 광범위한 전략의 일부로 여겨진다.

트럼프를 이은 바이든 행정부는 디커플링 대신 '디리스킹'de-risking이라는 용어를 사용했다. 흥미로운 것은 바이든 행정부 4년을 목도한 결과, 바이든 행정부가 말한 '디리스킹'이 실제로는 갑작스런 디커플링으로 생길 충격을 줄이기 위한 과도기의 전술적 용어였다는 평가다. 다시 말하자면 미중 경제가 서로 얽힌 상태에서 갑작스런 디커플링이 현실적으로 불가능하니 시간을 두고 서서히 관계 이완을 실시해 미국 경제에 올 수 있는 충격을 줄이는 과도기가 필요했고, 그래서 '디리스킹'이란 이름을 붙였다는 것이다. 달리 부르기는 했으나 향하는 목적지는 결국 '디커플링'이라는 뜻이다.[34]

인도-태평양 지역에서 중국의 영향력에 맞서기 위한 전략적 동맹 형성은 냉전의 또 다른 유사점이다. 2021년 9월 미국, 호주, 영국은 중국의 역내 군사적 확장에 대응하기 위해 안보 협정인 오커스AUKUS를 창설했다. 미국, 일본, 인도, 호주로 구성된 쿼드Quadrilateral Security Dialogue, Quad 역시 최근 몇 년 동안 높아진 중국의 영향력에 대응하기 위해 활성화되었다. 이러한 동맹은 냉전 시대 유럽에서 소련의 영향력을 억제하기 위해 설립된 NATO와 같은 협약으로 발전할 가능성이 있다. 실제로 중국은 쿼드를 '아시아판 NATO'라며 비판하고 있다.[35]

그러나 미중 경쟁을 새로운 냉전으로 규정하는 것에 반대하는 설득력 있는 주장도 있다. 가장 중요한 차이점 중 하나는 양국 간의 깊은 경제적 상호의존성이다. 냉전 시대 미국과 소련은 경제적으로 거의 교류하지 않았던 반면, 현재의 미국과 중국은 경제적으로 긴밀하게 통합되어 있다. 예를 들어보자. 2020년에는 코로나19로 이동 제한과 무역 전쟁이 한창이었음에도 중국은 미국의 최대 상품 무역 상대국이었다. 총 무역액은 5,592억 달러에 달했고, 2년 후인 2022년에는 무역액이 6,906억 달러로 증가했다.[36] 오히려 무역 규모가 더 확대된 것이다. 이러한 높은 수준의 경제적 얽힘을 고려한다면 냉전이라는 비유는 적절치 않아 보이기도 한다.

더욱이 현재의 세계적 맥락은 냉전 시대와 크게 다르다. 기후 변화와 같은 공동의 도전 과제, 세계화, 기술적 상호 연결성, 생태학적 상호의존성 등은 냉전 시대에는 존재하지 않았던 방식으로 미국과 중국이 협력할 것을 요구한다. 바이든 행정부의 기후 특사로 임명된 존 케리 John Kerry가 2021년에 "미국과 중국은 기후 문제에 협력해야 한다. 어느 한 나라도 이를 혼자 해결할 수 없다."라고 지적한 것처럼 말이다.[37] 그러나 이는 협력을 촉구하는 당위적 호소일 뿐 오늘날의 지정학적 경쟁 현실을 완전히 반영한 것은 아니다.

미중 관계의 복잡성과 다면성은 단순한 이분법적 경쟁과는 구별된다. 치열한 경쟁이 존재하는 반면 협력이 필수적인 영역도 있다. 코로나19 대유행과 같은 세계 보건 위기는 과학 연구와 공중보건 조치에서 두 국가

간 협력의 필요성을 부각시켰다. 따라서 일부 학자들은 냉전의 비유가 오해를 불러일으킬 뿐만 아니라 잠재적으로 위험할 수 있다고 주장한다.

카네기 국제평화재단의 선임 연구원이자 현재 퀸시 연구소에 소속된 마이클 스웨인 Michael Swaine 은 2021년에 "냉전 은유는 최악의 상황 가정, 제로섬 계산, 과잉 반응을 조장하는 경향이 있다."라고 경고했다.38 이는 냉전기에 소련을 상대로 사용된 전략이 중국에도 동일하게 적용될 것이라는 가정이 잘못된 정책과 긴장 고조로 이어질 수 있다는 우려를 반영한 경고다. 단순하게 표현해 '말이 씨가 된다'는 지적이다. 괜히 '신냉전'이라는 용어를 사용해서 그것이 현실화되는 자기실현적 예언을 피해야 한다는 의미다.

미중 경쟁이 새로운 냉전을 구성하는지에 대한 논쟁은 꽤 복잡하며 여전히 진행 중이다. 지정학적, 군사적, 기술적 경쟁과 전략적 동맹 형성 측면에서 보면 유사점이 있다. 하지만 깊은 경제적 상호의존성, 세계적 도전 과제에 대한 협력의 필요성, 관계의 다면적 성격 등 중요한 차이점도 존재한다. 정책 입안자들이라면 이 복잡한 지형을 탐색할 때 미중 관계의 뉘앙스를 제대로 이해하고 지나치게 단순한 비유를 피하는 것이 중요하다. 그러기 위해서는 두 나라를 함께 묶는 공동의 이해와 도전을 인식하면서 경쟁과 협력의 미묘한 균형을 유지해야 한다.

이 시점에서 다시 한번 '원조 냉전'을 살펴보자. 원조 냉전은 이미 사라진 '구소련'과 미국 사이의 관계를 특징짓는 용어다. 당시 미국에는 "보드카와 철갑상어알을 제외하면 미국이 소련에게 필요로 하는 것은 없다."라는 농담이 있었다. '철의 장막'으로 둘러싸인 소련과 미국의 관계를 절묘하게 나타내는 말이다.

보드카와 철갑상어알은 구할 수 있다면 멋진 식사가 되겠지만 없다 해도 미국인들의 일상생활에는 아무런 지장이 없다. 즉 미국은 소련과 굳이 교류할 필요가 없었으며 특히 양국 관계가 좋지 않을 때는 더욱 그러했다. 화해할 이유를 찾기 어려울 정도로 두 나라의 관계는 악화되었다. 결국 미국은 소련에 대해 '봉쇄 정책'containment policy을 채택했다.

새로운 냉전인가, 차가운 평화인가?

2022년부터 2024년 사이에 발간된 주요 저작물 중 상당수가 미국과 중국의 다면적 경쟁을 탐구하고 있으며, 이를 미소 냉전과 비교하는 동시에 현재 당면한 지정학적 환경의 독특한 역학 관계를 조명하고 있다. 먼저 최근 출간된 미중 관계 관련 도서 네 권을 선정했다. 이 책들을 중심으로 현재의 상황을 '냉전'으로 규정하는 것이 적절한지, 그리고 이러한 규정이 미칠 수 있는 영향은 무엇인지 다양한 관점에서 살펴보려 한다.

최근 미중 관계를 다룬 책 중 상당수가 '냉전'이라는 용어를 사용하고 있다는 점은 주목할 만하다. 그중 세 권의 제목에 '냉전'이라는 단어가 들어가 있을 정도다. 이러한 냉전 프레임의 확산은 현재 상황의 심각성을 반영하는 한편, 미중 경쟁의 복잡한 역학 관계를 지나치게 단순화한다는 우려 섞인 시각도 존재한다.

데이비드 E. 생어 David E. Sanger,《새로운 냉전: 중국의 부상, 러시아의 침공, 그리고 서방을 수호하려는 미국의 고군분투》New Cold Wars: China's Rise, Russia's Invasion, and America's Struggle to Defend the West (2024) 39

생어는 현재 우리가 목도하고 있는 것은 하나의 냉전이 아니라 오히려 두 개라는 놀라운 주장을 한다. 미국이 중국 및 러시아와 동시에 두 개의 냉전을 벌이고 있다는 것이다. 생어는 PBS 〈뉴스아워〉와의 인터뷰에서 "미국은 현재 중국을 주요 전략적 경쟁자로, 러시아를 혼란을 야기하는 세력으로 여기는 양면 냉전에 직면해 있다."라고 언급했다.40 그의 말은 21세기의 세계 정세가 원조 냉전보다 더 복잡하고 위험할 수 있음을 시사한다.

질베르 아슈카르 Gilbert Achcar,《새로운 냉전: 코소보에서 우크라이나까지 미국, 러시아, 그리고 중국》The New Cold War: The United States, Russia, and China from Kosovo to Ukraine (2023) 41

아슈카르의 주장에도 놀라운 대목이 있다. 그는 새로운 냉전이 최근의 일이 아니라 사실상 1990년대 후반부터 지속되어왔다고 주장한다. 새로운 냉전은 초강대국 지위를 유지하려는 미국의 노력에 의해 추진되었고, 그 과정에서 러시아와 중국을 소외시켰다는 것이다.

아슈카르는 2023년 외교 전문지《더디플로맷》과의 인터뷰에서 "미국은 원조 냉전 당시 소련에 대해 취했던 것과 유사한 봉쇄 정책을 러시아와 중국에 대해 추구해왔다. 그리고 이는 긴장 고조와 직접 대결의 위험을 초래했다."라고 지적한다. 다시 말해 중국의 부상에 따른 도전뿐만 아니라 이를 저지하려는 미국의 패권 유지 집착 또한 미중 갈등을 악화시킨 주요 원인일 수 있다는 것이다.

에번 S. 메데이로스Evan S. Medeiros(편집),《냉전의 경쟁자들: 미중 전략 경쟁의 새로운 시대》Cold Rivals: The New Era of US-China Strategic Competition (2023) 42

이 책은 자세히 봐야 한다. 왜냐하면 메데이로스는 미 행정부에서 중국 정책을 실제로 담당했던 고위직 출신이기 때문이다. 이 책은 미중 전략 경쟁의 역사적 뿌리, 그리고 경제, 군사, 기술적 측면을 분석하며 양국 간 관점 차이를 강조하고 미래 관계 시나리오를 탐구한다. 특히 경제적 상호 의존성과 사이버, 우주 등 새로운 분쟁 영역으로 인해 미중 경쟁이 원조 냉전보다 더 위험할 수 있음을 경고한다. 출판 편집자이자 전 미국 국가안보회의National Security Council, NSC 아시아 담당 선임국장을 역임한 메데이로스는 2023년《더디플로맷》과의 인터뷰에서 "미중 경쟁은 냉전의 재현이 아니다. 그것은 더 복잡하고, 더 위험하며, 관리하기 더 어려운 새로운 유형의 강대국 경쟁이다."라고 언급했다. 이로써 현재 상황을 '새로운 유형의 강대국 경쟁'으로 묘사하는 입장을 보였다.

로빈 니블렛Robin Niblett,《로빈 니블렛의 신냉전: 힘의 대이동, 미국이 전부는 아니다》The New Cold War: How the Contest Between the US and China Will Shape Our Century (2024) 43

니블렛은 미중 경쟁이 양립할 수 없는 두 정치체제 간의 심오하고 개방적인 세계적 경쟁이라고 주장한다. 그는 이 경쟁이 자기실현적 예언이

되는 것을 경계하며, 원조 냉전과의 중요한 차이점을 인식해야 함을 강조한다. 니블렛은 2024년 《포린폴리시》Foreign Policy 와의 인터뷰에서 이렇게 말했다. "미국과 중국은 다른 영역에서 경쟁하면서도 세계적 도전 과제에 협력하고 공존할 방법을 찾아야 한다." 또한 '전면적인 냉전은 양국과 세계에 재앙이 될 것임'을 경고한다. 이는 미중 관계를 냉전으로 규정짓는 것에 대한 우려를 표명한 것으로 해석할 수 있다.

냉전 프레임은 미중 경쟁을 단순화하는 동시에, 과거의 틀에 가둠으로써 현재 상황의 고유한 특성을 간과하게 만들 수 있다는 지적도 있다. 특히 이러한 프레임은 불필요한 갈등을 조장하고, 아시아계 미국인에 대한 차별과 혐오를 불러일으킬 위험이 있다는 우려도 제기된다. 실제로 코로나19 팬데믹이 유행할 당시 뉴욕 등 미국의 대도시에서는 아시아계로 보이는 사람들이 길거리에서 '묻지마 폭행'을 당하는 사건들이 발생하기도 했다.

《포린폴리시》의 2023년 기사 "미중 '냉전' 프레임이 위험한 이유"Why the U.S.-China 'Cold War' Framing Is So Dangerous 44

이 기사는 냉전적 사고방식이 제2차 세계대전 당시 미국 내 일본계 미국인들이 겪었던 고초와 유사하게 아시아계 미국인에 대한 내부적 적대감, 차별, 따돌림 현상을 야기할 수 있다고 경고한다.

《포린폴리시》의 2024년 기사 "중미 관계: 냉전이 아닌 차가운 평화"

이 기사는 두 국가 간의 경제적 상호 의존성과 기후 변화 및 비확산 등의 분야에서 협력 가능성을 고려할 때, 현재의 관계가 냉전보다는 '차가운 평화'cold peace에 더 가깝다는 해석을 제시한다.

현재 미중 관계는 여러 가지 측면에서 심각한 경쟁 국면에 놓여 있는 것으로 보인다. 그러나 이를 과거의 냉전과 동일시하거나 특정한 프레임으로 단정 짓기에는 여러 이견이 존재하는 것이 사실이다. 이런 이유로 내가 개인적으로 동의하지 않는 내용이 일부 있음에도, 최근에 나온 주목할 만한 책을 소개했다. 여기 소개한 저작들과 기사들은 미중 관계를 바라보는 다양한 관점을 제시한다. 현재 상황에 대해 단정적으로 결론짓기보다는 새로운 유형의 강대국 경쟁, 혹은 차가운 평화와 같은 해석의 여지를 열어두고 있다.

미중 경쟁이 '신냉전'으로 불릴 수 있는지에 대한 논쟁은 복잡하며 현재진행형이다. 지정학적, 군사적, 기술적 경쟁, 그리고 전략적 동맹 형성 등에서 과거 냉전과의 유사점은 분명 존재한다. 그럼에도 오늘날의 경쟁은 과거와는 구별되는 중요한 차이점들을 지니고 있다. 미중 양국은 깊은 경제적 상호의존성을 갖고 있으며 기후 변화와 같은 범지구적 문제 해결을 위한 협력의 필요성 역시 존재한다. 또한 미중 관계는 과거 냉전 시대 미소 관계보다 훨씬 다면적이다.

이러한 현실을 반영하듯 '새로운 유형의 강대국 경쟁'이라는 표현은 현재 상황을 잘 요약한다고 볼 수 있다. 나 역시 이에 동의한다. 그럼에도 이 책에서는 앞서 설명한 이유로 '신냉전'이라는 표현을 자주 사용할 것이다. 새로운 용어가 아직 자리 잡지 못한 상황인 데다 익숙한 용어의 사용이 독자의 이해를 도울 수 있기 때문이다.

결국 핵심은 경쟁과 협력 사이의 미묘한 균형점을 찾는 것이다. 미중 양국은 상호 연결된 세상에서 공동의 이해관계와 도전 과제를 안고 있다. 이 복잡한 지형을 헤쳐나가야 할 정책 입안자들은 미중 관계의 뉘앙스를 정확히 이해하고, 잘못된 정책으로 이어질 수 있는 단순한 역사적 비유를 피해야 한다. 그리고 한국은 이 균형점이 어디에 존재하는지, 과연 균형점이 존재하기는 하는지, 존재한다면 한국은 어떻게 대처해야 할지를 심도 있게 모색해야 한다.

봉쇄 정책 vs. 억제 정책

냉전 시대 국제관계와 외교정책에서 '봉쇄'containment와 '억제'deterrence는 매우 유명한 동시에 중추적인 전략 개념이다. 하지만 이 두 개념은 목표, 방법, 그리고 적용에 있어 차이를 보인다.

봉쇄 정책은 제2차 세계대전 이후 공산주의의 확산을 방지하기 위해 고안된 지정학적 전략이다. 이 개념은 해리 트루먼Harry S. Truman 대통령 재임 시절인 1946년, 외교관 조지 F. 케넌George F. Kennan의 긴 외교 전문을 통해 처음으로 제기되었다. 봉쇄 정책은 비공산주의 국가에 경제적, 군사적, 외교적 지원을 제공함으로써 소련의 영향력과 공산주의의 확장을 제한하는 것을 목표로 삼았다. 이 전략은 서유럽 국가들에 경제 원조를 제공한 마셜 플랜과 소련의 위협에 대응하기 위한 군사 동맹인 NATO 결성 등 다양한 수단을 통해 시행되었다.

반면, 억제는 심각한 보복 위협을 통해 적대국이 바람직하지 않은 행동을 취하지 못하도록 막는 전략이다. 잠재적 침략자에게 그들의 행동에서 비롯된 대가가 이익보다 크다는 점을 확신시킴으로써 전쟁을 방지하고 안정을 유지하는 것을 목표로 한다.

억제 전략은 냉전 시대에 핵무기의 등장과 함께 핵심적인 역할을 수행했으며, 이 과정에서 '상호 확증 파괴'Mutually Assured Destruction, MAD라는 개념이 강조되었다. 이는 핵무기 보유국이 선제적 공격을 감행하면 상대국 역시 핵무기로 보복 공격을 감행할 것이며, 이에 따라 그 어떤 초강대국이라 해도 만일 핵전쟁을 시작한다면 완전한 절멸을 피할 수 없을 것이므로 핵전쟁을 막는 데 효과적이라는 주장이다. 다시 말해 핵무기를 보유한 국가들은 서로 전쟁을 일으키지 않는다는 것이다. 이 전략은 신뢰할 만한 핵무기와 2차 보복 타격 능력을 유지함으로써 핵 공격이 있을 경우 이에 상응하는 파괴적인 대응을 할 수 있다는 논리에 기반을 두고 있었다.

냉전 시기 미국과 소련 양국 간의 민간 교류는 거의 전무했으며, 양국 간 갈등의 가장 두드러진 특징은 치열한 군비 경쟁이었다. 《칩 워》의 저자 크리스 밀러Chris Miller 교수는 당시 상대방 군사 시설을 조준해 목표물을 정확하게 맞힐 수 있는 미사일의 '정밀 폭격' 능력, 특히 이를 가능하게 하는 고성능 반도체의 중요성을 강조했다. 오늘날 21세기 미중 경쟁이 첨단기술 경쟁의 측면에서 다시 조명받고 있으며, 여기서도 반도체가 강조되고 있다는 점은 흥미로운 대목이다.

미중 관계의 변화:
2008년 금융위기부터 '신냉전'까지

앞서 미국이 중국뿐만 아니라 사실은 러시아와 이미 신냉전을 치르고 있다는 주장을 담은 책을 소개한 바 있다. 그렇다면 러시아와의 신냉전은 언제 시작되었을까? 누군가는 그 시점을 2007년경으로 본다. 2007년 블라디미르 푸틴 러시아 대통령의 뮌헨 안보회의 연설이 미국과 러시아 관계의 전환점이 되었다는 것이다. 당시 푸틴은 미국의 일방주의와 NATO 확장, 미사일 방어 Missile Defense, MD 계획 등을 강도 높게 비판하며 미국 주도가 아닌 다극 세계 질서를 주장했다.[46] 이는 서방에 도전하고 자국의 이익을 지키려는 새로운 러시아의 모습을 보여주는 상징적인 사건이었다.

아마 독자들도 기억할 것이다. 푸틴의 연설 이전까지 러시아와 미국의 관계는 비교적 우호적이었다. 9·11 테러 이후 푸틴은 테러와의 전쟁에서 미국을 지지했고, 부시 대통령과 긴밀한 협력 관계를 유지했다. 그러나 이라크 전쟁, NATO 확장, MD 계획 등을 둘러싼 이견이 점차 표면화되면서 미국과 러시아 양국 관계는 서서히 악화되기 시작했다.

한편 유럽 최대 경제국인 독일과 러시아의 관계도 당시에는 상당히 밀접했다. 독일은 러시아에서 천연가스를 대량 수입하고 있었고, 당시 독일

총리 게르하르트 슈뢰더Gerhard Schroder는 "러시아는 신뢰할 수 있는 파트너다."라고 공개적으로 언급하기도 했다.⁴⁷

그러나 독일과 러시아의 밀월 관계는 미국과 일부 유럽 국가들의 우려를 자아냈다. 러시아에 대한 에너지 의존도가 높아질수록 독일이 러시아의 영향력에 취약해질 수 있다는 지적이 제기되었다. 또한 러시아의 권위주의적 성향과 인권 문제 등도 독일과 러시아 관계의 걸림돌로 작용했다. 당시 푸틴의 뮌헨 연설은 이러한 복잡한 국제관계의 역학 속에서 나온 것이었다. 푸틴은 미국 주도의 일극 체제에 도전장을 내밀면서 동시에 독일을 비롯한 유럽 국가들과의 관계 강화를 모색했던 것으로 보인다.

2007년 블라디미르 푸틴 러시아 대통령의 뮌헨 안보회의 연설이 미국과 러시아 관계의 전환점이 되었다면, 시진핑 중국 국가주석의 2015년 9월 시애틀 연설은 미중 관계의 전환점이 되었다. 당시 시진핑 국가주석은 버락 오바마 대통령의 초청으로 미국을 국빈 방문했다. 그는 시애틀 연설에서 "평화 발전의 길을 견지하고 호혜 협력을 추구하는 것은 중국의 전략적 선택이다."라며 중국의 부상이 평화적일 것임을 강조했다. 하지만 동시에 남중국해 영유권 문제 등에 있어 중국의 핵심 이익은 양보할 수 없다는 입장을 분명히 밝혔다.⁴⁸

이는 G2로 부상한 중국이 미국과 어깨를 나란히 하고 핵심 이익 문제에서는 물러서지 않겠다는 자신감의 표현이었다. 시 주석은 "태평양은 미국과 중국을 모두 수용할 만큼 넓다."라고 말했는데, 이는 미국의 패권에 도전하는 중국의 부상을 암시한 것으로 해석되었다. 미국은 중국의 이러한 태도 변화에 불편한 심기를 감추지 못했다. 오바마 대통령은 "국제 질서의 규칙을 따라야 한다."라며 중국을 우회적으로 비판했다.[49] 이어 연설 후 열린 공동 기자회견에서도 미중 간 입장 차이를 뚜렷이 확인할 수 있었다. 시 주석의 연설 이후 미중 관계는 경쟁과 갈등의 색채가 짙어졌고 남중국해를 둘러싼 대립이 격화되었다. 이는 오바마의 바통을 이어받은 트럼프 행정부 시기에 이르러 미중 무역 전쟁으로 비화되었다.

2000년대 초반부터 나는 베이징에 11년간 거주하며 하루가 다르게 역동적으로 변화하는 중국을 직접 경험했다. 중국이 미국을 향한 자신감을 본격적으로 키워나가기 시작한 시점은 2008년 미국발 글로벌 금융위기 이후였을 것이다. 이 위기는 미중 관계의 중요한 전환점이 되었다. 위기 속에서 중국은 미국과 달리 큰 경제적 타격을 입지 않았다. 오히려 위기 이후 세계 경제 질서에서 중국의 영향력은 크게 증대되었다.

금융위기 이후 중국은 외교정책에서 이전보다 훨씬 더 자신감 있는 모습을 보이기 시작했다. 남중국해 영토 분쟁 등에서 미국의 우위에 도전하기 시작한 것이다. 또한 일부에서는 중국의 국가 자본주의 모델이 미국식 자본주의의 대안으로 주목받기도 했다.

흥미로운 점은 미국의 속내다. 미국 정부는 이미 1990년대 후반부터 중국의 부상을 자국의 패권에 대한 잠재적 도전으로 인식하기 시작했다. 나는 은퇴한 미국 외교관들과의 대화를 통해 이러한 사실을 알게 되었다. 이는 놀라운 일이다. 왜냐하면 당시 중국이 '세계의 공장'으로 발돋움하던 시기였기 때문이다. 한국을 비롯한 많은 국가가 중국에 공장을 건설하며 중국의 저렴한 노동력을 활용해 높은 이익을 창출할 수 있을 것이라는 장밋빛 전망에 젖어 있었다.

그러나 미국은 마냥 희망적이지 않았다. 미국 정부 내 안보 및 전략 부서는 중국의 경제적 잠재력이 궁극적으로 군사력 증강으로 이어질 수 있음을 미리 내다보고 있었던 것이다. 하지만 이러한 선견지명은 주로 내부적인 논의에 그쳤을 뿐 가시적인 정책으로 이어지지는 않았던 듯하다. 그러던 중 2001년 9·11 테러가 발생했고, 미국은 '테러와의 전쟁'을 선포했다. 당시 부시 대통령은 "모든 국가는 우리와 함께할 것인지, 아니면 테러리스트들과 함께할 것인지 결정해야 한다."라고 선언했다.50 당시 중국 정부는 이 기회를 영리하게 활용했다. 미국의 테러와의 전쟁을 지지한다고 선언함으로써 미국의 '아군'으로 자리매김한 것이다.

중국은 운도 좋았다. 미국이 테러와의 전쟁으로 중동에 발이 묶인 10여 년 동안 중국의 부상은 거침없이 이어졌다. 2006년에는 12부작 다큐멘터리 〈대국굴기〉大國崛起를 방영하며 야망을 노골적으로 드러냈다. 다큐멘터리의 반향이 워낙 컸던지라 한국에까지 방영되었다. 이는 사실상 미국과의 패권 경쟁을 예고하는 '공개 도전장'과 다름없었다.

2011년 말, 오바마 정부는 마침내 중국의 부상을 심각하게 인식하고 '아시아로의 회귀' Pivot to Asia 정책을 선언했다. 중국의 부상을 잠재적 위협으로 '인식'한 지 10여 년 만에 정책적 '선언'으로 이어진 것이다.

그러나 오바마는 당시 다수당이던 공화당과의 정책 갈등 등 국내 정치에 에너지를 소진하던 상황이었다. 그 때문에 중국의 위협에 대해서 단호하지 못했다는 평가를 받는다. 혼자서 지구 경찰 노릇을 하는 것이 힘에 부치던 미국이 중국과 함께 '글로벌 거버넌스' Global Governance 부담을 나누고자 했기 때문이다. 한국에서 흔히 'G2'라고 부르기 시작하던 시기가 바로 이때다.

그렇다면 중국의 부상을 억제하는 미국의 구체적 '행동'은 언제 가시화되었을까? 역설적이게도 2017년 기업가 출신의 대통령인 트럼프 취임 이후다. 지금도 생생히 기억나는 일화가 있다. 나는 트럼프 취임 전 중국 길림성 장춘시에 위치한 길림대학 吉林大学에서 열린 국제콘퍼런스에 참석했다. 그런데 당시 중국 측 학자들이 트럼프에 대해서 큰 기대를 걸고 있음을 확연하게 느낄 수 있었다. 트럼프가 중국을 향해 엄포를 놓는다 해도 그리 난감해할 필요 없다는 것이다. 트럼프는 비즈니스맨이므로 그에게 경제적 이익을 가져다주면 중국에 대해서 적대적으로 나오지 않을 것이라는 논리였다. 하지만 중국의 기대와 달리 트럼프는 그들에게 실망을 안겨주었다.

현재의 미중 갈등은 과거 냉전의 단순한 연장이 아니라 새로운 형태의 냉전이라는 진단에 무게가 실리고 있다. 과거 냉전과 달리 이 새로운 갈등은 경쟁과 협력이 혼재된 양상을 보인다. 또한 양국 모두 직접적인 군사 충돌은 피하면서 영향력을 행사하려 한다. 적어도 현재까지는 말이다.

미중 관계의 미래는 양국이 전략적 경쟁을 관리하고, 충돌을 방지하며, 안정을 촉진하는 메커니즘을 어떻게 수립할 것인지에 따라 결정될 것이다. 또한 이 새로운 형태의 신냉전은 과거와 다른 시대적 배경, 즉 반도체, AI, 사이버 공격, 우주 무기 등 새로운 과학기술을 기반으로 전개된다는 점에서 차별성을 갖는다.

한국은 현재 상황이 신냉전인지 여부와 무관하게 미중 사이에서 신냉전에 준하는 선택을 강요받을 가능성이 크다. 즉 각 국가가 처한 지정학·

지경학 상황에 따라 미중 갈등의 파도가 각기 다른 충격파로 다가올 것이라는 의미다. 이 부분은 추후 더 깊이 논의해볼 가치가 있다.

트럼프 행정부의 등장과
미중 관계의 변곡점

2017년 1월 도널드 트럼프 대통령의 취임은 미중 관계에 있어 새로운 시대의 서막을 알리는 것이었다. 트럼프는 취임 직후 '미국 우선주의'를 천명하며 환태평양경제동반자협정 탈퇴를 선언했다. 중국을 겨냥한 무역 전쟁의 신호탄이었다. 이는 1972년 닉슨 대통령의 역사적인 방중 이후 지속되어온 이른바 '세기의 거래'에 기반을 둔 미중 협력 관계의 종언을 의미했다.

트럼프 행정부는 중국의 불공정 무역 관행을 강하게 비판하며 고율 관세를 부과했고, 기술 패권 경쟁에서 중국을 견제하고자 화웨이 등 중국 기업에 대한 제재를 강화했다. 이러한 미국의 공세적인 정책은 중국의 강력한 반발을 불러왔고 양국 관계는 급속도로 냉각되었다.

이후 미중 갈등은 단순한 무역 분쟁을 넘어 기술, 안보, 인권 등 분야를 막론해 전방위적으로 확산되었다. 미국은 남중국해에서의 중국 군사활동, 신장 위구르 자치구에서의 인권 탄압, 홍콩 민주화 운동 탄압 등을 지적하며 중국을 압박했다. 중국도 참지 않았다. 이를 내정 간섭으로 규정하며 강하게 반발했다. 2019년 12월 중국 우한에서 처음 발생한 코로나

19 팬데믹은 이러한 갈등을 더욱 심화시키는 촉매제가 되었다. 미국은 중국의 초기 대응 실패를 비판하며 '중국 책임론'을 제기했다.

많은 중국 전문가들의 바람과는 달리 바이든 행정부 출범 이후에도 미중 갈등은 완화되지 않았다. 바이든 대통령은 트럼프 대통령의 대중 강경 정책을 일부 수정했지만, 중국과의 전략적 경쟁은 지속될 것임을 분명히 했다. 그뿐 아니라 트럼프 시기에 부과된 대중국 관세를 상당 부분 유지했다. 이 때문에 일부 미국 전문가들은 바이든 행정부를 '트럼프 2.0'이라고 농담 삼아 부르기도 했다. 이제 미중 관계는 과거의 협력 관계에서 벗어나 경제, 기술, 안보 등 다방 면에서 치열한 경쟁을 벌이고 있으며 이러한 경쟁 구도는 앞으로 더욱 심화될 전망이다.

미중 갈등은 국제 질서에도 지대한 영향을 미친다. 양국은 각자의 진영을 구축하며 세력 확장을 도모하고 있으며, 이는 국제사회의 불안정성을 증대시키는 요인으로 작용한다. 미중 갈등은 단순한 양자 관계를 넘어 국제사회 전체의 미래를 좌우할 중대한 변수로 부상했다. 그러나 이러한 갈등은 최근에 발생한 것은 아니다. 사실 현재 갈등의 뿌리는 수십 년 전으로 거슬러 올라간다.

1970년대 닉슨 대통령의 '핑퐁 외교' 이래 미국은 소련을 견제하기 위해 중국을 전략적 동반자로 삼았으며, 중국을 지원했다. 1990년대와 2000년대 초 미국의 대중국 정책은 경제적 교류가 결국 정치적 자유화로 이어질 것이라는 지배적인 믿음에 의해 추진되었다.

2001년 중국의 세계무역기구World Trade Organization, WTO 가입을 앞두고 빌 클린턴 대통령은 중국을 세계 경제 시스템에 편입시키는 것이 '인권과 정치적 자유에 심대한 영향을 미칠 것'이라고 주장했다. 이는 미국이 1980년 중국에 처음 부여한 최혜국 대우 Most Favored Nation, MFN 지위를, 그리고 매년 심사를 통해 미 대통령이 연장을 선언하던 관행을, 2000년 9월 클린턴 대통령이 '영구적' permanent 으로 부여하는 결정으로 이어졌다. 클린턴이 이런 조치를 취함으로써 이듬해인 2001년 중국이 WTO에 가입할 수 있는 길이 열렸다. 14억 인구를 가진 중국의 WTO 가입은 세계 무역과 미국의 대중국 정책에 있어 중대한 전환점이었다.

한동안 미중 관계는 이러한 관점을 뒷받침하는 듯했다. 미국 기업들이 중국 제조업에 대규모로 투자하고 중국이 수출로 얻은 수익을 미국 국채에 투자하면서 두 나라의 경제적 유대 관계는 급속히 강화되었다. 2000년부터 2010년 사이 미중 무역액은 1,160억 달러에서 4,560억 달러로 증가했다.

미국인들의 인식 속에서 중국의 눈부신 경제 성장은 '평화로운 부상'과 '윈-윈 협력'이라는 중국 정부의 수사에 함축된 광범위한 개방과 연결되었다. 실제로 2005년 로버트 졸릭 Robert Zoellick 미 국무부 부장관은 중국이 '책임 있는 이해관계자' responsible stakeholder 가 되도록 격려해야 한다고 주장했다.

졸릭은 2005년 9월 미중관계국가위원회 National Committee on U.S.-China Relations 연설에서 처음으로 '책임 있는 이해관계자'라는 용어를 공식적으로 사용하면서 중국이 국제사회에서 그러한 역할을 해주기를 촉구했다.[51] 졸릭이 사용한 이 용어는 중국 통역사들 사이에서 큰 혼란을 일으켰는데, 영어 단어 'stakeholder'를 어떻게 번역해야 할지가 문제였다. 결국 중국 관방 언론은 '이익 상관자'利益相关者라는 표현을 사용했다.⁵² 이 용어는 미국과 중국 정책 커뮤니티 모두에 의해 신속히 받아들여졌다.

이 표현과 관련해 흥미로운 점 두 가지가 더 있다. 당시 졸릭 부장관의 취지는 분명히 중국에게 국제사회에서 책임 있는 이해관계자가 되어줄 것을 촉구하는 것이었다. 그러나 중국 언론은 이를 미국이 중국을 국제사회에서 책임 있는 이해관계자로 '인정'한 것이라고 대대적으로 보도했다. 졸릭은 2007년부터 세계은행 총재를 맡았으며, 2009년 베이징을 방문했을 때도 여전히 그 용어 때문에 중국에서 유명인사 대우를 받았다. 그가 가는 곳마다 중국 기자들이 몰려들었다.

나는 중국 지인을 따라 그의 기자회견장을 방문한 일이 있었고 질의응답 시간에 이렇게 질문했다. "당신이 중국에게 '책임 있는 이해관계자'가 되어 달라고 촉구한 지 4년이 되어갑니다. 지금 보기에 중국이 당신 말처럼 됐습니까?" 졸릭의 대답이 지금도 기억에 남는다. 사실상 제대로 된 대답을 하지 않았기 때문이다.

그는 5분여 동안 중국이 세계에서 얼마나 책임 있는 역할을 담당하고 있는지를 라틴아메리카와 아프리카 등 다양한 예를 들어 줄줄이 설명했다. 기자들의 플래시가 연신 터졌다. 만약 그가 미국에서 같은 질문을 받았다면 어땠을까? 아마 그처럼 중국에 호의적인 대답을 하지는 않았을 것이다.

2005년 그가 처음 '이익 상관자'라는 용어를 사용했을 때 그는 다음과 같이 말했다. "책임 있는 국제사회의 주요 이해관계자는 지적 재산권 도용과 위조를 용납해서는 안 된다. 이러한 행위는 미국 지식 경제의 핵심을 공격하는 것이다. 후진타오 胡錦濤 주석이 뉴욕에서 지난주에 발표한 성명을 포함해 중국이 이 무역에 종사하는 범죄자들을 단속하겠다는 약속은 환영할 만하지만 '결과는 아직 나타나지 않고 있다' the results are not yet evident." 즉 말보다 행동으로 증명해 보이라는 것이다.

졸릭의 2005년 연설은 한국에서도 큰 반향을 일으켰다. 중국에서와 마찬가지로 'stakeholder'라는 표현을 어떻게 번역해야 할지 애매해 신문마다 표현이 조금씩 달랐고 혼동도 있었다. 심지어 그 혼동 자체를 다루는 신문 칼럼도 등장했던 것이 기억난다. 그의 연설은 한반도와도 중요한 관련이 있다. 졸릭은 '이해관계자' 연설에서 중국이 외교정책에서도 책임 있는 이해관계자가 될 많은 기회를 갖고 있다고 말하며, 그중 하나가 바로 북한 문제 해결이라고 언급했다. 당시 북핵 문제 해결을 위한 '6자회담'은 교착상태였다. 그리고 국제사회는 개최국인 중국이 북핵 문제 해결에 더욱 적극적인 역할을 해주길 기대하고 있었다.

졸릭은 다음과 같이 말했다. "모든 국가는 국익을 증진하기 위해 외교를 수행한다. 하지만 '책임 있는 이해관계자'는 한 걸음 더 나아간다. 그들은 국제 체제가 평화롭게 번영해야 함을 인식하고 있다. 그리고 그 체제를 유지하기 위해 노력한다. 중국은 외교정책에서 '책임 있는 이해관계자'가 될 수 있는 많은 기회를 갖고 있다. 가장 시급한 기회는 북한 문제다. 2003년 6자회담을 처음 주최한 이래로 중국은 건설적인 역할을 해왔다. 이번 주에 우리는 '평화적인 방식으로 검증 가능한 한반도의 비핵화'라는 목표에 대한 합의와 함께 '원칙에 대한 공동성명' Joint Statement of Principles 을 달성했다. 그러나 앞으로 이행을 위한 어려운 작업이 남아 있으며, 중국은 이를 효과적이고 포괄적으로 준수하기 위해 우리의 이해를 공유해야 한다."

이는 북한 문제 해결을 위해 더 적극적인 역할을 하라고 중국을 압박한 것이다. 이 발언은 미국 VOA 등에 보도되었지만, 정작 당시 한국 언론에서는 주목받지 못했다.

바이든 시대의 미중 갈등:
새로운 냉전의 서막

중국의 상당수 전문가가 예상했던 것과 달리 바이든 행정부 출범 이후에도 미중 갈등은 완화되지 않았다. 이는 흥미로운 현상이다. 한편 중국 공산당은 결코 레닌주의 정치 구조나 국가 주도 경제에 대한 공약을 포기하지 않았다. 2008년 베이징 올림픽에서 중국은 경제적, 군사적 능력을 과시하며 부상하는 강대국으로서의 이미지를 선보였다. '일대일로'一帶一路, Belt and Road Initiative, BRI 인프라 프로그램과 같은 대규모 국가 지원 계획 덕분에 중국의 세계적 영향력이 확대되었다. 더불어 미국이 주도하는 국제 질서에 도전할 수 있는 능력과 의지를 함께 키웠다. 특히 2010년 중국이 일본을 제치고 세계 2위 경제 대국으로 부상하면서 미국의 우려는 더욱 커졌다.

2012년 11월, 당시 국가 부주석이던 시진핑은 후진타오 주석에게서 중국 공산당 중앙위원회 총서기와 중앙군사위원회 주석직을 승계받았다.

이어 2013년 3월 중화인민공화국 주석직을 거머쥐며 중국에서 권력 '3위일체'를 모두 갖춘 최고 권력자로 자리매김했다. 시진핑이 중국 공산당의 지도자로 부상함과 동시에 미국에 대한 도전의 전체적인 범위도 구체화되었다. 그는 전임자들의 '저자세 유지' 전략을 뒤집고, 세계 무대에서 중국의 이해관계를 보다 공격적으로 주장하기 시작했다. 시진핑 주석은 중국의 군사력 증강을 가속화하는 동시에 남중국해 분쟁 지역에 대한 영유권을 주장했다. 나아가 AI부터 5G 통신에 이르기까지 미래 기술을 지배하기 위한 '중국제조 2025'中國製造2025라는 광범위한 의제를 시작했다. 이 의제는 2015년에 리커창李克强 총리가 이미 발표했던 것이기도 하다.53

그뿐만이 아니다. 시 주석은 '중국몽'中國夢이라는 국가적 비전을 제시하며 중화민족의 위대한 부흥을 강조했다. 이러한 시 주석의 강력한 리더십은 대내적으로는 중국의 민족주의를 자극하고, 대외적으로는 중국의 영향력 확대 의지를 보여주는 신호로 해석되었다. 이런 변화에 맞춰 미국 워싱턴의 대응도 달라졌다. 트럼프 행정부는 중국을 '전략적 경쟁자'로 규정하고 수천억 달러 규모의 중국산 제품에 관세를 부과하는 무역 전쟁을 촉발했다. 이 변화는 정파 정치를 넘어선 것이었다. 2017년 미국의 〈국가안보전략 보고서〉는 중국을 '수정주의 세력'revisionist power으로 규정했으며, 중국이 미국의 안보와 번영에 위협이 된다고 명시했다. 2018년 미국의 국방전략은 중국과의 '강대국 경쟁'을 미국 외교정책의 원칙으로 확립했다.

트럼프 행정부는 중국 통신 장비 제조업체 화웨이를 제재하고, 중국군과 연계된 대학에 대한 비자 제한을 강화하는 등 다양한 조치를 취했다.

이러한 조치들은 미국의 안보와 경제적 이익을 보호하는 데 목적을 두었지만 중국과의 관계 악화를 더욱 가속화하는 결과를 낳았다. 바이든 행정부 시절에는 이러한 간극이 더욱 벌어졌다. 바이든 행정부는 트럼프의 관세를 유지하고 첨단 반도체 기술에 대한 중국의 접근을 제한했다. 또한 중국과의 경쟁을 민주주의와 독재 사이의 전투로 규정하며 대립각을 굳혔다. 2021년 바이든 대통령은 중국 신장 위구르 자치구에서의 인권 탄압을 '집단 학살'genocide이라고 규정했으며,54 미국은 2022년 베이징 동계 올림픽에 대한 외교적 보이콧을 주도했다.

미국과 중국의 갈등은 더욱 첨예해졌다. 대만을 둘러싸고도 긴장이 고조되었으며, 미국에 대한 중국의 스파이 활동 혐의가 제기되면서 베이징과 워싱턴 간의 소통은 더욱 줄어들었다. 이는 오산으로 인한 갈등의 위험을 높였다. 2023년 미국 하원은 '미국과 중국 공산당 간 전략 경쟁에 관한 특별 위원회'Select Committee on the Strategic Competition Between the United States and the Chinese Communist Party를 설립해 중국에 대한 초당적인 강경 노선을 강화했다.55 이러한 미국의 강경 노선은 중국의 반발을 불러일으켰으며 양국 간 갈등을 더욱 심화하는 요인으로 작용했다.

정부 사이의 갈등이 심화되면서 학자들 사이의 교류도 위축되었다. 중국 싱크탱크의 한 학자는 미국에서 열린 콘퍼런스에 참가했다가 귀국했다. 그러곤 몇 주 만에 다시 미국을 방문할 일이 있어 준비를 하다가 본인의 미국 비자가 취소되었다는 사실을 알게 되었다. 황당하기도 했을 테고 한편으로는 겁나는 일이었을 터다.

또 다른 사례도 있다. 한국에도 알려진 베이징의 한 유명 대학 교수는 중국 방문단의 일원으로 워싱턴을 방문한 뒤 귀국하는 길에 덜레스Dulles 공항에서 FBI 요원의 갑작스러운 취조를 받았다. FBI는 신분증을 제시하며 그를 다른 장소로 데려가려 했으나 그의 동료들이 이를 막았다. 그 학자는 공항의 격리된 방으로 가는 것을 거부한 채 공개된 장소인 대합실, 즉 동료들이 자신을 볼 수 있는 거리에서 FBI의 질문에 답하겠다고 강력히 요구했다. 몇 차례 실랑이 끝에 이 요구는 받아들여졌고 다행히도 그는 무사히 귀국했다.

이 무용담이 중국 교수들 사이에 빠르게 퍼지면서 미중 관계 악화의 상징이 되었다. 이러한 사건은 다른 중국 학자들에게도 발생했다. 미국 측은 중국 학자들이 학술 콘퍼런스를 빙계로 미국을 방문해 실제로는 미국 인사들과 접촉해 미국의 대중국 정책 정보를 캐내려 한다고 판단했다. 반대로 미국인이 중국을 방문해 스파이 혐의로 곤욕을 치르는 사례도 많이 보도되었다. 냉전 시대의 미소 관계와 유사한 대목이다.

'새로운 냉전'으로 향하는 길은 미중 양측의 중대한 선택에 달려 있다. 미국은 중국이 공산당 통치 모델을 고수하려는 결의를 과소평가했고, 중국의 부상이 어떤 성격을 띨지 제대로 해석하지 못했다. 중국은 어떤가? 미국이 주도하는 세계 체제에 불만을 품었고, 상대적 힘이 커지면서 점점 더 대담해졌다. 두 나라의 세계관이 상충되기는 했으나 그렇다고 해서 억제할 수 없는 적대감으로 이어질 필요는 없었다. 불신, 소통 부재, 경쟁의 원초적 논리는 양국을 벼랑 끝으로 몰아갈 뿐이기 때문이다. 미국의 '아시아로의 회귀' 정책과 중국의 '일대일로' 정책은 양국의 지정학적 경쟁을 더욱 심화시켰다. 특히 남중국해에서의 군사적 긴장 고조와 대만 문제를 둘러싼 갈등은 양국 관계를 더욱 악화시키는 뇌관으로 작용했다.

역사는 경고의 교훈을 던져준다. 원조 냉전은 세계를 핵 절멸의 위기로 몰아넣었으며, 양측이 평화 공존의 필요성을 받아들인 후에야 끝을 맺었다. 트럼프 2기 행정부의 도래로 신냉전을 치르는 미중 관계의 미래는 더 큰 불확실성으로 가득하다. 이 대목에서 궁금한 점이 있다. 바이든 시대의 미중 갈등이 새로운 냉전의 서막이었다면 트럼프 2기 행정부는 새로운 냉전의 본론이 될 것인가 하는 점이다.

THE
FUTURE OF
GLOBAL
POWER

PART 2

THE FUTURE OF GLOBAL POWER

트럼프의 귀환

2

2024년 11월 말, 미국 유수 대학의 방위정책 연구 프로그램 책임자로 있는 한 인사가 몇 주 동안 조용히 동아시아 방문 계획을 준비하고 있었다. 중국, 일본, 대만은 물론이고 한국도 일정에 포함된 상태였다. 그는 학자 신분이지만 그가 맡은 역할은 그 이상이었다. 그는 트럼프 2기 행정부의 국가정보국 Director of National Intelligence, DNI 국장으로 지명된 털시 개버드 Tulsi Gabbard의 외교 자문이다. 내가 그의 역할을 알게 된 것은 그가 나에게 '한국에서 만날 사람'에 대해 문의해왔기 때문이다.

그리고 나서 얼마 후 12·3 비상계엄 사태가 터졌다. 며칠 후 다시 그에게서 연락이 왔다. '미안한데 한국 현 정부 말고, 차기 정부에서 외교안보 관련 역할을 맡을 가능성이 있는 인물을 소개해달라'는 것이 요지였다. 현 한국 정부는 이미 정권의 생명이 끝났다고 판단한 듯했다. 차기 정부에서 중책을 맡게 될 만한 인사들과 미리 네트워크를 구축하고 싶다는 뜻을 내비쳤다. 한국의 비상계엄 선포에 대해 커트 캠벨Kurt Campbell 미 국무부 부장관은 "윤 대통령이 심각하게 오판badly misjudged 했다."고 말하며, 동맹국인 한국을 이례적으로 직설적이고 강도 높게 비판했다.[56] 한국 방문을 앞둔 이 미국 학자도 곧 임기가 끝날 현 정권보다는 차기 정권과의 정책 네트워크 형성에 에너지를 집중하려는 것으로 보였다.

윤석열 정부는 취임 후 바이든 민주당 행정부와 꾸준히 연계를 유지해 왔다. 그러다 미국 대선을 앞두고 트럼프의 당선 가능성이 높아지자 트럼프 측 인사들과 접촉점을 마련하기 위해 노력했다. 결국 트럼프가 당선되었고, 한국은 트럼프 측근들과 트럼프 2기 행정부 주요 요직에 지명된 인사들과의 네트워크 형성에 역량을 집중하고 있었다. 그리고 윤 정부가 공들이던 중요 인사 중 한 명이 바로 털시 개버드다. 이 미국 인사는, 내가 그와 털시 개버드의 관계를 반신반의하며 시큰둥한 반응을 보인다고 생각했는지 한 가지 흥미로운 일화를 증거로 소개했다. 그것은 한국 사람이면 다들 관심을 갖는 북한과 관련한 것이었다.

2018년 1월 13일 오전 8시 7분, 하와이에서 충격적인 사건이 발생했다. 하와이 비상관리국Hawaii Emergency Management Agency, HI-EMA은 "탄도미사일이 하와이로 향하고 있습니다. 즉시 대피하세요. 이것은 훈련이 아닙니다."라는 긴급 경보를 주민들의 휴대전화로 발송했다.[57]

이 메시지는 실수로 발송된 것이었지만, 당시 미국과 북한과의 긴장 상황 속에서 주민들은 이를 실제 북한의 공격으로 받아들이며 극도의 공포에 빠졌다. 바로 며칠 전까지 트럼프 대통령이 북한 지도자 김정은과 '누가 더 큰 핵무기 발사 버튼을 갖고 있는가?'라는 위험한 게임을 하며 서로를 위협하고 있었기 때문이다.

　몇 달 전인 2017년 9월, 트럼프는 유엔 연설에서 "북한을 완전히 파괴 totally destroy 해버릴 수 있다."고 단언했다. 김정은도 참지 않았다. 2018년 새해 연설에서 자기 책상에는 핵무기 발사 버튼이 항상 놓여 있으며 핵무기가 장착된 미사일이 미국 어느 곳이나 도달할 수 있다고 엄포를 놓았다. 이에 질세라 트럼프는 다시 "자기 책상에도 핵무기 발사 버튼이 있으며 그것은 북한 김정은의 것보다 '더 크고, 더 파괴력을 가진' bigger and more powerful 것이다."라고 으름장을 놓았다.[58] 바로 이런 상황에서 하와이에 대한 미사일 경보가 울린 것이다. 경보는 38분 동안 지속되었고 그 사이 하와이 전역에는 혼란과 공포가 퍼졌다. 일부 부모들은 자녀들을 도로 지하 맨홀에 숨기려 했고, 매트 로프레스티 Matt LoPresti 주 하원의원은 가족과 함께 욕조에 숨어 신께 살려달라고 기도했다.

　당시 하와이 민주당 하원의원이던 개버드는 이 사건에 신속하게 대응했다. 사건 발생 약 12분 후인 오전 8시 19분, 개버드는 트위터를 통해 이 경보가 거짓이라는 사실을 알렸다. 그리고 이를 공식적으로 발표한 첫 번째 정부 관계자가 되었다. 그녀는 이후 CNN과의 인터뷰에서 이렇게 말했다. "이 사건은 북한의 잠재적 핵 공격에 직면한 우리의 현실을 맛보게 해준 것이다."

　결과적으로 이 사건은 북한의 핵 위협이 미국과 미국민에게 실질적이고 직접적인 우려를 안겨주는 문제임을 보여주었다. 이러한 실존적 사건을 통해 개버드는 '북한과의 직접 협상과 대화를 통해 긴장을 완화해야 한다'는 개인적인 북한 정책 방향성을 형성하게 된다. 미국의 그 인사는 바로 이 점이 핵심임을 강조했다. 트럼프 2기 행정부의 대북 정책을 예측하려면, 트럼프 최측근들의 삶의 궤적과 여기서 형성된 신념이나 철학을 깊이 이해하는 것이 중요하다는 것이다.

내가 아는 미국 정치학자들은 게임이론을 통해 '미국이 북한과 협상할 가능성'에 대한 시나리오를 작업해왔고, 복잡한 정책 분석을 해왔다. 그러나 나는 이런 것 못지않게 이 일화가 트럼프 2기 행정부의 대북 정책 방향을 사전 점검하는 데 있어 매우 중요한 시사점을 제시한다고 본다.

당시 개버드는 '핵무기의 공격'을 받는다는 매우 실존적인 경험을 잠시나마 했다. 그리고 1차적 책임자로 그 상황을 수습하면서 뇌리에 깊이 각인될 트라우마로 남았을 것이다. 일촉즉발의 장엄한 생존의 서사시 같은 위기에서 개버드는 북한과 같은 불량국가를 어떻게 다루어야 한다고 생각했을까?

38분간의 공포: 2018년 하와이 탄도미사일 경보 오발령의 전말

2018년 1월 13일 하와이에서 발생한 탄도미사일 경보 오발령 사건은 인적 오류와 시스템 설계의 결함이 복합적으로 작용한 결과였다. 이 사건의 직접적인 원인은 근무 교대 중 일상적인 내부 테스트를 수행하던 하와이 비상관리국 직원의 실수에 있었다. 해당 직원은 실제 경보를 발령하는 옵션과 훈련용 경보를 발령하는 '드릴'DRILL이라는 옵션 중 하나를 선택해야 했는데, 실수로 실제 경보 옵션을 선택했다. 실제 경보 옵션과 훈련용 경보 옵션이 매우 유사하게 표시되어 혼동을 일으키기 쉬운 구조였던 것도 문제다.

또 다른 문제점은 오류를 즉시 수정할 수 있는 '실행 취소' 기능이 없었다는 점이다. 이 때문에 오경보를 취소하는 데 38분이나 소요되었다. 게다가 경보를 발령한 기관이 취소 메시지를 발송하는 데 필요한 권한이 없어 추가적인 승인 절차가 필요했다. 이러한 시스템적 문제들은 오경보 상황을 더욱 악화시켰다. 이 사건 이후 하와이 비상관리국은 다양한 개선 조치를 시행했다.

'하와이 미사일 경보 오발령 사건'은 당시 한국에서도 보도되었다. 하지만 비중 있게 다뤄지지 않았으며 짧은 '해외 토픽' 감으로 처리되었다. 그럼에도 이 사건이 주는 함의는 결코 단순하지 않다. 그토록 중요한 일이 단 한 명의 직원이 버튼을 잘못 누르는 실수로 발생했다는 점에서 그렇다. 이 사건은 당시 트럼프 대통령이 골프장에서 골프를 치다가 급히 담화를 발표할 정도로 큰 파장을 일으켰다.[59]

털시 개버드와 도널드 트럼프

'하와이 미사일 경보 오발령 사건'은 털시 개버드와 도널드 트럼프의 개인적 관계와 직접적인 연관은 없다. 당시 개버드는 민주당 소속이었기 때문이다. 그러나 이 사건은 개버드가 트럼프의 주목을 받는 계기가 되었다. 역사는 종종 이런 식으로 씨줄과 날줄이 엮여 우연이 필연으로 바뀌고, 정치적으로 대척점에 있던 두 사람 사이에도 인연을 만들어주곤 한다.

이 사건 이후 개버드는 CNN의 프로그램인 〈스테이트 오브 더 유니언〉 State of the Union에 출연해 트럼프 대통령이 김정은과 직접 협상해야 한다고 주장했다.⁶⁰ 그녀는 전제 조건 없이 대화가 이루어져야 하며, 트럼프가 김정은과 '마주 앉아야 한다'고 강조했다. 개버드는 북한이 핵무기 프로그램을 '미국의 정권교체 시도에 대한 유일한 억지력'으로 보고 있다고 설명하며 협상의 어려움도 함께 지적했다. 개버드의 대북 정책관을 엿보게 하는 대목이다.

개버드와 트럼프의 관계는 시간이 지나며 본격적으로 발전한다. 개버드는 2022년 민주당을 탈당한 후 트럼프의 정책과 입장에 점차 가까워졌다. 2024년 대선 기간에 개버드는 트럼프를 공개적으로 지지하며 그의 선거 유세에 자주 등장했다. 특히 2024년 10월, 트럼프의 노스캐롤라이나 유세에서 공화당 가입을 공식 선언했고, 이후 트럼프는 개버드를 자신의 인수위원회에 포함시켰다. 그리고 최종적으로 그녀를 국가정보국장 Director of National Intelligence으로 지명했다. 이 직책은 미국의 CIA를 포함한 18개 정보기관을 총괄하며 대통령에게 일일 정보 브리핑을 제공하는 매우 중요한 역할을 담당한다.

44세의 나이에 세계 최강국 미국의 18개 정보기관을 총괄하는 수장이 된 개버드는 단순히 운이 좋은 사람일까? 어쨌든 하와이 미사일 경보 오발령 사건이라는 뉴스가 엉뚱하게도 그녀를 미디어의 주목을 받는 인물로 만들었고, 트럼프의 눈에 띄는 계기가 되었으니 말이다. 하지만 단순히 운이 좋아서는 아니다. 나에게 이 일화를 소개한 한 미국 학자에 따르면 개버드는 '아주 아주 똑똑super super smart'한 인물이다. 그 학자 역시 미국 아이비리그대학 출신의 영재인데, 그가 다른 사람에 대해서 이토록 높이 평가한다는 사실은 주목할 만하다.

털시 개버드는 1981년 4월 12일 미국령 사모아에서 태어났다. 그녀는 2002년 21세의 나이로 하와이주 하원의원에 당선되며 미국 역사상 최연소 여성 의원이 되었다. 이후 2013년부터 2021년까지는 미국 연방 하원의원으로 있으면서 하와이를 대표했다. 또한 개버드는 최초의 힌두교도 연방 의원, 최초의 사모아계 연방 의원, 그리고 최초의 참전용사 여성 의원이라는 기록을 세웠다. 군 경력에서도 개버드는 주목받는 인물이다. 2003년 주 방위군에서 복무를 시작한 그녀는 이라크와 쿠웨이트에서 근무한 경험이 있으며, 현재 미국 육군 예비군에서 중령으로 복무 중이다.

그녀는 2022년 민주당을 탈당해 무소속이 되었다가 2024년 공화당에 가입했다. 민주당을 '엘리트주의 전쟁광의 정당'이라고 비판했는데, 여기서 민주당을 떠난 이유를 짐작할 수 있다.

앞서 언급했듯 개버드는 북한 문제에 있어 대화를 중시하는 정책 성향을 공개적으로 표출했다. 더불어 북한의 핵무기 보유와 관련해 미국의 대외정책, 특히 베네수엘라와 이란에 대한 정권교체 시도가 북한의 비핵화 노력을 저해한다고 주장했다. 개버드는 "김정은이 '걱정하지 말고 핵무기를 포기하세요. 우리는 당신을 공격하지 않을 것입니다'라는 미국의 말을 믿는 것은 불가능하다."라고 말했다. 그리고 북한이 핵무기를 유일한 억지력으로 여기고 있기에, 절대 이를 포기하지 않으려 한다고 이해하고 있다.[61]

이는 한국 입장에서 볼 때도 중요한 관전 포인트다. 북한이 핵무기를 결코 '포기하지 않을 것'이라는 인식을 바탕으로 트럼프 2기 행정부가 북한과의 협상 가능성을 고려한다고 해보자. 만일 그렇다면 결과적으로 미국이 북한의 핵무기 보유를 '인정'할 가능성에 대한 논리적 추론이 가능해진다. 나중에 좀 더 부연할 기회가 있겠지만, 사실 서울과 워싱턴에서는 최근까지도 미국이 북한 핵을 용인할 가능성을 상당히 낮게 봤다. 따라서 트럼프가 김정은과 다시 만날 가능성 역시도 낮을 것으로 예측했다. 미국의 전직 관료들 역시 비슷한 견해를 보였고, 일부는 언론 인터뷰에서 그러한 생각을 공개적으로 밝히기도 했다.

문제는 학자나 전·현직 관리들의 논리적인 분석과 예측이 '트럼프'라는 인물에게만 다가가면 종종 힘없이 그 논리를 잃는다는 점이다. 마치 자석의 자성이 전혀 통하지 않는 물체를 만난 것과도 같다. 공교롭게도 전문가들이 '트럼프가 김정은과 회담할 가능성이 낮다'고 결론을 내린 그 무렵, 트럼프는 두 명의 중요한 인사 발탁을 발표했다. 하나는 그의 첫 임기 동안 대북 협상 실무를 담당했던 알렉스 웡Alex Wong을 백악관 국가안보부보좌관에 임명한 것이다. 그리고 다른 하나는 북한 문제를 담당할 대통령 특사로 대화 지지파인 리처드 그리넬Richard Grenell 전 독일 대사를 임명한 것이다.

알렉스 웡을 소개하며 트럼프는 "대북특별부대표로서 웡은 북한 지도자 김정은과 나의 정상회담 협상을 도왔다."라고 말했다. 그의 말 중에서 웡의 북한 관련 업무를 언급한 점이 특히 주목할 만하다. 웡과 함께 트럼프 1기 때 북미 협상 판을 짜던 케빈 김Kevin Kim도 국무부 동아태 부차관보로 임명되었다. 이 글을 쓰는 현재, 역시 북미 정상회담에서 대북 협상 실무를 맡았던 앨리슨 후커Allison Hooker 전 백악관 아시아 담당 선임 보좌관 또한 트럼프 2기의 국무부 정무차관으로 지명되었다. 후커는 한국의 한 정책연구소에서 6개월 동안 방문학자를 역임하기도 한 '지한파'다. 이로써 북한을 다뤘던 경험이 있는 인사들로 구성된 팀이 갖춰진 셈이다. 팀이 구성되었으니 행동이 뒤따를 것으로 기대하는 것이 당연하다. 그리고 그 행동은 한국이 예상하는 것보다 더 빠를 수도 있다.

미국 예비군의 숨겨진 힘: 현역에 가까운 역할과 책임

미국의 예비군Reserve Forces 제도는 한국과 상당히 다른 특성을 갖고 있다. 미국 예비군은 매월 한 번의 주말에, 그리고 매년 2주간의 훈련을 받는다. 중국 유학 경험이 있는 내 시각에서 보자면 미국의 예비군은 중국의 공산당원 학생과 유사한 점이 있다. 당시 우리 학급에는 공산당원 학생이 반장으로 있었는데, 남자 반장 한 명과 여자 반장 한 명 이렇게 두 명이었다. 그런데 주말이면 종종 둘이서 사라지곤 했다. 특히 그 여자 반장은 내가 관심을 갖고 있던 터라 더욱 신경이 쓰였다. 해서 둘이 사귀는 건가, 아니면 여행이라도 간 건가 하는 추측을 하곤 했다. 나중에서야 그들이 공산당원 교육을 받으러 다녀

온 것임을 알게 되었다. 주중에는 '학생'으로, 주말에는 '공산당원'으로 생활했던 것이다.

미국 예비군은 한국 예비군의 연간 3일 훈련과 비교할 때 약 열 배에 달하는 훈련량이다. 또한 필요할 경우 언제든지 현역으로 동원될 수 있는 체계를 갖추고 있다. 미국 예비군은 다양한 혜택을 받으며 그 수준은 현역 군인에 준할 정도다. 학자금 지원, 건강보험, 근무수당 등이 대표적이다. 업무에 있어서도 미국 예비군은 현역 군인과 유사한 역할을 수행한다. 한 예비군 장교는 공군에서 중국 군사 정보를 다루는데, 원래 직업은 대학교수다.

미국의 예비군은 주방위군National Guard과 예비역으로 구성되며, 이들은 독특한 이중 임무를 수행한다. 평상시에는 주 정부State Government의 통제하에 있지만 연방 정부Federal Government에 의해 동원되면 현역 군인과 동일한 임무를 수행한다.

그러나 현역 군인과 예비군 사이에는 몇 가지 중요한 차이점이 있다. 현역 군인은 전일제로 군 복무를 하지만 예비군은 일반적으로 비전일제, 즉 파트 타임으로 운영된다. 예비군은 평소 민간인으로서의 삶을 유지하면서 정기적으로 훈련에 참여한다.

지휘 체계에도 차이가 있다. 평상시 주방위군은 주지사의 통제하에 있으며, 국내 비상사태나 재난 대응 등의 임무를 맡는다. 반면 현역 군인은 항상 연방 정부의 지휘를 받는다. 동원 방식에서도 예비군은 필요시에만 동원되는 반면 현역 군인은 상시 임무 수행 상태에 있다. 미국 예비군은 현역 군인과 완전히 동일하지는 않지만 훈련 수준, 동원 체계, 그리고 제공되는 혜택 면에서 현역에 매우 가깝게 운영된다. 이런 점만 봐도 미국의 군사 전략에서 예비군

> 이 꽤 중요한 역할을 맡고 있음을 알 수 있다.

앞서 언급한 미국 인사는 연말연시를 가족과 보내지 않고 아시아 출장으로 보냈다. 전통적으로 크리스마스와 새해 첫날을 가족과 함께 보내는 미국의 문화를 고려하면 이는 매우 이례적인 일이다. 설사 연말연시에 출장이 잡혀 있더라도 대개 일정을 조정해 중요한 명절은 가족과 함께 보내는 것이 기본이기 때문이다. 달리 보면 이 미국 인사가 트럼프 2기 행정부의 외교정책 '책사'로서 맡은 역할이 그만큼 중요하다는 해석도 가능하다.

때가 때인 만큼 책사 임무를 맡아 이번 연말연시를 타국에서 보낸 인사들이 적지 않았을 것으로 추측한다. 미국에서는 관련 국가들로 인사를 파견했을 테고, 또 미국의 동맹국을 포함한 관련 국가들은 미국으로 인사를 보냈을 것이다. 한국 역시 12·3 비상계엄령 선포 이후 혼란스러운 정국 속에서 한동안 중단되었던 미국과의 소통 채널을 회복하기 위해 노력하고 있다는 얘기가 들린다. 그리고 트럼프 2기 행정부와의 네트워크를 구축하기 위해 서울과 워싱턴을 오가며 바쁘게 움직인 인사들이 적지 않았을 것이다.

트럼프 2기 행정부 내에서 한반도를 비롯한 외교정책에 관여할 가능성이 있는 인사들에는 어떤 이들이 있을까? 사실 지금 시점에서, 더욱이 이 책에서 이 인사들을 일일이 다룰 필요는 없어 보인다. 이미 충분히 보도가 이루어진 데다 트럼프 1기를 경험해봤기에 2기의 성격도 어느 정도 예측할 수 있기 때문이다.

　예외적으로 털시 개버드에 대해서는 조금 자세히 살펴보았다. 그녀는 상대적으로 한국에 잘 알려지지 않은 인물인 데다 나이에 비해 다양한 공무직 경험을 쌓았으며, 이번 트럼프 행정부가 아니더라도 향후 미국 정치계에 자주 등장할 인물이라는 느낌이 들었기 때문이다. 또한 그녀가 관장할 업무가 북한 및 한반도의 안보와 직결되어 있고, 특히 북한 문제에 개인적으로 큰 관심을 두고 있다고 들었기에 눈여겨 살펴볼 수밖에 없었다.

　컬럼비아대학교 경제학과 교수인 제프리 삭스 Jeffrey David Sachs는 개버드를 두고 "트럼프 행정부에서 가장 중요한 임명이다."라고 했다. 사실 미국 대통령이 지명한 인사가 모두 임명되는 것은 아니다. 미국 연방 정부의 고위직은 상원의 인준을 받아야 하며, 개버드 역시 예외는 아니다. 로이터 통신에 따르면 여덟 명의 공화당 상원의원들이 개버드의 지명에 대해 의구심을 표하며 지명 반대 의사를 내비쳤다고 한다.

　특히 의원들은 2017년 시리아의 바샤르 알아사드 Bashar al-Assad 대통령과의 논란의 여지가 있는 만남에 대해 우려를 표명했다. 2017년 1월, 개버드는 당시 하원의원 신분으로 시리아를 비밀리에 방문해 알아사드와 만난 바 있다. 이 만남은 큰 논란을 불러일으켰으며 그녀의 방문은 알아사드 정권의 선전에 이용될 수 있다는 우려를 낳았다.

　개버드는 이후에도 논란의 중심에 섰다. 그녀는 2019년 인터뷰에서 알아사드는 "미국의 적이 아니다."라고 발언해 시리아 문제에 대한 미국의 주류 정책과 상반되는 입장을 보였다. 2024년 12월, 알아사드 대통령은 반군이 급속하게 진격하자 다마스쿠스를 탈출해 러시아로 망명했으며,

알아사드 가문의 50년 통치도 비로소 막을 내렸다. 결과적으로 2017년 알아사드와의 만남은 개버드의 정치 경력에 지속적으로 영향을 미쳤고, 그녀가 국가정보국장으로 지명된 이후에도 여전히 논란의 대상이 되고 있다.

이 글을 쓰는 시점에서 트럼프는 당선자 신분으로 2기 행정부 장관 인선을 마무리했다. 트럼프는 대선 승리 후 약 한 달 만에 101개의 주요 직책에 대한 임명을 발표하며 빠른 인선 속도를 보였다. 이런 행보는 '미국을 다시 위대하게' Make America Great Again, MAGA 라는 구상을 조기에 실현하려는 의지를 보여준다. 동시에 후보자 검증 과정이 철저했는지에 대한 의문을 낳고 있다.

주요 인선을 살펴보면, 국무장관에는 마코 루비오 Marco Rubio, 국방장관에는 폭스뉴스 출신의 피트 헤그세스 Pete Hegseth, 상무장관에는 캔터 피츠제럴드 CEO 하워드 루트닉 Howard Lutnick 이 지명됐다. 국토안보부 장관으로는 사우스다코타 주지사 크리스티 놈 Kristi Noem, 보건복지부 장관으로는 로버트 F. 케네디 주니어 Robert F. Kennedy Jr. 가 선택됐다. 환경보호청장에는 리 젤딘 Lee Zeldin 이 지명됐으며, 교육부 장관으로는 린다 맥마흔 Linda McMahon, 내무부 장관으로는 노스다코타 주지사 더그 버검 Doug Burgum, 재향군인부 장관으로는 더그 콜린스 Doug Collins 가 선택됐다. 농림부 장관으로는 브룩 롤린스 Brooke Rollins 전 미국우선주의정책연구소 America First Policy Institute, AFPI 대표가 지명됐다.

개버드 국가정보국장 지명자는 2025년 2월 12일 열린 상원 본회의에서 찬성 52표, 반대 48표로 상원 인준을 가까스로 통과했다. 반대표가 적지 않았던 것이다. 개버드를 포함해 이번 인선은 여러 논란을 불러일으키고 있다. 헤그세스 국방장관은 성 비위, 재정 관리 부실, 음주 문제 의혹에 휩싸여 있으며, 케네디 보건복지부 장관은 백신을 불신하는 견해로 비판받고 있다. 법무장관 후보로 지명됐던 맷 게이츠Matt Gaetz는 논란 끝에 결국 지명을 철회했다.

트럼프 2기 행정부는 인종 및 성별 다양성이 부족하다는 지적도 받고 있다. 주요 내각 구성원 중 흑인과 라틴계의 비율이 낮고 여성의 비율도 상대적으로 낮다. 트럼프 2기 행정부는 미국 우선주의를 표방하며 출범했지만 인사 검증 논란과 자질 문제, 다양성 부족이라는 문제는 지속적인 논쟁거리가 될 것이다. 또한 일부 후보자들의 자격과 배경, 잠재적 이해 충돌 문제 등이 향후 인준 과정에서 주요 쟁점이 될 전망이다.

궁금한 점은 이러한 논란에도 불구하고 트럼프가 왜 이들을 지명했는가 하는 점이다. 이는 트럼프를 다시 대통령으로 선택한 미국 사회에 던져볼 만한 질문이기도 하다. 트럼프가 통치한 4년을 겪고도 왜 미국인들은 다시 그를 선택했을까?

미국인들은 왜 다시 트럼프를 백악관으로 보냈을까?

트럼프가 대통령직에서 물러난 지 4년 만에 미국 유권자들은 그를 다시 백악관으로 복귀시켰다. 왜 그랬을까? 트럼프를 '잘 알면서도' 말이다. 나는 이 질문이 매우 중요하다고 생각한다. 그럼에도 미국 대선 이후 나오는 담론은 대부분 트럼프 2기 행정부에서 예상되는 정책에 맞춰져 있다. 그리고 그런 트럼프를 다시 선택한 미국인들과 미국 사회에 대한 질문은 상대적으로 묻히는 편이다. 어쩌면 이것이 트럼프 2기 행정부의 외교정책보다도 더욱 본질적인 질문이 될 수 있는데 말이다. 이는 한편으론 미국 사회에 던지는 질문이기 때문이다.

미국 정치사에서 트럼프처럼 논란을 일으키고 변화를 촉발한 인물은 드물다. 그를 좋아하든 싫어하든 그의 존재는 미국 정치와 문화에 지대한 영향을 끼친다. 이번 선거 결과가 발표된 이후 우리는 다시금 우리가 알고 있다고 생각했던 미국 사회에 대해 생경함을 느꼈다. 부동산 거물이자 리얼리티 TV쇼 스타는 왜 수많은 법적 도전과 논란에도 불구하고 여전히 미국 사회에 큰 영향을 미치고, 끊임없이 뉴스 헤드라인을 장식할까? 어쩌면 우리는 처음부터 다시 공부해야 하는 상황에 처한 것인지도 모른다.

철학자 헤겔 Georg Wilhelm Friedrich Hegel 은 역사가 특정 '시대의 힘'을 통해 발전한다고 주장했다. 그 힘은 시대의 모순과 긴장을 체현하며 변화를 일으키는 존재로, 개인이나 사회운동을 통해 나타난다. 이런 맥락에서 보면 트럼프를 단순히 정치인이나 연예인으로만 볼 것이 아니다. 오히려 헤겔이 말한 '역사적 힘' historical force 으로 그를 이해할 수 있다.

트럼프의 사회적 상징성을 보여주는 한 장면이 있다. 바로 맥도날드 드라이브스루 창구에서 음식을 건네는 트럼프의 모습이다. 2024년 10월

반트럼프(좌), 친트럼프(우)

20일, 그는 펜실베이니아주 피스터빌에 위치한 맥도날드 매장을 방문해 드라이브스루 창구에서 음식을 전달하고, 맥도날드 유니폼을 입은 채 프라이 조리대에서 서빙을 했다.[62] 물론 이 모든 것은 철저히 연출된 이벤트였다. 드라이브스루를 통해 음식을 건네받은 고객들조차 미리 선별된 그의 지지자들이었다. 말하자면 모두가 함께 각본에 따라 한 편의 드라마를 찍은 것이나 다름없다. 그럼에도 이는 미국 사회에서 매우 똑똑한 정치 광고로 작용했다.

이 이미지는 권력, 포퓰리즘, 과장된 감상성kitsch의 독특한 혼합을 보여주며 전통적인 대통령의 품위와는 거리가 먼 새로운 리더십의 언어를 창조했다. 이는 그의 지지층에게 강력하게 공명하는 새로운 형태의 남성성

masculinity을 정의했다. 나아가 미국을 대표하는 '맥도날드'라는 문화와 가족을 챙기는 가부장적 정체성을 투영했다. 이 광고가 방영된 이후 그의 민주당 경쟁자인 해리스 진영에서는 '왜 우리는 그런 광고를 만들지 못했을까?'라는 자조 섞인 탄식이 나왔다고 한다.

트럼프는 문제적 인물이다. 그럼에도 '문제가 많은 트럼프'에 대한 대중의 욕망이 자기장처럼 모이는 이유는 그가 '문제가 많은 미국 사회'의 모순을 솔직히 체현하기 때문이다. 그는 억만장자이면서도 서민의 영웅처럼 행동하고, 정치적 아웃사이더이면서도 공화당이란 대표적 기성 정당의 지도자다. 또한 미국적·물질적 과잉을 상징하면서도 노동자 계층의 대변자 역할을 한다. 이러한 이중성은 많은 미국인에게 자신의 속마음을 들킨 듯한 느낌을 주며, 부와 성공에 대한 열망과 기득권에 대한 분노를 동시에 자극한다.

지난 미국 대통령 선거 막판 3개월 동안 나는 격전지로 여겨져 주목받았던, 그러나 결과적으로는 트럼프의 압승으로 끝난 펜실베이니아주를 세 차례 방문했다. 미국 정치에 대해 공부를 좀 더 해야겠다는 생각에서였다. 비행기를 타고 가는 대신 직접 운전해서 갔다. 구글 지도에 따르면 보스턴에서 필라델피아까지는 다섯 시간 걸린다고 나오지만, 실제로는 여섯 시간이 소요되었다. 더 남쪽에 위치한 워싱턴 D.C.까지 가는 데는 약 아홉 시간이 걸렸다. 비행기로는 한 시간이면 갈 거리를 굳이 운전해서 갔다고 하니 아내가 핀잔을 줬다. 하지만 내가 워낙 엉뚱한 짓을 자주 하는 걸 알기에 굳이 말리지는 않았다. 이러한 경험과 여정에서 얻은 단상이 적지 않은데 나는 그것들을 이 책 곳곳에 녹여 담았다.

위에서 언급한 '이중성'도 필라델피아 외곽에 있는 한 싸구려 모텔에서 배운 것이다. 운전해 저녁 늦게 도착해보니 내가 묵을 모텔은 고속도로 근방에 위치해 있어 자동차 소음이 심한 곳이었다. 잠이 오지 않아 텔레비전을 켜보니 그 지역 지방 방송이 진행하는 토크쇼가 한창 방영되고 있었다. 주제는 트럼프였다. 다들 트럼프에 대해 한마디씩 하는 중이었는데, 그중 한 중년 백인 방청객이 자기 발언을 마치고 앉으면서 한마디를 더 얹었다. "사실 우리 여자들 중에 트럼프 좋아하는 사람 많아요. 안 그래요, 여러분?" 방청석에서 박장대소가 터졌다. 공감한다는 표시였다. 믿을 수가 없었다. 여자가 저런 말을 하다니.

트럼프의 성추행과 여성 편력에 관한 내용은 책 한 권으로도 부족할 만큼 많다. 1970년대 이후 최소 27명의 여성이 트럼프의 성추행 및 부적절한 행동을 고발했다. 이러한 혐의에는 성희롱, 강제 키스, 성폭행 등 다양한 형태가 포함되어 있다.

주목할 만한 사건으로는 E. 진 캐롤 E. Jean Carroll의 고소가 있다. 캐롤은 트럼프가 1995년 혹은 1996년에 백화점 탈의실에서 자신을 성폭행했다고 주장했다.[63] 2023년 5월, 맨해튼 배심원단은 트럼프가 캐롤을 성적으로 학대하고 명예를 훼손했다고 판결했으며, 500만 달러의 손해배상을 명령했다.

제시카 리즈 Jessica Leeds는 1980년대 초 비행기에서 트럼프가 자신의 가슴을 만지고 치마 속으로 손을 넣으려 했다고 주장했다.[64] 카레나 버지니아 Karena Virginia는 1998년 US 오픈 테니스 대회장 밖에서 트럼프가 자신의 가슴을 만졌다고 증언했다. 또한 미스 USA와 미스 유니버스 대회 참가자들 역시 트럼프의 부적절한 행동을 고발했다. 템플 태거트 맥도웰Temple Taggart McDowell은 1997년 미스 USA 대회에서 트럼프가 자신의 입술에 키스했다고 주장했다.

2005년에 공개된 '액세스 할리우드'Access Hollywood 녹음에서 트럼프는 "스타가 되면 여자들이 뭐든 하게 해준다."며 "여성의 성기를 움켜쥐고 뭐든지 할 수 있다."라고 말해 큰 논란을 일으켰다.[65] 물론 트럼프는 이러한 혐의들을 일관되게 부인하며 정치적 동기에 의해 '완전히 날조된 것'이라고 주장해왔다. 그러나 그의 발언과 행동 패턴을 살펴보면 분명 여성을 성적 대상화하는 경향이 보인다. 이러한 일련의 사건들은 트럼프의 여성관과 권력 남용에 대해 심각한 의문을 제기하게 만들었다. 또한 그의 정치적 경력에도 지속적인 영향을 미치고 있다.

이런 상황에서 그 중년 백인 여성의 발언은 다소 충격적이었다. 나는 그녀의 말을 듣고 순간 멍해졌다. 근처 고속도로를 달리는 차 소음 때문만은 아니었다. "트럼프를 좋아하는 여자들이 많다."는 그녀의 말이 거짓말처럼 들리지 않았기 때문이다.

미국의 한 지방대학 교수로 있는 지인과 아침 식사를 하던 중 그 궁금증에 대한 해답의 실마리를 찾을 수 있었다. 그의 설명에 따르면, 트럼프가 나쁜 정치인인 진짜 이유는 바로 인간의 본성을 잘 이용하기 때문이라고 한다. 트럼프는 미국의 저소득층을 대상으로 1950년대 할리우드 영화에 등장하던 '중산층의 향수'를 자극했다. 그 지인은 특히 그것이 중요한 요인이라고 설명했다.

미국 중년 여성 과반수가 트럼프에게 투표

- 대선 후 출구 조사에 따르면 2024년 트럼프는 여성 유권자들 중 약 46퍼센트의 지지를 받았다. 특히 백인 여성들 그룹에서는 53퍼센트의 지지를 확보했다.
- 연령대별로 보면 45~64세 여성들 중 51퍼센트가 트럼프를 지지했다.
- 65세 이상 여성들 그룹에서는 2020년에 비해 지지가 감소했다.
- 가장 적은 지지층인 18~29세 젊은 여성들 중에서는 37퍼센트가 트럼프를 지지했다.
- 트럼프는 대학 교육을 받지 않은 백인 여성들에게도 강력한 지지를 받았으며, 이 그룹의 60퍼센트 이상이 그를 지지했다.
- 백인 복음주의 여성들 중 약 80퍼센트가 트럼프에게 투표했다. 이는 2020년의 71퍼센트에서 크게 증가한 수치다.

1950년대 할리우드 영화에서 묘사된 전형적인 미국 중산층 가장의 모습은 성실하고 책임감 있는 직장인이다. 안정적인 수입이 있고 교외의 단독주택에 살며 자동차를 소유하고 있다. 가족을 사랑으로 돌보며 아내와 자녀들에게 충실하고, 가족과 함께 외식이나 영화 관람 같은 건전한 여가 활동을 즐긴다. 또한 교회에 다니며 보수적인 가치관과 도덕성을 중시함은 물론이고 지역 사회에서 존경받는 구성원으로 활동한다. 물론 이러한 영화적 묘사는 당시 사회가 추구하던 이상적인 가족상을 반영한 것이며, 현실과는 차이가 있었다. 트럼프 본인이 말하는 자신의 현실과 실제 현실에 차이가 있듯이 말이다.

제2차 세계대전이 끝나고 미국 경제가 활력을 되찾으며 성장하던 시기에 '베이비붐 세대'가 본격적으로 시작되었다. 이 시기의 영화들은 도시의 젊은 백인 노동자 부부들을 대상으로 '나도 저런 중산층이 되고 싶다'는 사회적 열망을 자극했다. 이것이 바로 트럼프와 유사한 점이다.

'미국을 다시 위대하게'라는 트럼프의 슬로건은 1950년대에 대한 향수를 자극한다. 이 슬로건은 1980년 로널드 레이건의 대선 캠페인에서 처음 사용되었으며, 트럼프가 이를 2016년과 2024년 대선 캠페인에 다시 채택하면서 강력한 정치적 메시지로 자리 잡았다.[66] 슬로건 '미국을 다시 위대하게'는 1950년대의 경제적 번영과 문화적 안정성을 상기시킨다. 동시에 당시의 산업 복지 국가와 시민권 운동 이전의 미국을 이상화하는 경향을 담고 있다. 많은 학자와 평론가는 이러한 경향을 '향수적 인종주의'Nostalgic racism로 분석하며, 과거에 대한 그리움을 특정 인종과 계층 중심의 사회 질서와 연결 짓고 있다고 지적한다.

그 교수에 따르면 트럼프는 백인 남성들의 일그러진 마초 이미지를 자극한다. 트럼프의 2024년 대선 캠페인은 전통적인 남성성을 강조한 전략으로 특히 젊은 남성 유권자들에게 강력한 호소력을 발휘했다. 트럼프의 남성성은 단순한 신체적 능력을 넘어 상대를 제압하고 지배하는 이미지에 기반을 두고 있다. 이는 오늘날 미국 정치에서 전통적인 성 역할이 위협받고 있다고 느끼는 유권자들의 감정을 효과적으로 자극하는 전략이었다.

트럼프는 자신의 남성성을 여러 방식으로 드러냈다. 다른 공화당 후보들은 축구공을 던지거나 마라톤 경력 등을 내세우며 신체적 우월함을 강조하려 했다. 트럼프는 이와 달리 자신의 공격적이고 지배적인 태도를 통해 강한 지도자의 이미지를 구축했다. 그의 공세적인 언행과 사과를 거부하는 태도가 단순한 정치적 전략을 넘어 전통적인 남성성을 수호하는 강력한 메시지로 작용한 것이다.

월드 레슬링 엔터테인먼트World Wrestling Entertainment, WWE, 그리고 얼티밋 파이팅 챔피언십Ultimate Fighting Championship, UFC과 트럼프의 오랜 연관성도 그의 남성적 이미지 강화에 중요한 역할을 했다. WWE는 미국에서 가장 큰 프로레슬링 단체로, 단순한 스포츠를 넘어 극적인 스토리텔링과 쇼맨십을 결합한 대중문화의 대표적 아이콘이다. UFC는 세계적으로 가장 유명한 종합격투기 단체다. 실제 격투 기술과 경기력을 바탕으로 치열한 승부를 보여주는 것이 특징이다.

트럼프는 1988년부터 WWE(당시 WWF)의 이벤트에 참여하며 프로레슬링 팬들과의 유대감을 형성했다. 2007년에는 〈레슬마니아〉의 '억만장자들의 전투'에 직접 출연하기도 했다. 그뿐만이 아니다. 2000년대 초반에는 자신의 카지노에서 UFC 이벤트를 개최하며 격투 스포츠와의 관계를 공고하게 다졌다. 이러한 활동은 트럼프를 대중문화와 연결시키며 그를 강인하고 대중적 매력을 갖춘 지도자로 포지셔닝하는 데 기여했다.

이와 같은 이미지 전략은 특히 젊은 남성 유권자들에게 큰 호응을 얻었다. 2024년 대선에서 30세 미만 백인 남성의 약 60퍼센트가 그에게 투표했으며 젊은 라틴계와 흑인 남성들 사이에서도 트럼프 지지가 눈에 띄게 증가했다. 이는 단순히 정치적 지지 기반을 넓히는 데 그치지 않았다. 전통적인 남성성의 상징을 강화하며 트럼프의 리더십 이미지를 공고히 하는 역할을 했다.

남성성에 대한 사회적 불만을 능숙하게 활용한 캠페인이었다. 보수적인 남성들, 특히 백인 남성들은 자신들이 사회에서 점점 배제되고 있다고 느껴왔으며, 전통적인 남성의 역할이 위협받고 있다고 생각한다. 예컨대 2022년 조사에서는 공화당 남성의 82퍼센트가 "사회가 남성들에게 남성답게 행동하는 것을 처벌하는 것 같다."라고 응답했다.[67] 공화당 여성들도 60퍼센트 이상이 미국이 '너무 부드럽고 여성적으로 변했다고 느끼는 것'으로 나타났다. 트럼프는 이러한 유권자들의 불안을 정확히 겨냥하며, 그들의 가치를 지키는 수호자로 자신을 포지셔닝했다.

공화당 내 다른 후보들은 트럼프의 독특한 남성성을 모방하려 했지만 그와 같은 효과를 내는 데는 한계가 있었다. 예를 들어 론 디샌티스Ron DeSantis는 플로리다에서 보수적 정책을 추진하며 전통적인 남성성을 지지하려 했으나, 그의 퍼블릭 이미지는 트럼프만큼 공격적이지 않았다. 트럼프의 공격성과 직설적인 태도는 일부에서는 부정적으로 보일 수 있지만, 많은 공화당 유권자들에게는 강인함과 진정성을 상징한다.

트럼프의 나이는 또 다른 흥미로운 비교 지점을 제공한다. 트럼프는 바이든 대통령(1942년생)보다 불과 네 살 어리다. 그럼에도 그의 에너지와 공격적인 이미지 덕분에 나이가 큰 단점으로 부각되지 않았다. 이는 2020년 대선에서도 나타났던 현상이다. 트럼프는 바이든을 '약하고 여성적'이라고 비난하며 자신의 남성적 강인함을 강조했다. 이러한 전략은 전통적인 젠더 고정관념을 이용해 정치적 우위를 확보하려는 트럼프의 능력을 잘 보여준다.

트럼프는 WWE와 UFC 같은 대중문화의 남성적 상징들을 효과적으로 활용함으로써 자신의 지배적이고 강력한 이미지를 강조했다. 그리고 유권자들의 지지를 얻는 데 성공했다. 특히 전통적인 성 역할을 중요하게 여기는 젊은 남성 유권자들에게 그의 메시지는 강렬하게 다가갔다.

트럼프의 강인한 남성상 전략

대선 기간에 트럼프 캠프는 '전통적 남성성 강화'를 주요 전략으로 삼았으며, 이는 다양한 방식으로 나타났다. 예를 들어 트럼프는 유세 중 총상을 입고도 주먹을 불끈 쥐며 '강인한 지도자'의 면모를 과시했으며, 러닝메이트였던 J. D. 밴스 James David Vance 의원은 가부장적 가족과 자녀 양육 등 전통적 가치관을 강조했다. 또한 트럼프 캠프는 프로레슬링 선수 헐크 호건이나 UFC CEO 등 '근육질 연사'들을 공화당 전당대회에 초청하며 강인함을 부각시켰다.

반면, 바이든 캠프는 '대안적 남성성'을 보여주는 전략을 구사했다. 해리스 부통령의 남편 더글러스 엠호프는 부인의 정치적 성장을 위해 내조하는 2인자를 자처했으며, 부통령 후보였던 팀 월즈 Tim Walz 는 강인함보다는 부드러움을 강점으로 내세웠다. 이러한 상반된 접근은 젊은 남성 유권자들 사이에서 뚜렷하게 구분되는 반응을 이끌어냈다. 18~29세 남성 유권자 지지율에서

> 트럼프는 바이든을 13퍼센트포인트 차로 앞섰다. 특히 저학력 및 유색 인종에 해당하는 Z세대 남성의 트럼프 지지 경향이 두드러졌다. 전문가들은 이러한 경향이 '전통적 남성성의 쇠퇴'에 대한 불안감에서 비롯되었다고 분석한다. 고등교육을 받은 여성의 사회 진출이 증가하면서 일부 남성들이 성 역할의 혼란과 좌절을 겪었다는 것이다.
>
> 이번 대선은 '남성 대 여성' 구도뿐만 아니라 '두 개의 남성성'이 충돌하는 선거였다고도 볼 수 있다. 이와 같은 남성성에 대한 분열은 앞으로 더 확대될 가능성이 크며 정치적 지형에 중요한 영향을 미칠 것으로 보인다.

앞서 언급한 백인 중년 여성은 트럼프의 어떤 모습에 끌렸던 것일까? 현재 미국은 경제가 좋지 않고 실업률이 증가하며 불법 이민자가 늘어나는 상황이며, 과거 '중산층'에 대한 향수를 느끼고 있다. 그리고 이와 딱 들어맞는 '밈'(meme)이 바로 트럼프라는 것이다. 사람들이 겉으로는 비난하면서도 속으로는 부러워하는 대상이 바로 트럼프다. 이는 남녀를 불문하고 마찬가지다. 트럼프는 인간의 본성을 솔직히 드러낸다는 점에서 오히려 위선적으로 보이는 기존 워싱턴 정치가들보다 낫다는 평가를 받는다. 트럼프는 여성 편력이 심하고 도덕적으로 결함이 많지만, 적어도 가정의 재정을 책임지고 자녀들을 확실히 챙긴다. 또한 이웃 불량배에게서 아이들을 보호해주는 강인한 마초 남성 이미지까지 확보한 상태다.

그 교수의 이러한 해석이 정확한지는 모르겠지만 이와 유사한 이야기를 이탈리아의 한 지인에게서도 들은 적이 있다. 이탈리아에는 '바람둥

이'로 악명 높았던 실비오 베를루스코니Silvio Berlusconi가 있었다. 그는 여성 편력이 심해 이혼 소송을 당할 정도였고 섹스 스캔들로 언론의 주목을 받았다. 하지만 이 모든 논란에도 불구하고 무려 세 차례나 총리직에 당선되었다.

당시 이와 관련해 이탈리아 뉴스 통신사 ANSA의 여기자인 지인에게 질문을 했는데, 그의 대답이 놀라웠다. 베를루스코니의 그런 이미지가 이탈리아에서는 '남자답다'고 여겨지며 은근한 동경의 대상이 된다는 것이다. 바로 이 지점이 트럼프를 좋아한다고 말했던 미국의 백인 중년 여성의 발언과 연결된다.

이탈리아의 트럼프: 실비오 베를루스코니

실비오 베를루스코니(1936~2023)는 이탈리아의 기업인이자 정치인이었다. 1994년에 이어 2001년부터 2006년까지, 그리고 2008년부터 2011년까지 총 세 차례에 걸쳐 이탈리아 총리를 역임한 인물이다. 베를루스코니는 1960년대 후반부터 이탈리아 경제 엘리트로 떠오르기 시작했다. 그는 이탈리아 최대 미디어 그룹인 메디아셋Mediaset의 지배주주였으며, 1986년부터 2017년까지 유명 축구 구단 AC 밀란의 구단주로 활동하기도 했다.

1994년 베를루스코니는 포르차 이탈리아Forza Italia라는 보수 정당을 창당하고 총선에서 승리해 총리직에 올랐다. 그러나 연정 내부의 갈등 때문에 7개월 만에 사임해야 했다. 그는 정치 경력을 쌓는 동안 여러 차례 법적 문제에 직면했으며, 사기와 부패 혐의로 유죄 판결을 받았다가 이후 판결이 뒤집힌 적도 있다. 2013년에는 탈세 혐의로 유죄 판결을 받아 상원의원직을 박탈당했으며 2년간 공직 출마가 금지되었다.

베를루스코니의 정치 경력은 논란과 스캔들로 점철되어 있다. 그는 부적절한 발언과 행동으로 자주 비판받았고 이탈리아 미디어의 상당 부분을 통제한다는 점에서도 논란이 많았다. 2022년 총선에서 상원의원으로 당선되며 정계에 복귀했으나 2023년 6월 12일, 86세의 나이로 밀라노의 산 라파엘레 병원에서 만성 백혈병 합병증으로 사망했다.

베를루스코니는 이탈리아 정치에 큰 영향을 미친 인물이며, 정치 스타일과 비즈니스 배경은 종종 도널드 트럼프와 비교되곤 했다.

트럼프의 부상은 세계화, 기술 변화, 문화적 규범의 변화로 소외감을 느끼던 사람들의 불만과 맞닿아 있기도 하다. 이를 통해 미국 사회 내 인종, 계층, 정체성에 관한 갈등이 드러났으며 불편한 진실과의 대면을 촉발시켰다. 예를 들어 트럼프는 이민 정책에서 극단적인 입장을 취했으며 '역사상 가장 큰 규모의 대량 추방 프로그램'을 실시하겠다고 약속했다. 그리고 1950년대 아이젠하워 대통령 시절 불법 멕시코 이민자들을 대규모로 체포하고 추방한 악명 높은 '오퍼레이션 웻백'Operation Wetback 작전을 언급하기도 했다. 또한 불법 체류 이민자의 자녀에 대한 출생 시민권 폐지를 시도할 것을 예고했는데, 이는 헌법적으로 논란의 여지가 큰 정책이다.

트럼프는 미국 정치 담론의 본질 자체를 바꾸어놓았다. 그의 소셜 미디어 활용은 전통적인 미디어의 '게이트키퍼'gatekeeper 기능을 우회하며 지지자들과 직접 소통하는 새로운 정치 커뮤니케이션 방식을 만들어냈다. 이는 정보의 흐름과 정치인이 유권자와 소통하는 방식을 근본적으로 변화시켰다. 그의 논란적인 발언들, 예컨대 이민자들을 비인간화하며 "그들을 사람이라고 부를 수 있을지 모르겠습니다. 제 의견으로는 사람이 아닙니다."These aren't people. These are animals라고 말한 것은 지지층을 결집시키는 동시에 반대파의 분노를 불러일으켰다.68

더욱이 그의 영향력은 핵심 지지층을 넘어 미국 사회 전반에 파장을 일으켰다. 그를 비판하는 사람들조차 그를 반대함으로써 자신들의 정체성을 정의하게 되었으니 말이다. 그리고 이런 영향력 때문에 트럼프의 문화적 중요성은 더욱 강화되었다.

최근 몇 년간 미국 정치를 특징짓는 강한 양극화polarization는 트럼프 현상에 대한 반응에서 비롯된 측면이 크다. 이는 그의 정책들에서 명확히 드러난다. 예를 들어 그는 취임 직후 일부 무슬림 국가 출신자들의 입국을 금지하는 행정명령에 서명했다. 그리고 정부 기관에서 실행하던 다양성, 형평성, 포용성Diversity, Equity, and Inclusion, DEI 프로그램을 종료하겠다고 약속했다.

트럼프를 '헤겔적 힘'으로 보는 것은 그의 행동이나 정책을 옹호하는 것이 아니다. 오히려 그가 미국 민주주의 제도의 취약성을 드러내고, 인종 갈등과 경제적 불평등이라는 불편한 진실을 직면하게 만든 촉매제라는 점을 인정하는 것이다. 그의 경제 정책 역시 이러한 맥락에서 이해할 수 있다. 예컨대 그는 외국산 자동차에 100퍼센트 관세를 부과하겠다고 위협한다. 그리고 이를 실행하지 않으면 '국가 전체에 대한 대학살bloodbath'이 될 것이라고 주장한다. 이는 그의 보호무역주의적 성향과 극단적인 수사를 동시에 보여주는 사례다.

이제 중요한 것은 미국 사회가 이러한 도전을 어떻게 극복할 것인가 하는 점이다. 트럼프가 체현한 모순이 새로운 정치적 재편으로 이어질 것인가? 그가 드러낸 사회적 균열은 치유될 것인가, 아니면 더 깊어질 것인가? 이러한 질문들에 대한 답이 앞으로의 미국의 진로를 결정할 것이다. 트럼프가 미국 민주주의의 시험대가 되는 이유가 바로 여기에 있다.

트럼프에게 투표한
미국의 한인들

한국 사람으로서 이번 대선 과정을 지켜보며 내심 궁금했던 것 중 하나는 미국 시민권을 가진 한인들이 어떻게 투표했을까 하는 점이었다. 이번 미국 대선에서 압도적인 차이로 승리한 트럼프에게 투표한 사람 중 한인들도 있었을 터다. 그러나 내 주변에는 공교롭게도 그런 이야기를 직접적으로 꺼낸 사람은 없었다. 선거 이야기가 자주 오갔지만 "혹시 트럼프를 지지하셨나요?"라고 묻는 것은 조심스러운 일이 되어버렸다. 그만큼 대선 결과가 많은 사람에게 민감한 주제가 되었기 때문이다.

워싱턴 D.C.에 거주하며 연방 정부에서 근무하다 은퇴한 한 교포는 대선 기간 중 맞은편에 사는 이웃이 트럼프 지지 팻말을 세워둔 것을 보고 깜짝 놀랐다고 말했다. 그는 이를 문제 삼으려다 참았고, 얼마 후 저녁 식사 자리에서 이를 지적했다고 한다. 그 이후 어떻게 되었을까? 그 이웃은 길에서 마주쳐도 눈길을 피하며 인사를 하지 않는다고 한다. 해외여행을 할 때마다 고양이를 돌봐주던 가까운 이웃과의 관계가 한순간에 멀어진 것이다.[69]

트럼프가 당선되자 일부 샤이 트럼프 지지자들은 자신들의 선택을 공개적으로 드러내기 시작한 듯했다. 하지만 내가 직접 그런 이야기를 듣게 될 줄은 예상하지 못했다. 워싱턴 근교 한인타운 센터빌Centreville에서 만난 한 한인은 설렁탕을 먹다 갑자기 "사실 나 트럼프 뽑았어요."라고 고백했다. 그는 진보적 성향이 뚜렷한 데다 한국과 미국에서 고등교육을 받은 뒤 중산층으로 정착했던 인물이라 더욱 놀라웠다.

그는 자신이 그런 선택을 한 이유를 설명하며 민주당에 대한 실망감을 강하게 드러냈다. 특히 대선 100여 일을 앞두고 민주당 후보로 지명된 카멀라 해리스에 대해 우려를 표했다. 해리스가 대통령직을 잘 수행할 것이라는 확신이 들지 않는다는 것이다. 그는 해리스가 선명한 메시지를 제시하지 못했으며, 소셜 미디어에만 치중해 일반 서민들과의 소통이 부족했다고 지적했다.

경제적 요인도 그의 선택에 영향을 미쳤다. "집세, 학용품, 음식 등 모든 물가가 오르고 있어요." 심지어 딸이 다니는 미용실에서 사용하는 알루미늄 포일 헤어캡까지 가격이 올랐다고 말했다. 그는 이러한 상황에서 불법 이민자들에게 상대적으로 관대한 민주당의 정책이 중산층과 서민들에게 반감을 불러일으켰다고 주장했다. "우리도 이민자 출신이지만 세금을 꼬박꼬박 내고 있잖아요. 그 돈이 불법 이민자 자녀들의 무상 교육 등에 쓰이는 것을 보면 화가 나요."라고 덧붙였다.

트럼프의 지지를 이끌어낸 또 다른 요인은 물가 상승에 대한 민주당의 대응이었다. 그는 바이든 행정부가 코로나19 팬데믹 당시 대규모 현금 지원을 한 것이 물가 상승으로 이어졌다고 주장했다. 이어 해리스가 비슷한 방식으로 빈곤층에게 현금을 지원하겠다고 약속한 점도 문제라고 지적하며, 민주당이 서민들의 현실을 이해하지 못하는 이른바 '강남 좌파'와 비슷한 위치에 있음을 비판했다. 그렇다고 해서 무조건적으로 트럼프를 지지한 것은 아니다. 그는 '트럼프가 도덕적으로 많은 결점을 갖고 있는 것은 사실'이라며 그의 지지자들조차 이를 알고 있다고 말했다. 하지만 트럼프의 정책, 예를 들어 멕시코 국경 장벽 건설 같은 행보는 '이 사람은 한다면 한다'는 신뢰를 불러일으켰다고 덧붙였다.

이와 대조적으로 한인 사회 내에는 다른 목소리도 존재한다. 일부는 트럼프의 도덕성과 포퓰리즘적 성향을 이유로 그의 재선을 반대했으며, 미국 사회의 분열을 심화시킨 그의 리더십에 우려를 표했다. 민주당의 경제 정책에 실망하면서도 트럼프의 강경한 이민 정책이 아시안 커뮤니티에 미칠 잠재적 부작용을 경계하는 사람들도 있었다.

이번 대선은 한인 사회 내에서 정치적 갈등을 증폭시키며 다양한 반응을 불러일으켰다. 트럼프를 지지한 이들이나 그를 반대한 이들 모두 이번 선거를 통해 각자의 우선순위와 정치적 입장을 다시 한번 점검하는 계기가 되었다. 앞으로도 미국 정치와 경제 변화가 한인 사회에 미치는 영향을 주의 깊게 지켜볼 필요가 있다.

> **미국 한인들의 투표 결정에 영향을 미친 주요 요인들**
>
> - 물가 상승과 생활고("장보기가 겁난다.")
> - 이민 정책에 대한 입장("세금을 꼬박꼬박 내는데, 왜 정부는 불법 이민자에게 혈세를 쓰는가?")
> - 성소수자 정책과 낙태 등 사회적 이슈("학교에서 이상한 것을 가르친다. 남자가 여자가 될 수 있고, 여자가 남자가 될 수 있단다.")
> - 바이든 현금 지원 정책의 경제적 영향("돈만 풀면 우리가 좋아할 거라고 생각하나? 국민을 바보로 아나?")

이쯤에서 한 가지 추가로 짚고 싶은 것이 있다. 미국 내 한인 중 개신교인이 많은데, 그들이 '부도덕한 트럼프'에 대해 어떤 투표 결정을 했는지다. 필라델피아에서 만난 한인 의사에게서 들은 흥미로운 일화를 통해 이 질문에 대한 해답의 실마리를 찾을 수 있을 것 같다.

미국의 보수 개신교 단체는 트럼프를 두고 종종 '하느님(God)이 위기에 빠진 미국을 구하기 위해 선택한 특별한 도구'로 묘사한다. 논리적으로 보면 트럼프처럼 방탕한 삶을 살아온 인물이 어떻게 선한 하느님의 도구가 될 수 있는지 의문이 든다.

한인 의사는 이 주제를 가지고 골프를 치는 다른 한인들, 그리고 교회에 다니는 백인 친구들과 토론을 한 적이 있다고 했다. 그가 들은 대답 중 가장 인상적이었던 논리는 다음과 같다. "하느님은 트럼프의 인간적 결점에도 불구하고 그를 선택하셨다. 그것이 하느님의 섭리다. 하느님은 위대한 일을 이루기 위해 필요하다면 악한 자도 도구로 사용하신다. 트럼프는 하느님이 미국을 다시 위대하게 만들기 위해 사용하는 도구다."

이 주장은 실제로 일부 보수적 개신교인들 사이에서 널리 퍼진 논리다. 하지만 이는 신학적, 윤리적인 논쟁을 담고 있다. 우선 하느님의 뜻을 자의적으로 해석하는 것은 신학적 논의에서 큰 논란이 될 수 있으며, 이 과정에서 비윤리적 행동을 정당화할 가능성도 있다.

실제로 프랭클린 그레이엄 Franklin Graham 목사 등 일부 개신교 지도자들은 트럼프가 하느님에 의해 선택되었다고 주장한다. 일부는 트럼프를 성경에 나오는 페르시아 Persia 의 고레스 왕 King Cyrus 에 비유하며 '하느님은 악을 선으로 바꾸실 수 있다'는 논리로 트럼프의 결점을 정당화하려 한다.

그러나 이러한 주장은 성경의 가르침, 즉 겸손, 사랑, 진실성, 평화와 상충되는 트럼프의 행동을 정당화하는 데 사용될 수 있다는 윤리적 문제를 지니고 있다. 또한 특정 정치인을 하느님의 도구로 보는 것은 정교분리 separation of church and state 원칙을 침해할 가능성도 있다. 결론적으로 말해 일부 개신교인들 사이에는 '하느님이 트럼프를 선택했다'는 주장 혹은 트럼프는 하느님의 '결점이 있는 도구'라는 논리가 존재한다. 하지만 이는 매우 신중하게 검토되어야 한다. 무엇보다 종교를 정치적 목적으로 이용하는 것에 대한 경계가 필요하다.

미국에서 자동차로 여행하기:
길 위의 여정을 통해 얻은 것들

　미국 대통령 선거 기간 동안, 나는 종종 장거리 운전을 하며 자동차 출장을 떠났다. 이는 내가 거주하는 보스턴이 미국을 대표하기에는 여러모로 한계를 가진 곳이기 때문이다. 보스턴이 속한 매사추세츠주는 전통적으로 민주당의 강세 지역이다. 이곳에 위치한 하버드대학교와 MIT 또한 이러한 분위기를 반영한다. 한국에서는 이 대학들이 미국의 '명문대'로 알려져 있어 자녀를 보내기 위해 많은 노력을 기울인다. 교육 수준에서는 명문대로 평가받을 만하지만, 정치적 관점에서 이 지역의 분위기는 미국 내에서도 확고한 '진보' 성향을 띤다. 대학이라는 공간이 종종 실험적이고 급진적 사상의 토양 역할을 한다는 점에서 이곳은 우파보다는 확실히 좌파에 가깝다. 보수 정치인들이 하버드대학교에 기부하지 말라고 압박하는 것도 이러한 맥락에서 이해할 수 있다.

　"이곳에서 보고 듣는 것이 미국을 대표하지는 않는다." 이 말은 하버드대학교에서 만난 일본 방문 학자의 관찰이다. 적확한 지적이다. 내가 이 말을 신선하게 느낀 이유는 한국에서 온 학자들은 대개 이러한 점을 논의하지 않기 때문이다. 대체로 '미국 명문대'라는 이미지로만 요약한다. 그러나 일본 학자의 말처럼 '이곳에서 보고 듣는 것이 미국의 대표성을 갖는가'에 대한 의문은 충분히 제기될 만하다.

　최근 반유대주의 논란으로 클로딘 게이(Claudine Gay) 하버드대 총장이 사임한 사건도 이를 시사한다. 클로딘 게이 총장이 사임한 표면적인 이유는 표절 의혹이다. 과거 학술 저작물에서 여러 건의 표절 의혹이 제기되었기 때문이다. 그러나 그것은 사임의 이유를 찾기 위한 빌미에 불과하다. 실제로는 반유대주의 논란과 그로 인한 외부 압력이 복합적으로 작용한 결과라는 시각이 많다.

반유대주의 논란은 두 가지 주요 사건에서 비롯되었다. 첫째, 2023년 10월 7일 하마스의 이스라엘 공격 이후, 하버드대학교가 이 사건에 대해 즉각적이고 명확한 입장을 내놓지 않은 점이 비판을 받았다. 이는 친이스라엘 성향의 인사들과 단체, 그리고 정치인들의 불만을 초래했다. 둘째, 같은 해 12월 5일 미 하원 청문회에서 클로딘 총장이 유대인 학생들에 대한 위협과 관련된 질문에 모호하게 답변해 논란이 확산되었다. 특히 "유대인 제노사이드 요구가 대학의 괴롭힘 정책을 위반하는가?"라는 질문에 "맥락에 따라 다르다."라고 답한 것이 문제가 되었다.[70]

이 발언은 대학의 반유대주의 대응 태도에 대한 불분명한 인식을 심화시켜 폭넓은 비난을 초래했다. 일부 정치인과 하버드대 기부자들은 공개적으로 클로드 총장의 사임을 요구했고, 보수 성향의 《월스트리트 저널》 역시 칼럼을 통해 그의 사임을 촉구했다. 이러한 외부 압력이 그와 대학 운영에 큰 부담으로 작용한 것으로 보인다. 결국 그는 취임 3개월 만에 사임을 결정했다.

하버드대 영문학과 박사 출신의 한 유럽 지인은 과거 하버드 영문학과 교수들 중 마오주의 Maoism에 심취한 이들이 있었다고 귀띔해주었다. 마오주의는 중국 공산당 지도자 마오쩌둥 毛澤東의 사상과 정치 이론을 바탕으

하버드대학교 친親팔레스타인 시위

로 한 이념이다. 마오는 인권 침해와 독재로 비판받았지만 당시 하버드대의 일부 학자들 사이에서는 그의 사상이 칭송받기도 했다.

오늘날 미중 갈등이 이념 대립으로까지 번진 상황에서 이를 돌아보면 놀라울 수 있지만, 당시에는 별다른 논란거리가 아니었다고 한다. 영문학 세미나에서 마오쩌둥을 인용하면 고상해 보이는 분위기가 있었다는 이야기는 그가 학과의 '비밀'을 잘 알기에 나온 말일 것이다. 하지만 이는 대학의 공식 입장은 아니다.

앞서 언급한 일본 학자의 말은 나에게 신선한 경종이었다. 나는 하버드에서 석사 과정 2년을 보냈고, 팬데믹 기간 중 연구를 위해 다시 학교에 들어가 현재까지 4년을 머물며 총 6년을 보냈다. 그러나 나 역시 하버드가 '알고 보니 진보 계열 대학이었구나' 하는 관점에서, 이곳에서 듣고 보고 공부한 것을 재정립해보는 경험은 솔직히 없었다. 일본 학자가 전해준 이야기가 나의 게으른 '지적 관성'을 날카롭게 일깨워준 것이다. 이 말은 자녀를 하버드에 보내지 말라는 뜻이 아니다. 다만 이런 역사적 배경과 정치적 환경을 이해한다면 더 큰 통찰을 얻을 수 있다는 뜻이다.

나는 10년 넘게 미국 생활을 했지만 주로 학교라는 담장 안에서 지냈다. 그러다 보니 내가 미국에서 보고 들은 것이 과연 어느 정도의 대표성을 지녔는지 따로 성찰해볼 여유가 없었던 것도 사실이다. 그저 내가 '보고 듣는 것이 다 오리지널 미국'이라고 자동적으로 받아들였던 듯싶다.

구체적인 예를 들어 살펴보자. 한번은 운전을 하며 NPR 라디오의 대담 프로그램을 듣고 있었는데 "트럼프를 지지하는 사람들은 도덕적으로 문제가 있는 것 아닌가?"라는 발언이 나오고 있었다. 내 아파트 이웃인 베로니카는 민주당을 지지할 뿐만 아니라 그것에 대해 약간의 우월감을 갖고 있다. "공화당이 득세하는 텍사스주를 봐라. 치안이 안 좋으니 다들 호신용으로 총을 차고 다니며 카우보이 짓을 하고 있다. 우리 매사추세츠는 안전하다." 그의 우월감은 이런 식으로 표현되곤 했다.

주변에 이런 사람들이 가득한 환경에서 살다 보니 나 역시 영향을 받았다. 가랑비에 옷 젖듯 외국인인 나도 정서적으로 '친親민주당' 성향이 되기 쉬운 분위기였다. 그리고 내 뇌는 그것을 '정상적인 미국 사회'로 간단하게 정리해 은연중에 받아들였다. 대선 경선 과정에서 바이든의 민주당이 지고 있다는 보도가 나오고, 각종 여론조사에서 공화당의 트럼프가 우세하다는 이야기가 들려왔다. 주변의 미국인들도 '트럼프 시즌 2' 가능성을 서서히 현실로 받아들이는 분위기였다. 그러면서 한마디씩 덧붙였다. "이런 미국은 정상이 아니지." 당시 주변 미국인들에게서 자주 들었던 말이다.

그런 '정상이 아닌 미국'을 실제로 목격할 기회가 있었다. 2023년 5월, 미국 중서부 아이오와주의 시골을 방문했다. 내가 오래전 학부 생활을 했던 그리넬대학 Grinnell College이라는 작은 사립대학에서 열리는 동창회에 참석하기 위해서였다. 내친김에 다섯 살 난 아들에게 '아버지가 졸업한 미국 시골 대학'을 보여주기로 했다. 시골이라 경치가 좋다는 핑계를 대고 가족 모두를 데리고 갔다.

시골길을 지루하게 운전하던 중 뭔가 익숙한 것이 눈에 들어왔다. 설마 내가 본 것이 그것일까? 궁금한 마음에 차를 후진해 확인해보았다. 태극기였다. '아! 태극기라니.' 미국 시골 마을 집 정원에 꽂혀 있는 태극기를 보니 마음이 뭉클해졌다. 아마 한국전쟁에 참전한 용사의 가족일 것이라고 짐작하며, 가족들이 말리는 것도 뿌리치고 집 주인에게 인사라도 하고자 차에서 내렸다. 내려보니 정원에는 태극기 외에 또 하나의 깃발이 꽂혀 있었다. 트럼프 이름이 적힌 깃발이었다. 발이 얼어붙는 것 같았다.

미국 시골 마을에서 목격한 태극기와 트럼프 깃발의 조합이 만들어낸 생경함은 그날 하루 내내 내 마음을 혼란스럽게 했다.[71] '한국전쟁에 참전한 이 순박한 미국 노인은 트럼프에게서 어떤 희망을 발견했을까?' 이런 생각을 하며 나름대로 상상과 추측을 이어갔다.

트럼프의 백악관 재입성에 환호하는
미국인들은 누구인가?

미국에서 운전을 하다 보면 확연히 느껴지는 점이 있다. 큰 도시보다 규모가 작은 도시나 농촌 지역으로 갈수록 트럼프 깃발이 더욱 눈에 띈다는 것이다. 한번은 뉴햄프셔주의 한 시골 오두막집을 빌려 가족과 하룻밤을 묵은 적이 있다. 그런데 이튿날 아침, 운전하며 집을 떠나던 길에 흥미로운 광경을 목격했다. 전날 밤 어둠 속에서 지나쳤던 풍경이었다.

거대한 트랙터가 길가에 자리하고 있었는데, 트랙터의 웅장한 버킷 위에는 초등학생 키만 한 크기의 낡은 트럼프 깃발이 걸려 있었다. 깃발 아래에는 큼지막한 글씨로 "MAKE AMERICA GREAT AGAIN!"이라고 적혀 있었다. 이 집 주인은 트럼프 대통령에게 큰 희망을 품고 있음을 그 깃발로 강렬하게 표현한 것이다. 이처럼 압도적인 이미지는 생각을 전환하는 계기가 되었다. 트럼프를 다시 봐야 한다는.

앞서 소개했듯 트럼프에게 투표한 재미 한인들이 적지 않다는 사실은 무엇을 의미할까? 이는 우리가 트럼프에 대해 갖고 있는 단편적인 이해, 특히 그의 여성 편력과 같은 부정적인 면과는 다른 차원의 사실을 암시한다. 다시 말해 미국 내에서 트럼프를 지지하는 층이 예상 외로 많다는 점을 시사하는 것이다. 한국에서는 쉽게 간과될 수 있는 부분이다. 나 역시 이 점을 간과했다.

다른 한편으로 트럼프를 지지하는 사람들이 모두 '고등학교 학력의 저소득층 백인 남성'이라는 단순한 방정식으로 설명되는 것도 경계해야 한다. 교육을 잘 받고, 돈을 많이 버는 사람 중에도 트럼프 지지자가 많다.

트럼프의 당선이 확정된 며칠 후 나는 워싱턴에서 열린 한 국제회의에 참석했다. 내가 평소 참석하던 국제정치나 외교 관련 콘퍼런스와는 다른 성격의 '증권·투자' 분야 회의였다. 나는 지정학 중심의 연구를 주로 해온 터라 이런 분야에 대한 공부가 필요하다는 판단 아래 참석했다. 이 콘퍼런스는 '초청자에 한해' invitation only 참석이 가능한 고위급 회의로, 나와는 다소 거리가 있는 분야였다. 그러나 이 회의를 주최한 기관과 인연이 깊은 한 미국 교수의 추천 덕분에 참석 기회를 얻을 수 있었다.

사실 나는 이 회의에 약간 엉뚱한 기대를 품고 참석했다. 그 회의는 트럼프의 재선 당선이 확정된 지 열흘도 채 되지 않아 열렸다. 흥미롭고 긴장이 가득한 시기인 만큼 기존 프로그램이 일부 수정되어 '트럼프 2기 행정부'가 초래할 불확실성과 우려에 대한 논의가 펼쳐질 것이라고 예상했다. 그러나 회의 첫날에도 이튿날에도 내가 기대한 논의는 프로그램에 반영되지 않았다. 기존의 스케줄대로 진행되었으며, 경제 지표와 수치를 보여주는 전형적인 경제 콘퍼런스였다. 심지어 내심 기대했던 Q&A 시간에도 관련 질문이 나오지 않아 다소 김이 빠졌다. 마치 기대했던 영화의 클라이맥스가 나오지 않아 실망한 느낌이었다.

커피 브레이크 시간, 나는 참석한 세션의 사회자를 찾아가 내가 궁금해했던 것들을 물었다. 그의 답변은 잊히지 않는 세 마디로 남았다. "여기에 오는 사람들은 대부분 비즈니스맨이나 투자자예요. 그들은 '긍정주의자'입니다. 그래야 돈을 벌죠." 이 답변에 이어 그는 '왜 이런 회의에 오셨어요?'라는 뉘앙스의 표정으로 미소를 지으며 자리를 떴다. 마치 큰 깨달음을 얻은 듯한 충격이 몰려왔다.

생각지 못한 충격을 받은 나는 상황 파악에 실패한 김에 체면을 버리고 다른 몇몇 참석자들에게도 같은 질문을 던지기로 했다. 쉬는 시간을 활용해 투자와 금융 분야에서 고위직을 역임한 인사들에게 궁금한 것을 물어보았다. 그리고 놀라운 사실을 발견했다. 참석자 중 상당수가 트럼프의 백악관 재입성을 긍정적으로 보고 있었던 것이다. 그들 중에는 전직 미국 경제 관련 고위직 인사들도 포함되어 있었다. 그날의 경험은 충격인 동시에 눈을 뜨는 계기가 되었다. 그 회의 참석자들 대부분에게서 왜 이런 반응이 나온 것일까?

트럼프의 당선 소식이 전해지자 은행 주식은 급등했다. JP모건 체이스JPMorgan Chase, 뱅크오브아메리카Bank of America, 골드만삭스Goldman Sachs와 같은 주요 대출 기관들의 주가는 8퍼센트에서 13퍼센트까지 상승했다. 《아메리칸뱅커》American Banker의 조사에 따르면, 응답한 은행가 중 58퍼센트는 트럼프 행정부가 자신들의 업계에 더 유리할 것이라 답했다.[72] 이러한 낙관론은 트럼프가 약속한 규제 완화, 감세, 그리고 인수합병에 더 유리한 환경이 조성될 것이라는 기대에서 비롯되었다. 은행 임원들은 은행 합병 승인과 자본 요건 완화와 같은 주요 변화를 희망했으며, 디지털 자산 부문에서는 트럼프의 암호화폐 육성 정책이 이들에게 긍정적인 기대를 품게 했다.

내가 당황했던 이유를 돌이켜보면 세 가지 정도로 정리된다. 첫째, 나는 미국 언론이 이번 대선이 '박빙'이거나 해리스가 살짝 우세할 것이라고 보도한 점에 영향을 받았다. 둘째, 한국에서 민주당의 해리스를 선호하는 경향에 동조했던 심리적 배경이 있었다. 셋째, 이러한 예측을 바탕으로 트럼프의 당선이 '충격적'일 것이라는 기대가 있었다. 하지만 이 회의에 참석한 사람들은 달랐다. 그들에게 트럼프 당선은 축하할 일이었다.

증권 및 투자 부문은 트럼프 캠페인에 1억 9,378만 9,864달러를 기부했으며 업계 중 최고 기부자였다. 석유 및 가스 산업도 2,103만 9,005달러를 기부하며 상당한 기여를 했다. 트럼프에 대한 강한 지지를 보인 다른 부문으로는 부동산(1,470만 2,410달러), 항공 운송(1,616만 5,959달러), 담배(862만 5,874달러) 등이 있다.[73]

트럼프는 법인세율을 21퍼센트에서 15~20퍼센트로 낮추는 것을 제안했으며, 이는 많은 기업의 호응을 얻었다. 규제 완화에 대한 그의 입장은 특히 석유 및 가스 산업에 매력적으로 다가왔다. 또한 중국 상품에 대한 관세 부과 제안을 포함한 트럼프의 보호무역 정책은 국내 제조업체들의 지지를 얻었다. 결국 사람은 자신의 이해관계에 따라 세상을 바라본다는 사실을 다시금 깨닫게 되었다. 나는 잘못된 장소에 와서 잘못된 질문을 던지고 있었던 것이다.

증권, 투자, 금융이란 특정 영역을 제외하면, 전반적인 기업계는 트럼프보다 카멀라 해리스를 선호했다. 《포브스》에 따르면 최소 83명의 억만장자가 해리스를 지지한 반면, 트럼프를 지지한 억만장자는 52명에 그쳤다. 마크 큐번Mark Cuban, 리드 헤이스팅스Reed Hastings, 제임스 머독James Murdoch 등 90명 이상의 저명한 기업 리더들이 해리스를 지지하며 '해리스를 위한 기업 리더들'Business Leaders for Harris 캠페인을 출범시켰다.

이 캠페인에는 다양한 분야에서 활동하는 다른 주요 인사들도 참여했다. 리드 호프먼^{Reid Hoffman}은 링크드인의 공동 창업자이자 그레이록 파트너스^{Greylock Partners}의 파트너로, 그의 참여는 기술 산업의 지지를 상징한다. 제프리 캐천버그^{Jeffrey Katzenberg}는 월트 디즈니 스튜디오의 전 회장이자 현재 윈드코^{WndrCo}의 창업자 겸 매니징 파트너다. 그를 필두로 엔터테인먼트 분야에서도 해리스에 대한 강한 지지를 보여줬다.

로린 파월 잡스^{Laurene Powell Jobs}는 에머슨 콜렉티브^{Emerson Collective}의 창업자 겸 회장이며, 교육 및 사회 혁신 분야에서 리더십을 발휘하는 인물이다. 또한 배리 딜러^{Barry Diller}는 IAC의 회장으로서, 테드 레온시스^{Ted Leonsis}는 모뉴멘탈 스포츠 & 엔터테인먼트^{Monumental Sports & Entertainment}의 CEO로서 각자의 분야에서 해리스를 지지하는 데 동참했다.

해리스의 정책은 기업계뿐만 아니라 일반 유권자들 사이에서도 인기가 있었다. 해리스의 정책 중 89퍼센트가 유권자들 절반 이상에서 지지를 받았던 반면, 트럼프의 정책은 48퍼센트만이 지지를 받았다.[74] 이러한 폭넓은 지지는 기업계의 더 강한 지지를 이끌어내는 데 기여했다.

그럼에도 결과적으로 트럼프는 핵심 지지층의 강력한 지원을 유지하면서 연합을 확장해 2024년 미국 대선에서 승리했다. 그의 지지 기반은 주로 백인 유권자로 구성되어 있으며, 백인 유권자 중 59퍼센트가 트럼프를 지지했다. 특히 백인 여성 유권자 53퍼센트가 트럼프를 지지했으며, 이는 해리스의 46퍼센트와 대비된다. 트럼프는 히스패닉계 유권자들 사이에서도 상당한 성과를 거두었다. 라티노 표의 42퍼센트를 확보했으며 이는 2020년에 비해 크게 증가한 수치다. 흑인 유권자들 사이에서는 해리스가 압도적 지지를 받았으나, 트럼프는 흑인 남성 유권자 중 24퍼

센트의 지지를 얻으며 진전을 보였다.[75]

지리적으로도 트럼프의 승리는 두드러졌다. 그는 애리조나, 조지아, 미시간, 펜실베이니아, 위스콘신 등 주요 경합주에서 모두 승리했으며 이는 그의 당선을 확정 짓는 결정적인 요인이었다. 이뿐만 아니라 20년 만에 공화당 후보가 일반 유권자 전국 득표율에서 민주당 후보를 앞지르는 결과를 만들어냈다.

트럼프의 대역전: 2024년 대선, 경합주 모두를 휩쓸다

2024년 미국 대선에서 도널드 트럼프는 선거인단 312표를, 카멜라 해리스는 226표를 얻었다. 매우 큰 차이다. 트럼프는 대통령 당선에 필요한 270표를 넘어 승리를 확정 지었다. 그는 일곱 개의 주요 경합주에서 모두 이기며 2020년 선거 결과를 뒤집었다.

이번 선거에서 트럼프는 선거인단 득표뿐만 아니라 일반 유권자 득표에서도 해리스를 앞섰다. 트럼프는 약 7,730만 표, 즉 49.8퍼센트를 얻었다. 해리스는 약 7,500만 표, 즉 48.3퍼센트를 기록했다. 2024년 선거 결과는 2020년과 비교해 큰 변화를 보였다. 트럼프는 2020년보다 약 280만 표를 더 얻었고, 해리스는 2020년 조 바이든의 득표에 비해 약 680만 표가 적었다. 이로써 트럼프는 20년 만에 공화당 후보로서 일반 투표에서도 승리하는 기록을 세웠다.

트럼프가 바로 미국이다

2016년 트럼프가 처음 대통령에 당선되었을 때, 많은 이들이 '어떻게 저런 사람을 뽑을 수 있지?'라며 그의 당선을 우연으로 여겼다. 그러나 이번 2024년 선거에서는 미국 유권자들이 확실히 트럼프에게 압도적인 지지를 보냈으며 우연을 필연으로 바꾸어 그를 다시 백악관으로 보냈다.

2016년 당시 미국에서는 "트럼프는 미국 사회를 대표하는 인물이 아니다."라고 주장하는 사람들이 적지 않았다. 그러나 이번 선거 결과는 그러한 주장을 무색하게 만든다. 그의 승리가 의심의 여지 없이 확실하기 때문이다. 어떻게 이런 결과가 나온 것일까? 많은 미국인이 자신의 이해득실을 따져본 후, 트럼프가 자신들에게 더 유리하다고 판단한 결과다.

초접전이 예상되었던 이번 선거는 트럼프의 일방적인 승리로 끝나며 많은 이들의 예상을 뒤엎었다. 미국 유권자들은 트럼프를 선택했다. 그것도 분명하게. '트럼프가 바로 미국'이라는 점을 명확히 보여준 셈이다. 그렇다면 우리가 던져야 할 가장 중요한 질문은 과연 트럼프가 '미국을 위대하게' 만들 수 있을 것인가 하는 점이다.

PART 3

THE FUTURE OF GLOBAL POWER

미국의
소프트 파워
추락과
트럼프의 사람들

3

> "두 개의 대국 사이에 위치한 중견국은 미국처럼 먼 거리에 있는 강대국의 영향을 끌어들이는 데서 이점을 얻는다. 먼 거리의 강대국이 더 예측 불가능해지더라도 중견국에게는 여전히 가치가 있다. 그렇지 않을 경우 중견국은 이웃 대국의 영향력에 쉽게 포획될 수 있다."
>
> — 조지프 나이(하버드대학교 교수), 나와의 인터뷰 중에서

하버드 케네디 스쿨에 위치한 조지프 나이^{Joseph Nye} 교수의 연구실은 이번에도 찾기가 어려웠다. 얼핏 밖에서 보면 잘 드러나지 않지만, 일단 안으로 들어가면 사각형으로 설계된 건물 구조 때문에 같은 층 복도를 계속 돌게 되는 경우가 있다. 층과 층 사이에 중간층^{mezzanine}이 있는 경우도 있고, 같은 층인데도 통로가 막혀 1층으로 내려가 다시 시작해야 경우도

있다. 또한 특정 엘리베이터를 통해서만 접근할 수 있는 구역도 있다. 복도에서 엘리베이터를 타고 1층에 도착한 순간, 문이 열리자마자 한 사무실로 들어가 당황해하며 나왔던 적도 있다. 그곳은 마치 007 영화에나 나올 법한 건물이다.

어떤 유명 교수는 연구실에 아예 이름 팻말조차 달아두지 않았다. 이메일로 면담 약속을 잡으면 비서가 중앙 복도에서 만나자고 한 뒤, 순식간에 몇 개 코너를 돌고 두어 개의 문을 지나 이름 대신 번호판만 걸린 방으로 안내하기도 했다. 나중에 다시 찾아오려고 하면 길을 헤매기 십상이다. 학생들끼리는 일부러 그렇게 설계된 것 아니냐는 농담을 주고받는다. 실제로 그 건물을 경험해보면 정말 그런지도 모르겠다는 생각이 든다.

오후 2시 약속이었는데, 나이 교수 연구실 문 앞에 도착하니 겨우 1분 전이었다. 숨을 고르고 노크했다. 연구실엔 불이 꺼져 있어 순간 안에 아무도 없나 하는 생각이 스쳤다. 노크를 하자 나이 교수가 엷은 미소를 지으며 문을 열어주었다.

'소프트 파워' 이론으로 유명한 조지프 나이 교수는 미국의 정치학자이며 전 하버드 케네디 스쿨 학장을 역임한 사람이다. 트럼프 2기에 대한 그의 생각을 듣고 싶어 바로 질문을 했다. "트럼프는 첫 번째 임기 동안 동맹들에게 더 일방적으로 접근했고, 그는 국제사회에서 다자주의 협력에도 큰 신뢰를 두지 않았습니다. 파리기후협정에서 탈퇴했고 유엔에도 큰 관심을 두지 않았으며, 종종 동맹에도 무관심했습니다." 나이 교수는 그렇게 운을 뗐다. 그러고는 트럼프 2기에 대해 중요한 진단을 했다.

하버드대학교 조지프 나이 교수

"트럼프 두 번째 임기는 이런 1기 정책의 연장선이 될 가능성이 커 보입니다."

이 한마디로 요약된다. 이변은 없을 것이며 '익숙한 것과의 결별'도 기대하기 어렵다는 것이다. 트럼프 1기에서 보았던 모습 그대로가 이번에도 반복될 것이라는 의미다. 조지프 나이 교수는 국무부 안보 지원 및 과학기술 차관보(1977~1979), 국가정보위원회 의장(1993~1994), 국방부 국제 안보 담당 차관보(1994~1995)를 역임했다. 30여 년간 역대 미국 대통령들의 멘토로서 미국 정치 리더십을 가까이에서 지켜봤고, 평생 국제정치를 연구해온 사람이다. 이러한 경륜에서 나온 '트럼프 시즌 2'에 대한 진단이었다.

일각에서는 트럼프가 암살 위기를 겪고 기적적으로 목숨을 건진 임사

체험near-death experience을 통해 전혀 다른 사람이 되었을 것이라고 추측하기도 했다. 2024년 7월 13일 펜실베이니아주 유세장에서 연설 중이던 트럼프는 총격을 당했다. 그의 오른쪽 귀 윗부분을 관통한 총알은 아슬아슬하게 그의 얼굴을 비껴갔다. 덕분에 그는 가까스로 목숨을 구했다. 이 사건으로 유세에 참석한 지지자 중 한 명이 목숨을 잃었고, 두 명은 중상을 입었다.

당시 미국 언론은 죽음의 문턱까지 갔다가 살아 돌아온 트럼프가 이 사건으로 큰 깨달음을 얻었으며, 인생을 새로운 시각으로 관조하는 변화를 겪었을 것이라고 추측했다. 실제로 언론은 그다음 날 그의 눈빛이 온화해지고 말투도 부드러워진 것 같다고 보도했다. 하지만 '거듭남'과 같은 극적인 변화는 없었다. 총알조차도 트럼프의 본질을 바꾸지는 못한 것이다. 트럼프는 변화하지 않았으며 이전과 같은 모습으로 돌아왔다.

더 강해진 트럼프,
중국에겐 트럼프 2기가 아닌 3기인 이유

그럼에도 트럼프 1기와 2기 사이의 미묘한 차이점을 살펴보는 것은 중요하다. 그는 여전히 세계 최강국 미국의 대통령이며, 미국에서 유일하게 핵무기 공격을 승인authorize할 수 있는 법적 권한을 쥐고 있는 사람이다. 트럼프 1기와 2기의 미묘한 차이가 국제 정세에 어떤 영향을 미칠지 주목해야 한다.

대통령의 단독 버튼: 핵무기 사용 권한의 비밀

미국 대통령은 핵무기 사용을 승인할 수 있는 단독 권한을 갖고 있다. 이 권한은 헌법에 명시된 최고사령관의 역할에 포함된 것이다. 또한 군사 고문이나 의회의 동의를 필요로 하지 않으며 그 누구도 대통령의 명령을 막을 수 없다. 국방장관은 명령을 확인해야 하지만 거부할 권한은 없다. 군 장교들은 군사법전 Uniform Code of Military Justice에 따라 적법한 권위에서 내려온 명령을 따라야 한다.

하지만 이런 대통령의 단독 권한은 논란을 불러일으키며, 이에 대한 변경안이 제기되고 있다. (이는 한국에서 대통령이 비상 계엄령을 선포해 국내외에 큰 파장을 일으킨 후, 대통령의 권한을 축소 조정해야 한다는 논의가 일어나는 것과 유사하다. 달리 말해 한 사람에게 과하게 큰 권한을 부여하는 것이 적절한지에 대한 논쟁이기도 하다.)

일부는 의회의 전쟁 선포 없이 핵무기를 선제적으로 사용하는 것이 헌법 위반이라고 주장한다. 다수의 정치인과 전문가들은 핵 공격을 승인하기 전에 여러 당사자가 관여하는 새로운 절차가 필요하다고 제안한다. 긴급 상황이 아닌 경우에는 대통령, 부통령, 국방장관의 만장일치 승인을 요구하는 방안이 그 대표적 예다.

그럼에도 현재 법적 체계는 위기 상황에서 신속한 의사결정을 보장하기 위해 대통령의 핵무기 사용 단독 권한을 유지하고 있다. 이 과정은 대통령이 '풋볼' football이라고 알려진 핵무기 통신 장치를 사용하고, '비스킷' biscuit이라

> 불리는 ID 카드의 고유 코드로 본인을 확인하는 방식으로 이루어진다. 대통령은 고문들과 상의하고 명령은 군이 실행하지만, 최종 결정은 오직 대통령에게 달려 있다.

미국 현지에서 30년 넘게 생활하며 한미 관계와 미국 사회를 연구해온 재미 한인 학자인 스탠퍼드대학교 신기욱 교수는 나와의 논의에서 이런 예측을 전했다. "트럼프 2기의 대외정책은 대체로 1기의 연장선상에 있을 것으로 보이지만, 그 추진 강도는 더욱 심해질 것이다."[76] 조지프 나이 교수의 분석과 비슷한 맥락이다. 다만, 그는 우리가 1기 때보다 '더 강력한 트럼프'를 보게 될 것이라고 덧붙였다.

2016년 11월 도널드 트럼프의 첫 번째 당선은 미국의 세계적 역할에 대해 중대한 의문을 제기하는 계기가 됐다. 실상 트럼프 행정부의 일상적인 혼란은 워싱턴의 외교관계에만 영향을 미치는 데 그치지 않았다. 미국의 오랜 외교정책 원칙을 거부하는 지도자의 등장이 미국의 대외정책과 그 미래에 어떤 시사점을 제공하는지에 대한 의문을 불러일으켰기 때문이다. 2024년 트럼프의 두 번째 당선은 이러한 혼란이 더 큰 강도로 진행될 가능성이 있음을 시사한다.

중국과 관련해 신기욱 교수는 다음과 같이 전망했다. "전체적으로 바이든 행정부와 큰 차이는 없겠지만, 무역 문제에 있어서는 더욱 강한 압박을 가할 것이다. 루비오, 왈츠 등에 이어 트럼프 1기의 대對중국 정책에서 중요한 역할을 했던 피터 나바로의 복귀는 트럼프 2기의 대중 강경 기조를 예상하게 한다."

대중국 정책에 있어 이는 주목할 만한 진단이다. 트럼프와 여러 측면에서 달랐던 민주당 바이든 행정부도 중국 정책에 있어서만큼은 트럼프의 압박 노선을 이어받았다. 트럼프 시기에 중국에 부과한 관세를 폐기하지 않고 그대로 유지한 것이 대표적이다. 심지어 반도체 등 국가안보를 위협할 가능성이 있는 첨단산업 분야에 대해 기술 수출 제한 조치까지 시행했다. 이런 이유로 워싱턴 정가에서는 바이든 행정부의 중국 정책을 두고 '사실상 트럼프 2기'라고 농담처럼 말하기도 한다. 그렇다면 트럼프의 귀환은 대중국 정책에 있어서만큼은 '트럼프 3기'라고 해도 무방하다. 중국에 대한 압박이 더 깊고 강하게 지속될 것이라는 뜻이다.

나이 교수와의 나머지 인터뷰 내용을 소개하고, 논의를 이어가 보자.

Q. 트럼프의 '아메리카 퍼스트' 정책이 미국의 소프트 파워에 줄 영향은?

A. 트럼프 첫 번째 임기에서도 봤듯이 미국의 소프트 파워는 사람들을 끌어들이는 힘이다. 경제가 계속 잘 유지된다면 미국의 하드 파워hard power는 크게 줄어들지 않을 것으로 보인다. 하지만 소프트 파워는 더 감소할 가능성이 크다.

Q. 두 번째 트럼프 행정부가 미국이 주도하는 자유주의 국제 질서에서 다극적 또는 분열된 세계 질서로의 전환을 가속화할 것으로 보

이는가?

A. 중국의 부상이 이 체제를 미중 양극 bipolar 체제로 만들었다고 주장하는 사람이 많을 것 같다. 1990년대 냉전 후에는 단극 체제에 대해 이야기했지만 지금은 다극 체제라는 얘기도 나온다. 그러나 미국과 중국 외 다른 '중견국' middle power 이 미국과 중국의 국력 규모에 근접하는 건 어려워 보인다. 그래서 이 체제를 양극 체제로 설명하는 게 더 적합하다고 생각한다.

Q. 당신은 최근에 쓴 책에서 중국의 부상에도 불구하고 '미국의 세기' American century 가 지속될 것임을 낙관적으로 제시했다. 트럼프 당선 이후에도 여전히 같은 생각인가?

A. 나는 그 회고록에서 더 정확히는 '신중히 낙관적' guardedly optimistic 이라고 표현했다. 많은 일이 잘못될 수 있다는 걸 알고 있다. 하지만 미국의 근본적인 힘과 사회의 회복력을 보면 트럼프 4년간의 어려움을 극복할 수 있을 거라고 생각한다.

Q. 트럼프 2기 행정부의 미중 관계는?

A. 트럼프는 스스로도 인정했듯이 '예측 불가능한' 사람이다. 국무장관으로 지명된 마코 루비오 상원의원과 국가안보좌관으로 지명된 마이크 왈츠 Mike Waltz 하원의원과 같은 '중국 매파' China Hawks 가 초기에 기용되면서 중국에 대해 매우 강경한 정책을 펼칠 가능성이 커 보인다. 하지만 트럼프는 동시에 스스로를 협상의 달인이라고

생각하고, 거래의 기술을 자랑하는 사람이다. 이런 점으로 보건대 두 번째 임기 2년 차쯤 중국 시진핑 국가주석과 어떤 거래를 시도할 가능성도 있다. 초기 정책은 강경하게 시작할 가능성이 크지만, 시간이 지나면서 트럼프가 거래를 결정할지는 여전히 예측하기 어려운 부분이다.

Q. 트럼프 두 번째 임기 동안 미국의 인도-태평양 전략은 일본, 한국 같은 동맹국들과 인도, 호주 같은 파트너국들을 중심으로 어떻게 변화할까?

A. 나는 트럼프가 미-일 동맹이나 미-한 동맹을 깨뜨리지는 않을 것으로 생각한다. 그는 이러한 동맹이 미국에 매우 중요하다는 것을 잘 알고 있다. 그리고 루비오 상원의원이나 왈츠 하원의원과 같은 고위직에 임명될 가능성이 있는 인물들 또한 그 중요성을 이해할 것이다. 사실 트럼프 대통령의 발언은 실제 행동보다 더 강경하게 들리는 측면이 있다. 하지만 인도-태평양 지역에서는 중국과의 경쟁과 관련해 동맹이 중요하다는 점을 트럼프도 인식하고 있으리라 본다. 오히려 불확실성이 큰 쪽은 미국과 유럽의 관계다.

Q. 두 번째 트럼프 행정부의 대북 정책은?

A. 누군가가 나에게 "2018년에 트럼프가 김정은과 정상회담을 할 줄 알았느냐?"라고 물었다면, 나는 당시 그렇게 예측하지 못했을 거라고 답했을 것이다. 두 번째 임기에서 트럼프가 김정은과 정상회담

을 다시 열 것이라고 예상하지는 않는다. 첫 번째 회담의 경험에서 실망감을 느낀 것으로 보이기 때문이다. 하지만 트럼프 대통령과 관련해서는 항상 예외가 있을 수 있다.

Q. 서울에서는 트럼프 대통령의 거래적 동맹관이 미-한 관계에 미칠 영향에 대해 많이 우려한다.

A. 내 추측으로는 미-한 동맹은 지속될 것이다. 하지만 한국이 더 많은 주한미군 방위비 분담금 비용을 지불해야 할 것으로 예상된다. 트럼프 대통령은 과거에 방위비 분담금의 대폭 인상을 요구한 바 있으며, 두 번째 임기에서도 이러한 요구를 계속할 가능성이 높다.

Q. 북한과 러시아가 더 밀접해지고 있다. 북한의 유일한 동맹인 중국이 이를 불편해한다는 시각도 있고, 다른 한편으로는 북-중-러 삼각 협력 강화에 대한 우려도 나온다.

A. 분명한 것은 러시아가 과거보다 한반도 지정학에 더 큰 역할을 하고 있다는 점이다. 나는 이것이 중국을 우려하게 만든다고 생각한다. 중국은 북한과의 수출 및 무역을 통제해 북한의 행동에 제약을 가하려 하고 있지만, 중국 내부에서는 여전히 북한에 대한 우려가 존재한다. 나는 중국 관료들과의 대화를 통해 이러한 점을 확인했다. 중국은 북중 간의 우정이 깊다고 강조한다. 그러면서도 때로는 비공식적으로 "북한은 우리를 싫어한다."거나 "북한에 대한 중국의 영향력은 외부에서 생각하는 것보다 작다."라고 말하곤 한다. 러시

아가 북한에 더 큰 영향력을 갖게 되는 상황은 중국 입장에서는 북한에 대한 중국의 영향력이 줄어드는 손실로 간주될 수 있다. 따라서 이런 관계에는 눈에 보이는 것 이상으로 더 많은 긴장이 자리하고 있으리라 생각한다.

Q. 북러 관계가 심화되는 것에 대해 중국이 불편함이나 불안감을 느낀다고 보는가?

A. 그렇다.

Q. 그것이 북한에 대한 중국의 정책을 바꿀 정도로 임계점에 도달했다고 보는가?

A. 그건 아니라고 본다. 중국은 북한의 핵 능력을 제한하기를 원하지만 북한을 러시아나 한국의 품으로 밀어 넣고 싶어 하지는 않는다. 한국의 품으로 들어가면 그것이 곧 미국의 품으로 가는 것이라고 보기 때문이다. 중국은 북러 관계가 심화되는 것이 못마땅할 테지만, 그렇다고 해서 북한을 심각하게 압박하는 단계까지 가지는 않을 것이다.

Q. 예측 불가능한 트럼프 행정부가 출범하면 한국 같은 중견국들은 외교정책을 어떻게 펼쳐야 하나?

A. 트럼프 같은 인물을 상대하는 것은 어렵다. 하지만 나는 여전히 한국이 미국과의 협력을 유지할 방법을 모색하는 것이 최선의 전략이

라고 생각한다. 두 개의 대국 사이에 위치한 중견국은 미국 같은 먼 거리의 강대국의 영향을 끌어들이는 데서 이점을 얻는다. 먼 거리의 강대국이 더 예측 불가능해진다 해도 중견국에게는 여전히 가치가 있다. 그렇지 않으면 중견국은 이웃 대국의 영향력에 쉽게 포획될 수 있기 때문이다. 따라서 나는 한국이 트럼프 스타일에서 발생할 수 있는 불편함이나 성가심을 어느 정도 참아내는 방법을 찾기를 바란다. 또한 미국-한국 동맹의 중요성을 미국의 관료, 의회, 언론을 포함한 더 큰 정치 집단에 알리는 데 집중해야 한다고 믿는다.

Q. 당신이 한국의 지도자를 만난다면 트럼프에 대해 어떤 조언을 하겠는가?

A. 나는, 트럼프가 매우 개인주의적인 정치인이라는 점을 깨달았다. 그런 의미에서 그의 자존심을 살려주는 것이 첫 번째 단계다. 두 번째 단계는 주둔군 지원비용이든 무역협정이든 간에 어떤 대가를 지불할 의향이 있어야 한다는 것이다. 이는 성가신 일이지만 새로운 대안을 마련하는 것보다는 비용이 덜 든다. 세 번째 단계는 동아시아의 안정과 중국 세력을 견제하는 측면에서 미국 여론과 의회에 한국의 중요성을 계속해서 강조하는 것이다. 이는 군사훈련을 계속하는 것을 의미하며, 다시 주둔군 지원비용을 더 많이 지불하는 것 등을 의미한다. 이것들이 내가 언급하고 싶은 가장 중요한 세 가지 사항이다.

Q. 중국의 시진핑 국가주석이 무엇을 원한다고 보는가? 또 미중 관계에서 중국 지도자의 최종 목표는 무엇이라고 보는가?

A. 시진핑이 원하는 것은 크게 세 가지라고 본다. 첫 번째는 공산당에 대한 개인적인 통제력을 유지하길 원하며, 그다음 원하는 것은 공산당의 중국 통제다. 세 번째로 원하는 것은 그가 '역사의 흐름'이라고 보는 것, 즉 '동방이 부상하고 서방이 쇠퇴한다'는 의미의 동승서강東升西降이다. 나는 이것들이 시진핑의 목표라고 생각한다. 따라서 그러한 중국의 시도에 대해 '균형'balance을 맞춰줄 필요가 있다. 그렇지 않으면 이 지역 사람들의 삶이 더 어려워질 것이다.

Q. 2018년 본격화한 미중 경쟁이 여전히 진행 중이다. 미중 경쟁은 언제 끝날 것이라고 보는가?

A. 그 누구도 정확히 알 수 없다. 1949년 이후 역사를 보면 첫 20년 동안 미국과 중국은 한국전쟁에서 서로 싸웠다. 그다음 20년 동안은 소련을 견제하기 위한 '준동맹' 관계를 유지했다. 세 번째 20년 동안은 무역이 크게 증가함에 따라 협력 정책이 지속되었다. 현재는 네 번째 시기로 접어들었는데, 약 7~8년이 지난 상황이다. 이 시기가 20년이 될지 더 길어질지 혹은 더 짧아질지 아직 알 수 없다.

Q. 20년 주기로 설명하는 것에 주목하는 이유는?

A. 내 과거 경험에서 20년 주기로 미중 관계에 큰 변곡점이 있었기 때문에 이를 기준으로 설명했다. 하지만 이번 주기는 얼마나 지속될

지 예측할 수 없다.

Q. 미국과 중국의 관계에 대해 갖는 장기적 관점은?
A. 나는 미중 관계가 오르락내리락하는 주기적인 특성을 갖고 있다고 본다. 따라서 이러한 관계에는 사이클이 있다는 것에 기대감을 가져야 한다. 현재는 하락세지만 2030년대쯤에는 다시 상승할 가능성이 있기 때문이다. 물론 이것은 단순한 추측일 뿐이다.

Q. 트럼프가 당선된 지금, 당신이 가장 많이 하는 우려는?
A. 나는 트럼프가 대통령으로서 자신이 적으로 간주하는 사람들에 대한 복수심과 법체계를 악용할 가능성에 대해 우려하고 있다. 그가 적으로 지목한 사람들을 처벌하려는 행동은 미국 민주주의에 해를 끼칠 수 있다.

Q. 다소 어리석은 질문일 수 있지만 트럼프를 4년간 경험하고도 미국인들이 그를 다시 백악관에 복귀시키기로 결정한 이유가 궁금하다.
A. 아주 좋은 질문이다. 사실 나도 정확한 답은 모른다. 트럼프는 매우 뛰어난 소통가다. 사람들이 그의 생각을 좋아하든 싫어하든 상관없이 말이다. 그는 리얼리티 TV 프로그램을 통해 훈련받았고 이를 매우 잘 활용한다. 더 넓게 보면 전반적으로 지난 몇 년 동안, 거의 모든 민주주의 국가에서 현 정부에 대한 거부감이 나타났다. 2024년 미국 대통령 선거를 간단하게 설명하자면, 세 가지로 요약할 수 있

다. 첫째는 '반反현직 정서'anti-incumbency, 둘째는 물가다. 인플레이션이 감소하고 있긴 하지만 여전히 물가는 높은 상태다. 셋째는 이민 문제와 남부 국경의 부실한 통제다. 이 세 가지가 트럼프가 지지받은 가장 간단하면서도 중요한 이유라고 생각한다.

Q. 당신이 아시아의 정치 지도자나 언론인과 대화를 나눌 때 미중 관계에 관해 자주 받는 질문이 있는가? 또 그들이 주요하게 오해하는 것은 무엇이라고 생각하는가?

A. 미국의 힘이 쇠퇴하고 있다는 인식이 좀 있는 것 같다. 나는 이것이 오해라고 본다. 미국의 소프트 파워는 다소 쇠퇴하는 듯하지만 하드 파워는 그렇지 않다. 하지만 앞으로 지켜봐야 할 문제다.

Q. 당신은 수십 년 동안 학자, 그리고 정책 실무자로 활동해왔다. 우리가 직면한 이 매우 불확실한 세계 속에서 20~30대 젊은 세대에게 어떤 조언을 해주고 싶은가?

A. AI나 생명공학과 같은 신기술 분야에는 엄청난 도전과 기회가 공존하고 있다고 본다. 이러한 분야는 매우 흥미로운 기회를 제공하지만 동시에 불안정하고 위험한 요소도 존재한다. 이런 상황에서는 역사가 주기적으로 변한다는 관점을 유지하는 것이 유용하다고 생각한다. 젊은 사람들이 "지금 상황만큼 나쁜 적이 있었나요?"라고 묻는다면 나는 "1960년대에는 더 나빴다."라고 답한다. 그러니 흥미로운 경력을 추구하되, 특히 새로운 기술과 관련된 분야에 도전

하며 역사 공부를 계속하라고 조언하고 싶다.

나이 교수와의 인터뷰를 정리하면서 다시금 놀라움을 느꼈다. 그의 말 한마디 한마디에 너무도 많은 정보가 농축되어 있었으며, 분석적 혜안도 탁월했기 때문이다. 마치 쌀가마니에 조금의 틈도 없이 쌀을 꽉꽉 눌러 담은 것 같다고나 할까. 그의 인터뷰 중 특히 한국과 관련된 부분은 후에 그 주제를 심도 있게 다룰 때 다시 짚으려 한다.

신과 트럼프

"피가 사방으로 쏟아지고 있었지만, 어떤 면에서는 신이 내 편에 있다는 느낌 때문에 매우 안전하다고 느꼈다."[77]

암살 위기를 모면한 트럼프가 회고한 말이다. 이 말에는 자신이 살아남은 것이 신의 뜻이라는 의미가 담겨 있다. 그렇다면 신은 왜 트럼프를 살려주었을까?

"하느님께서 저의 생명을 구해주신 데는 이유가 있습니다. 그 이유는 조국을 구하고 미국을 위대하게 회복시키라는 것입니다."

이는 트럼프 본인의 해석이다. 정치인들은 자신의 입장을 신성화하거나 지지자들을 결집시키고자 할 때 '신의 뜻'이라는 표현을 사용하곤 한다. '신'이나 '신성한 사명'을 언급하면, 그 사람이 가진 정치적·도덕적 정당성이 강화되는 효과를 기대할 수 있기 때문이다.

트럼프는 신을 언급하며 '약속한 것은 지킨다'는 좌우명으로 미국을 이끌겠다고 선언했다. 이 말을 곰곰이 살펴보자. 그가 대통령 후보로서 유세 중에 약속한 것을 지키겠다는 뜻이니, 결국 자기가 겪은 위기는 대통령이 되게 하려는 신의 이치라고 말하는 것이다. 대통령을 시켜줘야 공약도 지킬 수 있으니 말이다.

트럼프의 공약 이행율은 높다. 이는 트럼프의 지지자들이 종종 하는 말이다. 정말 그럴까? 일부 지지자들은 트럼프가 공약을 잘 지켰다고 믿지만 실제 데이터는 이를 뒷받침하지 않는다. 트럼프는 2016년 대선에서 내건 102개의 공약 중 약 25퍼센트를 완전히 이행했고, 23퍼센트가량은 부분적으로 타협했으며, 절반 이상인 54개는 지키지 못했다.[78] 이는 500개 이상의 공약 중 절반을 지키고 나머지를 절충 또는 미이행했던 오바마에 비해 상대적으로 낮은 이행률로 평가된다. 그 결과 트럼프가 내세운 공약은 대담하고 과감했지만 실제 결과는 이에 못 미쳤다는 지적이 많다.

대표적인 실패 사례로 멕시코 국경장벽 건설이 거론된다. 멕시코가 건설 비용을 부담할 것이라고 했으나 실제로는 기존 장벽을 보강하는 정도에 그쳤고, 완공에도 이르지 못했다. 오바마케어를 폐지하고 대체하겠다는 공약 역시 상원 표결에서 필요한 표를 얻지 못해 실패했다.

반면 규제 완화와 감세 정책은 트럼프가 성공적으로 추진한 분야에 속한다. 행정명령을 활용해 새 규제 한 개당 기존 규제 두 개를 철폐하도록 지시했으며, 2017년 감세법으로 다수 납세자의 세금을 줄이는 데 성공했다. 하지만 법인세율을 21퍼센트로 낮추는 데 그쳐 당초 목표했던 15퍼센트에는 미치지 못했다.[79] 일부 감세 조항은 2025년 이후 만료되므로 중산층 가정의 세금은 다시 오를 가능성이 높다.

> **Fact-checking** 트럼프 이전에도 원래 장벽이 있었다?
>
> 미국과 멕시코 국경 지대에는 트럼프 이전에도 이미 울타리나 장벽이 일부 존재했다. 2006년에 제정된 '안전울타리법'Secure Fence Act을 통해 특정 구간에 장벽을 건설하거나 보강했고, 이후 오바마 행정부 등 다른 정부에서도 구간별 장벽을 보수 또는 보강하는 작업을 진행했다.[80] 트럼프 행정부가 새로 건설한 구간도 있지만, 실제로는 기존 장벽을 더욱 높이거나 견고하게 바꾸는 공사가 큰 비중을 차지한다. '국경 전체에 완전히 새 장벽을 건설한다'는 트럼프의 공약과 달리 실질적으로는 기존 장벽 보강이 주류를 이루었다고 볼 수 있다.

무역 분야에서는 환태평양경제동반자협정에서 탈퇴하고 북미자유무역협정North American Free Trade Agreement, NAFTA을 재협상해 이전 공화당 정권의 기조를 뒤엎는 데 성공했다. 이는 자신의 정치적 기조와 지지층의 경제적 불만을 반영한 것이다. 그는 2016년 대선 기간에는 미국의 기존 무역 정책이 미국 노동자들에게 피해를 준다고 주장하며, 보호무역주의와 '미국 우선주의'를 핵심 슬로건으로 내세웠다.

트럼프는 환태평양경제동반자협정을 나쁜 협정으로 간주했고 여기서 탈퇴했다. 중국의 경제적 영향력을 견제하려는 원래 목적과 달리, 미국의 주권을 약화시키고 미국 노동자들의 일자리를 해외로 이전하게 만들었다고 생각했기 때문이다. 그는 다자간 무역협정보다는 미국에 더 유리한 조건을 끌어낼 수 있는 양자협정을 선호한다고 강조했다.

북미자유무역협정 재협상은 유사한 맥락에서 이루어졌다. 트럼프는 북미자유무역협정을 '최악의 무역협정'이라고 비판하며, 이 협정 때문에 미국의 제조업 일자리를 멕시코에 빼앗겼다고 주장했다. 그는 재협상을 통해 더 나은 조건의 협정을 체결하겠다고 약속했고, 결국 미국-멕시코-캐나다 협정 United States–Mexico–Canada Agreement, USMCA 으로 대체했다.[81]

이 새로운 협정을 맺으며 자동차 제조에 필요한 더 많은 부품을 미국에서 생산하도록 요구했다. 그리고 멕시코의 노동 조건을 개선하도록 규정하는 등 기존 북미자유무역협정보다 미국 노동자들에게 유리한 조건을 포함시켰다. 결국 트럼프의 이러한 결정은 자신의 대선 공약을 이행하고 지지층의 요구에 부응하려는 정치적 의도에서 비롯된 행동이라 볼 수 있다.

국방 분야는 예산을 크게 늘렸으나 병력 확충, 군용 함정·전투기 확보 같은 구체적인 목표와 관련해서는 만족스럽지 못한 결과를 냈다. 경제적 성과도 부진했다. 코로나19 이전에는 저실업률을 기록했지만, 제조업 일자리 확대 등 애초 공약했던 '획기적인 부흥'은 달성하지 못했고 연 4퍼센트 경제 성장 역시 이루지 못했다.

2024년 3월, 트럼프는 "내가 당선되지 않으면 이 나라는 피바다가 될 것이다."라며 종말론적 경고를 한 적이 있다.[82] 그의 경고가 현실이 되지 않게 하려고 신이 그의 생명을 구해주신 것인지도 모르겠다.

하버드대학교 조지프 나이 교수와의 대화가 미국 내부의 시각에서 트럼프 2기를 진단한 것이라면, 호주의 저명한 외교관이자 전 주미대사였던 존 매카시John McCarthy는 한국과 같은 미국 동맹국의 관점에서 트럼프의 외교정책이 어떤 방향으로 전개될지 분석했다. 특히 매카시는 트럼프 2기 행정부의 외교정책이 세 가지 큰 경향성을 중심으로 전개될 것이라고 전망했다.[83]

첫째는 트럼프 대통령 개인의 본능에 기반한 '트럼프 경향'이다. 그는 즉각적이고 가시적인 성과를 우선시하며 미국의 전통적 가치나 장기적·전략적 이익은 부차적으로 여긴다. 이 경향의 지지자들은 '고립주의자'로 불리는데, 여기서 고립주의란 미국이 직접적 이해관계가 없는 국제 분쟁에 개입하는 것을 꺼리고 특히 유럽과의 동맹 관계를 의심스러워하는 태도를 의미한다.

둘째는 '루비오 경향'으로, 이는 국무장관으로 지명된 마코 루비오와 국가안보보좌관으로 지명된 마이크 왈츠의 입장을 반영한다. 이들은 우크라이나 지원 규모에 의문을 제기하고 유럽이 NATO에 더 많은 비용을 부담해야 한다고 주장한다. 그러면서도 우크라이나나 NATO와의 관계를 완전히 단절하지는 않으려 한다. 중국과 이란에 대해서는 강경하며 이스라엘을 전폭적으로 지지한다.

셋째는 '매코널 경향'으로, 전통적인 보수 공화당의 국제정책 노선을 따른다. 미국의 군사력을 바탕으로 한 세계적 패권과 동맹 체제 지원을 강조한다.

매카시의 분석에 따르면, 현재 대부분의 미국 동맹국은 트럼프 경향에 대해 심각한 우려를 표하고 있다. 루비오 경향 역시 문제가 될 수 있다. 특히 대만 문제에서 매파적 입장을 보이는 데다 중동에서 바이든보다 이스라엘을 더 강하게 지지할 것으로 예상되기 때문이다. 반면 매코널 경향은 대부분의 동맹국이 수용할 수 있는 익숙한 정책 틀을 제공한다.

하지만 매카시는 트럼프 2기 행정부에서는 트럼프와 루비오 경향이 지배적일 것으로 예측했다. 특히 우려되는 점은 트럼프 1기와 달리 이번에는 러시아-우크라이나 전쟁과 이스라엘-팔레스타인 분쟁이라는 복잡한 국제 위기가 존재한다는 점이다. 만약 러시아-우크라이나 전쟁 종식을 위한 미국의 압박이 러시아에 유리한 방향으로 흐르거나, NATO와의 협상이 잘못된 방향으로 전개된다면 어떻게 될까? 그렇게 된다면 중국은 서방의 전략적 취약점을 포착할 것이며 이는 아시아에도 영향을 미칠 것이라고 그는 경고한다.

매카시의 분석은 나이 교수가 지적한 '예측 불가능성'이 실제로 어떤 형태로 구현될 수 있는지를 보여준다. 또한 앞으로 살펴볼 '준비된 트럼프'의 모습과도 맥을 같이한다.

'좌충우돌 트럼프'에서
'준비된 트럼프'로?

아마도 트럼프 1기와 2기의 가장 큰 차이점은 준비와 경험에 있을 것이다. 트럼프 1기의 경우 트럼프 본인조차 당선을 예상하지 못했고 '어쩌다 대통령'이 되어 좌충우돌하는 모습을 보였다. 제한된 정치 경험을 바탕으로 취임해 워싱턴 정치를 헤쳐나가는 데 익숙지 않았기에 상당한 학습 곡선을 겪어야 했다.

반면 2기는 다르다. 이전의 백악관 경험, 더 조직화된 지지자 그룹과 자문 네트워크, 그리고 준비된 행정명령과 정책 문서 덕분에 준비가 잘되어 있다. 이는 두 가지 중요한 함의를 갖는다. 첫째, 정책 집행 속도가 빨라질 것이다. 둘째, 여론을 더 잘 다룰 것이다. '능숙한 포퓰리즘' 대통령으로서 그의 여러 잘못이 유권자들의 눈에 오히려 긍정적으로 비칠 수 있다. 이러한 변화는 동맹 관계에서도 드러날 것이다. 1기에서는 트럼프의 부당한 요구를 동맹국들이 지적했다. 하지만 2기의 트럼프는 국내 여론의 지지를 등에 업고 동맹들을 더 강하게 압박하면서 코너로 몰아세울 가능성이 높다.

정책적 측면에서도 차이가 있다. 1기에서는 감세 및 일자리법을 통한 세제 개혁과 오바마케어 폐지 시도가 주요했다. 2017년 12월에 제정된 감세 및 일자리법은 개인과 기업의 세율을 낮추고 법인세율을 35퍼센트에서 21퍼센트로 인하하는 등 광범위한 변화를 가져왔다. 반대로 오바마케어는 비용 문제와 정부의 과도한 개입을 이유로 폐지를 주장했다.

트럼프 2기에서는 이전의 감세 정책을 더욱 확대해 일부 국내 기업의 법인세율을 15퍼센트까지 낮추는 것을 목표로 하고 있다. 또한 바이든 행정부의 환경 및 사회 정책을 되돌리고 인플레이션 감축법의 남은 자금을 취소할 것을 공약으로 내걸었다. 특히 행정권 측면에서의 변화가 예상된다. 1기에서 겪었던 내부 갈등과 통제의 어려움을 극복하고자 주요 직책을 충성파들로 채우고 행정명령을 통해 더 강력한 권한을 행사할 것으로 보인다.

이러한 국내 정책 기조는 트럼프의 1기 외교정책에서도 엿볼 수 있다. 트럼프의 첫 임기 외교정책은 환태평양경제동반자협정과 파리기후협정 탈퇴, 관세 부과를 통한 무역 분쟁 촉발, 북한과의 외교관계 구축 시도로 특징지어졌다. 주요 성과로는 국방비 증액과 아브라함 협정을 통한 이스라엘-아랍 국가 간 관계 정상화를 들 수 있다. 그러나 그의 예측 불가능한 리더십은 상당한 '혼란 비용'을 초래했다.

1기의 내부 운영에서는 짐 매티스Jim Mattis, H.R. 맥매스터Herbert Raymond McMaster 등 주요 인사들과의 갈등이 두드러졌다. 사법부 측면에서는 닐 고서치Neil Gorsuch, 브렛 캐버노Brett Kavanaugh, 에이미 코니 배럿Amy Coney Barrett 등 트럼프에 우호적인 보수 성향의 대법관 세 명을 임명하는 성과를 거두었다. 의회와의 관계에서는 일부 온건한 공화당원들의 반대로 주요 법안 통과에 어려움을 겪었다.

트럼프 2기에서는 더욱 강경한 '미국 우선' 정책을 펼칠 것으로 예상된다. 미국이 국내 생산을 우선시하면서 한국을 비롯해 미국에 자동차 등을 수출하는 국가들이 더 높은 관세 압력에 직면할 위험이 있다. 이에 따라 미국 현지에 공장을 세워야 한다는 결정에 대한 압력이 더욱 커질 것이다. 이러한 정책은 트럼프가 취임하자마자 강력히 추진한 파리기후협정에서의 재탈퇴와 같은 일련의 정책 변화로 나타났다.

파리기후협정 재탈퇴는 '미국 우선' 정책의 일환이다. 이는 국제적인 규제나 약속보다 미국의 경제적 이익을 우선시하려는 트럼프의 의지를 보여준다. 즉 파리협정 재탈퇴는 글로벌 규제에서 미국 산업을 보호하려는 의도에서 비롯된 것으로, 미국 내 생산을 촉진하려는 정책과 일맥상통한다. 미국은 글로벌 경쟁에서 미국 산업을 보호하고, 외부의 경제적 압박에서 벗어나 자국 내 경제 성장을 도모하는 방향으로 나아가고 있다.

특히 무역 정책에서는 중국산 제품에 대한 고율의 관세와 전반적인 수입 관세 부과가 이어지고 있다. 예를 들어, 트럼프 행정부는 2025년 2월 4일부터 모든 중국산 제품에 대해 10퍼센트의 추가 관세를 부과한다고 발표했다. 이와 함께 리튬이온 배터리, 광물, 부품 등에 대해서도 25퍼센트의 추가 관세가 적용된다.

그러나 트럼프 행정부가 생각하기에는 이러한 조치가 충분하지 않았던 것 같다. 27일, 추가로 10퍼센트의 관세가 더 부과될 것이라고 발표했다. 여기서 중요한 점은 최근 몇 년 동안 미국이 취하고 있는 중국에 대한 전반적인 관세 부과 정책이다. 트럼프가 2025년 취임 후 중국에 더 강도 높은 관세 정책을 내놓기 이전에, 이미 바이든 행정부는 꾸준히 중국에 대한 관세 강도를 높여왔다. 2024년 5월, 바이든은 중국산 전기차의 관세를 기존 25퍼센트에서 100퍼센트로 대폭 인상했다. 그리고 태양전지에는 50퍼센트, 철강 및 알루미늄과 전기차용 배터리에는 각각 25퍼센트로 인상한 관세를 적용한다고 발표했다. 또한 반도체의 경우 기존의 관세 25퍼센트에서 2025년까지 50퍼센트로 인상할 것이라고 했다.

즉 트럼프뿐만 아니라 바이든 역시 중국을 '조이는' 도구로 관세를 사용해왔으며 점점 그 강도를 높여왔다. 이런 식의 정책 변화는 트럼프 행정부만이 아니라 공화당 정부, 민주당 정부 상관없이 큰 틀에서 일관된 방향성을 갖고 실시되고 있다.

이러한 관세 인상이 미국 경제에 미칠 영향에 대한 우려가 커지는 상황이다. 미국 정부는 중국의 불공정 무역 관행, 기술 탈취, 국가안보 위협 등을 이유로 관세를 인상한다고 설명했다. 이는 미국 내 제조업을 강화하고 공급망을 다변화하며, 중국에 대한 의존도를 낮추기 위한 전략의 일환이다.

그러나 이러한 조치가 미중 무역 관계에 어떤 영향을 미칠지는 불확실하다. 나아가 글로벌 공급망에도 영향을 미칠 가능성이 있다. 더욱이 미국 소비자들에게는 상당한 부담이 될 것이다. 왜냐하면 관세는 중국 제품을 미국으로 수입하는 미국 업체들이 미국 정부에 내는 세금이다. 미국 업체는 높아진 관세로 인한 추가 비용을 미국 소비자에게 전가할 것이기 때문이다. 결국 미국 소비자는 같은 물건을 이전보다 더 높은 가격에 사야 하는 구조가 된다.

터프츠대학교 플레처 스쿨The Fletcher School of Law and Diplomacy 국제정치경제학 교수인 대니얼 드레즈너Daniel W. Drezner는 트럼프가 관세를 만병통치약처럼 여긴다고 지적했다.[84] 이는 교역 상대국들의 보복과 인플레이션, 경제 혼란을 초래할 수 있다. 관세가 결코 만병통치약은 아니란 뜻이다.

인사 정책에서는 로버트 오브라이언Robert O'Brien이나 마이크 폼페이오 등 트럼프 1기에서 상당한 존재감을 보였던 주류 공화당 인사들이 합류할 것이라는 예측이 있었다. 하지만 이 예측은 보기 좋게 빗나갔으며 충성파 중심의 인사 구성이 진행되고 있다. 특히 '스케줄 F'(연방 공무원을 재분류하여 해고 및 고용을 더 쉽게 만드는 것) 시행으로 정부 기관의 경력 외교정책 전문가들이 대거 교체될 가능성이 있다. 이는 트럼프의 이민, 무역, 동맹에 대한 강경한 견해를 더욱 강화할 것으로 보인다.

2기 트럼프 행정부는 더욱 보수화된 연방 사법부와 통합된 공화당의 지지를 바탕으로 할 것이며 1기보다 더 과감한 정책 추진이 가능할 것으로 예상된다. 드레즈너 교수는 트럼프를 '예측 가능한 광인'으로 표현했다. 또한 트럼프의 '광인 이론'을 기반으로 한 협상 방식이 미국 외교정책에 상당한 위험을 초래할 수 있다고 경고했다.[85]

이러한 위험성은 특히 동맹 관계에서 두드러지게 나타날 것으로 보인다. 전통적 동맹에 대한 트럼프의 접근 방식은 상당한 우려를 낳고 있다. 일부 아시아와 중동 동맹국들은 인권 등을 강조하는 바이든보다 트럼프의 거래적 접근을 선호할 수 있으나, 이는 장기적 안보 협정을 약화시킬 위험이 있다. 미국 외교정책 및 국방전략 전문가로, 현재 미국기업연구소American Enterprise Institute, AEI의 외교 및 국방정책 프로그램 디렉터를 맡고 있는 코리 섀크Kori Schake는 이렇게 말한다. "더 나은 억제는 동맹국이 미국의 신뢰성을 시험하지 않도록 방지하는 것이다."[86] 이런 의견을 표하면서 그는 동맹 관리의 섬세한 균형을 강조한다. 특히 폴란드나 한국처럼 즉각적 안보 위협에 직면한 국가들은 미국의 지원을 유지하는 조건으로 양보를 강요받을 수 있다. 그러한 강요를 자주 받으면 동맹 관계에 변화가 일어날 수 있음을 섀크가 점잖게 지적한 것이다.

우크라이나 정책에서는 공화당 내 회의론으로 인한 지원 감소 가능성이 제기되는 상황이다. 중동에서는 가자와 요르단강 서안에서의 이스라엘 행동에 더 관대한 입장을 보이고 있다. 반면 이란과 후티Houthi 같은 대리 세력에 대해서는 강경책을 취할 것으로 예상된다.

중국 정책은 모순된 양상을 보일 수 있다. 관세를 통한 경제적 압박을 유지하면서도 시진핑과의 모종의 거래를 모색할 가능성이 높다. 그러나 드레즈너는 트럼프의 예측 불가능성이 미국과 중국의 궁극적으로 의미 있는 합의 도출을 어렵게 할 것이라고 예상한다. 이는 흥미로운 지적이다. 사실 중국 내부에서는 미중 관계 안정화를 위해 트럼프와 모종의 '거래'를 희망하는데, 한편에선 트럼프를 과연 신뢰할 수 있는가 하는 문제가 대두될 수 있다는 점이다. 국제사회에서 미국의 '신뢰성' 문제가 진지하게 제기되고 있으며, 그런 세상에 우리가 살고 있다.

미국-멕시코 관계에서는 공격적인 이민 정책과 마약 카르텔에 대한 군사 행동 가능성이 양국 협력을 저해할 수 있다. 드레즈너는 "트럼프는 고립주의자가 아닌 중상주의자이며, 폭격하고 싶어 하는 나라가 모두 라틴아메리카에 있다."라며 날카롭게 지적했다.

내부적으로는 군사 및 정보기관의 정치화 가능성이 우려된다. '깨어 있는 장군들'(woke generals, 군대 내 진보적 성향의 장성들을 일컫는 표현)을 해고하고 군대 내 개인적 충성심을 강조하는 정책은 민군 관계를 약화시키는 요인이 된다. 또한 임명자에 대한 전통적 배경 심사 절차 폐지는 부패와 외국 영향력의 위험을 높일 수 있다.

샤크는 트럼프의 두 번째 임기가 미국의 글로벌 리더십을 약화시킬 수 있음을 우려했다. 그러나 미국 정치체제의 회복력을 근거로 조심스러운 낙관론도 함께 제시했다. 결국 트럼프 2기의 외교정책은 인사 결정, 국제적 반응, 국내 정치적 제약 등에 따라 달라질 것이며, 충성스러운 팀과 비전통적 스타일의 조합은 상당한 변화를 초래할 수 있다.

'루빅스 큐브'가 된 미국 외교: 트럼프의 파격 인사와 체제 재편

이러한 맥락에서 트럼프 2기 행정부의 인사 구성은 특히 주목할 만하다. 미국 외교협회의 짐 린지가 진행하는 프레지던츠 인박스 President's Inbox 팟캐스트에서 미국외교협회 Council on Foreign Relations 선임연구원 크리스토퍼 터틀 Christopher M. Tuttle 은 심도 있는 분석을 제공했다. 터틀은 트럼프 2기의 특징으로 대통령의 '직접적이고 개인적인 외교정책 스타일'을 꼽았다.

"트럼프는 자신의 외교정책을 스스로 결정할 것이다. 참모들이 정책 방향에 대해 조언할 수도 있겠지만, 결국 외교정책은 도널드 트럼프라는 주요 결정자로 직접 연결될 것이다."라고 설명했다.[87] 이는 전통적 외교 채널을 재정의할 수 있는 독특한 리더십 스타일을 시사한다. 쉽게 말하면 트럼프 마음대로 할 것이라는 뜻이다.

예상되는 국가안보팀은 소위 '전향자들'로 구성될 것으로 보인다. 터틀은 마이크 왈츠를 예로 들었다. 그는 30년 가까이 특수부대에서 복무하며 이라크와 아프가니스탄에서 중요한 역할을 수행한 인물이다. 왈츠는 군 복무 경험을 통해 아프가니스탄의 지정학적 중요성을 절감하며, 미군이 철수해서는 안 된다는 입장을 갖고 있었다. 그러나 트럼프 팀에 합류하면서 그의 견해는 반대 방향으로 '전향'되었다.

다시 말해 본인의 소신과 완전히 일치하지 않지만 트럼프 행정부에서 일하게 되면서 트럼프의 입장과 '코드'를 맞추는 인사 중 하나가 된 것이다. 이러한 사례는 적지 않다. 미국 정부에서 장관급 이상의 고위직에 임명되는 것은 결코 쉬운 일이 아니다. 그저 발탁된 것만으로도 감사히 여긴다. 특히 트럼프 행정부의 인사들은 전통적인 워싱턴 관료의 프로파일에 맞지 않는 비주류 인사가 많다. 이들은 트럼프 행정부가 아니었다면 미국 정부에서 고위직에 오를 가능성이 낮았을 것이다.

폭스뉴스 간판 앵커 출신의 국방장관 지명자인 피트 헤그세스Pete Hegseth는 전향이 필요 없는 경우다. 트럼프와 여러 면에서 생각이 비슷하기 때문이다. 그는 현 미군의 상태를 비판적으로 검토했으며 이를 자신의 책《전사들에 대한 전쟁》The War on Warriors에 담았다. 헤그세스는 20년 전 자신이 입대했을 당시 군대가 치명성, 능력, 능력 위주의 '색맹성'에 초점을 맞추고 있었던 것과 달리 현재는 문화적 혼란에 빠져 약점이 강화되는 길을 따르고 있음을 비판한다.

헤그세스는 다음과 같은 개혁안을 제시한다.[88]

- 퇴역 장성의 방위산업체 취업 10년 금지
- 균일한 군대 기준 재확립
- 관료주의 축소
- 군대 윤리 강령 업데이트
- 장군 진급 과정 강화

그는 특히 현재 군 지도부가 병사들의 복지보다 이념적 일치와 미디어 엘리트주의를 우선시한다고 비판한다. 더불어 진보 세력이 전투 준비 태세와 전통적 군대 가치보다 사회 정의와 정체성 정치를 앞세우는 점을 우려한다. 이러한 헤그세스의 관점은 트럼프 2기 국방정책의 한 단면을 보여준다고 할 수 있다.

마코 루비오와 같은 후보자들의 역할은 아직 불확실한 상태다. 터틀은 "루비오가 렉스 틸러슨처럼 트럼프와 소통이 거의 없는 인물이 될 수도 있고, 마이크 폼페이오처럼 신뢰받는 참모가 될 수도 있다."고 분석했다. 이 분석은 트럼프의 변덕스러운 리더십 스타일과 행정부 내 역할 조율의 어려움을 그대로 보여준다.

적어도 현재까지의 초기 관찰로 보자면, 루비오는 트럼프의 신임을 얻기 위해 몸을 한껏 낮추는 모습이다. 발언이나 연설을 하면서도 공을 트럼프에게 돌린다. 예를 들어, 우크라이나-러시아 종전 협상과 관련해 기자의 질문을 받고는 "트럼프 대통령만이 우크라이나에 평화를 가져다줄 수 있는 유일한 리더다."라고 강조했다.[89]

트럼프의 인사 전략은 독특한 특징을 보인다. 터틀에 따르면 "트럼프는 자신의 관점에서 직무를 수행할 수 있으면서도 기존 시스템에 얽매이지 않고, 이를 해체하고 재구축할 수 있는 인물들을 찾고 있다."고 한다. 이러한 접근은 정보기관 후보자 선정에서도 드러난다. 예를 들어 앞서 소개한 털시 개버드는 정보기관 개혁을 위한 '변화의 주체'로 여겨진다. 터틀은 "트럼프가 개버드를 정보기관에 변화를 가져올 인물로 보고 있으며, 정보기관 내에서 논란이 되는 그녀의 평판을 오히려 긍정적으로 평가한다."라고 설명했다. 개버드는 정보기관의 전통을 살릴 사람이기보다는 정보기관을 뜯어고쳐 개조할 사람이다.

터틀은 트럼프 2기가 직면한 국제 정세의 복잡성을 색상이 다른 여섯 개의 면을 회전시켜 원래의 색 배열로 복원하는 퍼즐 장난감 루빅스 큐브 Rubik's Cube에 비유했다.**90** 한쪽 면을 맞추려 하면 다른 모든 면이 뒤흔들리는 것처럼 하나의 전략적 움직임이 예측할 수 없는 연쇄 반응을 일으킬 수 있다는 것이다. 이는 트럼프 2기 외교정책이 직면할 수 있는 복잡한 도전을 잘 보여주는 비유다.

이러한 국제적 복잡성에도 불구하고, 미국 국내 정치는 상대적으로 단순한 권력 구도를 보여준다. 터틀은 공화당 내 정치적 역학에 주목했다. "공화당 상원의원들은 트럼프가 자신들의 예비선거 캠페인에 영향을 미칠 강력한 권한을 가졌다는 것을 잘 알고 있다."고 설명했다. 이러한 트럼프의 정치적 영향력은 비전통적 인사들의 인준을 용이하게 하고, 국가안보 및 외교 구조의 급진적 재편을 가능케 할 것으로 보인다.

복잡다단한 인수인계

트럼프는 1월 20일 취임식을 했지만 그렇다고 해서 행정부 진용이 다 갖춰진 것은 아니다. 현재 백악관의 많은 사무실은 집기도 다 갖춰지지 않은 상태이며, 인수인계도 그다지 순조롭게 진행되고 있지 않다고 한다. 이는 승객이 다 타지도 않았는데 시간이 됐다는 이유로 출발하는 버스와 같다. 미국 행정부 교체에 따른 혼란은 미국 정치의 오랜 특징이다. 전 국가안보보좌관 스티븐 해들리Stephen Hadley는 포드 행정부에서 카터 행정부로의 극적인 인수인계 경험을 생생하게 들려준다.

"포드 행정부 마지막 날 사무실을 떠날 때는 기밀문서로 가득 찬 파일 캐비닛이 있었습니다. 그런데 카터 행정부 첫날 돌아와 보니 그 모든 문서가 사라져 있었습니다."[91]

이처럼 혼란스러운 인수인계는 절차가 개선된 오늘날까지도 계속되고 있다. 바뀌는 인사의 규모도 혼란의 이유 중 하나다. 예를 들어 부처의 경우 장관 한 명과 수행원 한두 명이 바뀌는 정도가 아니라 완전히 새 팀이 들어온다. 당연히 혼란스러울 수밖에 없다.

해들리는 "유럽 국가의 경우 새 국방부 장관이 한두 명의 측근만 데려오지만, 미국은 완전히 다른 체계다."라고 설명한다. 미국에서는 장관, 차관, 부차관, 보좌관까지 정부의 여러 계층이 동시에 교체된다. 흥미로운 점은 전임 정부의 사람 다수가 내심 자기 자리는 보전될 것이라고 기대한다는 것이다. 하지만 이런 기대는 매번 보기 좋게 빗나가곤 한다.

새 행정부의 야심 찬 포부에 대해 해들리는 흥미로운 통찰을 제공한다. "선거에서 승리하면 아드레날린이 솟구치면서 백지 상태에서 모든 역사를 새롭게 쓸 것처럼 느껴지죠. 전임 행정부가 했던 모든 것이 잘못되었다고 생각하고, 우리가 제대로 보여주겠다고 믿는 거죠."

보안 심사는 또 다른 도전이다. 새 임명자들의 신원조회에 시간이 걸리다 보니, 백악관은 일부 인사들만으로 업무를 시작해야 한다. 더구나 각 부처 인사들은 보안 승인과 상원 인준을 모두 받아야 해서 해들리의 표현대로 초기 부처 간 회의에서는 '일정 수준의 불균형'이 불가피하다.

이러한 행정부 구성의 어려움은 실제 통치 과정에서 더욱 심해진다. 해들리는 정치 캠페인의 공약과 실제 통치의 차이를 생생하게 설명한다. 정책 '우선순위'는 예상치 못한 일이 발생해 전국 신문 1면을 장식하고, 언론과 대중의 관심이 집중되면서 낮은 우선순위가 갑자기 높은 우선순위로 바뀌기도 한다.

이러한 예측 불가능성은 2001년 부시 행정부 출범 직후 발생한 EP-3 사건에서 극적으로 드러났다. 4월 1일, 미 해군 EP-3 정찰기가 중국 하이난섬海南島 인근 상공에서 중국 전투기와 충돌했다.[92] 중국 전투기는 추락했고 중국 측 비행사는 사망했다. 미군 정찰기는 하이난섬에 비상착륙했다. 이 사고로 24명의 미군 승무원이 11일간 중국에 억류되는 외교적 위기가 발생했다.

이 위기 상황에서 부시 행정부는 심각한 소통의 문제에 직면했다. 해들리는 당시 "중국 국가주석과 직접 연락할 수 있는 라인이 없었고, 아프리카 순방 중이던 주석의 위치를 파악하는 데만 며칠이 걸렸다."고 회상했다. 신생 행정부의 준비 부족은 결국 위기 대응을 위한 외교적 인프라 개선의 계기가 되었고, 이후 행정부들에도 중요한 교훈이 되었다.

국가안보보좌관의 미묘한 역할은 부시 대통령과의 일화에서 잘 드러난다. "부처 간 회의 후 부시 대통령은 집무실로 돌아오며 '흥미로운 회의였군. 당신 생각은 어떤가?'라고 묻곤 했어요. 그 순간 집무실의 사적인 공간에서 비밀스러운 조언을 제공했습니다."

해들리는 이 역할의 핵심을 다음과 같이 정리한다. 첫째, 국가안보보좌관으로서 가장 중요한 것은 대통령의 신뢰를 유지하는 것이다. 둘째, 부처 간 국가안보 주요 동료들의 신뢰를 유지하는 것이며, 투명성은 그 과정의 핵심이다. 이런 역할은 인수인계 기간에 특히 중요하며, 기존 팀과 새 팀 모두의 신뢰를 유지하면서 업무의 원활한 인계를 보장해야 한다.

이러한 신뢰 관계 구축은 단기간에 끝나지 않는다. 해들리는 대통령직 인수인계가 취임일 이후에도 계속됨을 강조했다. 인수인계는 1월 20일에 끝나는 것이 아니라, 전임 직원과 신임 직원 간에 관계를 구축해 한 달, 두 달, 혹은 세 달 후에도 전화를 걸어 이전의 담당자와 연락할 수 있어야 한다는 것이다. 이러한 지속적 관계는 국가안보의 연속성을 보장한다.

부시 행정부에서 오바마 행정부로의 인수인계는 모범 사례로 꼽힌다. 해들리 팀은 국가안보와 외교정책의 40가지 주요 사안에 대해 포괄적인 브리핑 메모를 준비했다. 문제점, 전략, 성과, 남은 과제, 향후 도전 과제를 체계적으로 정리했고, 이는 전임-신임 직원 간의 대면 회의로 보완되었다. 인수인계 기간의 외교관계 관리는 특별한 주의를 요한다. 신임 행정부가 외국 지도자들과 관계를 구축하기 시작하는 과정에서 현직 대통령의 권위를 약화시키지 않도록 신중하게 행동해야 한다. 해들리는 오바마 팀과 외국 관료들 간의 접촉에 대해 투명성을 유지하고 적절한 외교 관례를 따랐다고 설명했다.

기밀 정보 처리도 특별한 도전이다. 대통령 기록은 국립문서보관소로 이관되어야 하며 동시에 신임 팀이 필수적인 운영 정보를 이용할 수 있어야 한다. 이것이 가능하려면 세 기관 사이의 세심한 조율이 필요하다.

해들리는 성공적인 인수인계의 세 가지 핵심 요소를 다음과 같이 제시한다.

- 전임 행정부의 모든 정책을 무조건 폐기하려는 유혹 극복
- 과정 전반에서 투명성과 선의의 협력 유지
- 전환기의 취약성을 노리는 적대 세력에 대한 경계

특히 2025년 미국 정권교체와 관련해 해들리는, 성공적인 인수인계가 결국 양측의 민주적 과정과 국가 이익에 대한 헌신에 달려 있음을 강조한다. 그의 통찰은 국가안보 인수인계의 복잡성과 함께 미국 외교정책에서 변화와 연속성 간의 미묘한 균형을 보여준다.

PART 4

THE FUTURE OF GLOBAL POWER

새로운
글로벌 질서와
지각변동

지금까지 살펴본 것처럼 트럼프 2기 행정부의 외교정책은 전통적 접근 방식에서 크게 벗어날 것으로 전망된다. 하지만 흔히 쓰이는 '고립주의자'라는 평가는 적절하지 않다. 오히려 트럼프의 정책은 더욱 복잡하고 다면적인 양상을 보일 것으로 예상된다. 군사 전문가 마이크 왈츠부터 논란의 중심에 있는 털시 개버드까지, 거론되는 외교안보팀 후보자들의 면면은 트럼프의 비정통적 성향을 여실히 보여준다. 특히 정보기관 인사들은 기존 관료 구조에 대한 강한 회의론과 급진적 개혁 의지를 드러내고 있다.

트럼프 2기 행정부의 외교정책은 세 가지 핵심축을 중심으로 전개될 것으로 보인다. 첫째는 경제적 영향력의 강화다. 이는 무역 정책과 관세를 통해 구체화될 것이다. 둘째는 이스라엘에 대한 전폭적 지원이다. 셋째는 중동 동맹 관계의 전면적 재편이다. 되도록 중동의 우환을 줄이고 우방국 숫자를 늘려서 중국 견제에 집중하려는 전략이다. 이런 흐름 속에서 '미국 우선주의' 기조는 이전보다 더욱 강경하고 일방적인 형태로 나타날 것으로 예상된다.

앞서 언급했듯이 트럼프 인사 정책에서 가장 두드러진 특징은 전문성보다 충성심을 우선시하는 경향이다. 이는 경력 외교관과 군사 전문가들의 영향력 감소로 이어질 것이며, 결과적으로 정책 결정 과정이 더욱 일방적이고 예측 불가능해질 수 있다. 국제관계의 주요 결정과 그 내용은 이러한 미국 관료사회 내부적 변화의 연장선에서 가시화될 것이다. 국제관계에서 다자간 협력보다 양자 관계를 중시하는 트럼프의 경향이 강화될 것이며, 이는 NATO나 G7 Group of Seven 과 같은 다자간 협의체의 영향력 약화로 이어질 수 있다. 이러한 정책 기조는 특히 중국, 러시아, EU와의 관계에서 뚜렷하게 나타날 것으로 보인다.

대중국 정책은 핵심 중의 핵심이다. 이를 위해 국제관계에서 '전열 정비'를 할 터인데, 중국에 대해 전례 없는 수준의 경제적 제재와 기술 견제가 예상된다. 또한 러시아-우크라이나 분쟁에서는 러시아에 대한 일정 수준의 양보를 통한 신속한 해결책을 모색할 것으로 예측된다. 그 대표적 예가 2025년 2월 18일 미국과 러시아 사이에 이루어진 전격적인 협상이다.

중국 견제를 위한 인도-태평양 전략은 지속될 것으로 예상된다. 이를 위한 동남아시아 국가들과의 안보 협력은 오히려 강화될 전망이다. 모든 길이 로마로 통하듯 트럼프 2기의 외교정책이 궁금할 때는 그것이 중국과 무슨 상관이 있는지를 살펴보는 것이 도움이 된다. 또 하나는 미국의 이익 확대를 위한 '팽창주의'의 민낯을 보게 될 것이란 점이다. 이는 '고립주의'와는 거리가 멀다.

트럼프 2기와 대만 정책

트럼프 2기 행정부의 대만 정책은 그의 첫 임기 동안의 경험을 통해 예측해볼 수 있다. 트럼프는 2016년 당선 직후 대만 총통과의 축하 통화로 중국과의 긴장을 고조시켰다. 하지만 이후 시진핑 국가주석과의 첫 정상회담에서 '하나의 중국' 정책을 재확인하며 한발 물러선 바 있다. 이는 대만 문제가 중국과의 협상에서 지렛대로 활용될 수 있다는 트럼프의 인식을 보여준다.

현재 트럼프는 대만에 대해 제한적인 언급만을 하고 있으며, 주로 방위비 분담금과 반도체 산업에서의 '불공정 거래'를 비판하는 데 초점을 맞추고 있다. 그의 예측 불가능한 협상 스타일은 중국을 견제하는 데 있어 전략적 모호성으로 작용할 수 있는 동시에 역내 안보 불확실성을 증가시킬 수도 있다.

그러나 트럼프가 세부 정책에 직접 관여하는 경우는 드물 것으로 예상된다. 첫 임기 때와 마찬가지로 실제 대만 정책은 그가 임명하는 국가안보팀의 성향에 따라 결정될 가능성이 높다. 이들의 구체적인 정책 방향은 인선이 마무리된 후에야 평가가 가능할 것이다. 대만 분야는 한반도 지정학과도 중요한 연관이 있으므로 미중 관계를 다루는 장에서 더 자세히 다루려 한다.

트럼프 2기와
유럽 정책

트럼프 2기 행정부의 유럽 정책은 상당한 변화와 도전을 가져올 것으로 전망된다. 이러한 변화를 전망하기 위해서는 다섯 가지 핵심 요소에 주목해야 한다. 첫째, 트럼프 진영은 스스로를 레이건의 후계자로 자처하지만 실제로는 정반대의 성향을 보인다. 레이건이 낙관주의적 국제주의자, 자유무역 지지자였던 것과 달리 트럼프 진영은 쇠퇴론자, 민족주의자, 보호무역주의자의 성향을 보이고 있다.

둘째, 트럼프의 외교정책 참모들이 국내 정책의 극단적 기조에서 외교관계를 분리하려 하지만, 국내의 혼란이 그들의 선택을 제약할 수 있다. 셋째, 공화당의 삼권(의회, 대통령, 법원) 장악 가능성에도 불구하고 국내외 정책 진영 간, 그리고 외교정책 내부의 다양한 학파(자제론자, 우선순위론자, 패권우선론자) 간 경쟁이 심화될 수 있다.

트럼프는 모든 국가의 수입품에 10~20퍼센트의 관세를 부과하겠다고 공약했으며 이는 EU 수출에 직접적인 영향을 미칠 것이다. EU도 이에 대한 보복 관세를 준비하고 있어 무역 갈등이 고조될 가능성이 높다.

안보 측면에서는 NATO에 대한 미국의 지원이 약화될 수 있다. 트럼프는 NATO 동맹국들의 국방비 지출 증가를 지속적으로 요구할 것이며, 이는 유럽 국가들이 자체 방위력 강화에 더 집중하게 만드는 요인으로 작용할 것이다. 특히 우크라이나 문제에 대해서는 트럼프가 러시아와의 협상을 통한 신속한 해결을 추진할 수 있다. 이런 이유로 EU의 입장과 충돌할 가능성을 배제할 수 없다.

기후 변화 정책에서도 벌써 큰 파장이 일고 있다. 앞서 언급했듯 트럼프는 파리기후협정에서 재차 탈퇴했으며, 이는 EU의 기후 정책 리더십에 대한 일종의 도전이다. 따라서 EU는 기후 변화 대응에 적극적인 다른 국가들과의 협력을 강화해야 할 것이다. 이런 점을 눈여겨봐야 하는 이유는 무엇일까? 유럽은 미국 중심에서 벗어난 '대안적 국제 질서'를 모색하고 있는데, 바로 이런 점들이 그 큰 흐름의 일부이기 때문이다.[93]

시진핑의 중국은 21세기 신중화주의 강대국의 야심으로 미국을 대체하는 대안적 국제 질서를 추구하고 있다. 이와 달리 유럽은 미국이 미덥지 못하기에 어쩔 수 없이 대안적 국제 질서를 모색해야 하는 국면에 처했다. 만약 미국이 우크라이나 종전 협상을 두고 거래적 관점에서 러시아와 '빅딜'을 해버릴 경우, 우크라이나는 궁지에 몰리게 된다. 이렇게 되면 지정학적으로 러시아의 위협에 직면한 유럽으로서는 안보적 관점에서 우크라이나 편에 서게 될 수밖에 없다. 그 결과 미국과 유럽의 관계는 더욱 냉랭해질 수 있다.

기술 분야에서도 미국과 유럽 간의 협력이 약화될 것으로 보인다. 트럼프는 미국-EU 무역기술위원회와 같은 양자 간 협력 채널을 축소할 것으로 예상된다. 이는 AI나 반도체 등 첨단기술 분야에서 양측의 정책 조율을 어렵게 만드는 요인이 된다.

그러나 이러한 상황이 역설적으로 유럽의 기술 자립을 촉진할 수도 있다. 특히 클라우드 컴퓨팅, AI 등 핵심 기술 분야에서 유럽 자체 솔루션 개발은 가속화될 것이다. 나아가 '글로벌 게이트웨이' Global Gateway 이니셔티브를 통한 제3국과의 디지털 협력도 확대될 전망이다.

글로벌 게이트웨이는 EU가 2021년 12월에 발표한 글로벌 인프라 투자 전략이다.[94] 그리고 2021년부터 2027년까지 최대 3,000억 유로를 투자해 디지털, 에너지, 교통 인프라를 확장하고 보건, 교육, 연구 시스템을 강화하는 것을 목표로 한다. 여기에는 인터넷 연결과 5G 인프라 구축, 재생 에너지 및 친환경 기술 개발, 철도·항만·도로 개선, 의료 서비스 및 교육 기회 확대 등이 포함된다. 특히 아프리카 지역에 1,500억 유로를 투자해 친환경 개발과 디지털 경제 성장, 지속 가능한 산업 발전을 지원할 예정이다. 이 과정에서 EU가 바탕에 둔 것은 민주적 가치, 투명성, 대등한 파트너십, 친환경·탄소중립 인프라, 지속 가능한 개발, 민간 투자 촉진이라는 원칙이다. 나아가 단순한 경제 개발이 아니라 장기적인 지속 가능성과 사회적 가치를 우선시하는 접근 방식을 취하고 있다.

'글로벌 게이트웨이'를 소개하는 이유는 이것이 중국의 '일대일로'에 대한 유럽판 대응책으로 평가되기 때문이다. EU가 투명성, 환경 기준, 인권 보호를 강조하는 반면 중국은 경제적 이익과 대출 기반의 인프라 건설을 우선시한다. 이에 따라 글로벌 게이트웨이는 개발도상국들에게 중국의 대출 중심 개발 모델이 아닌 지속 가능하고 신뢰할 수 있는 선택지를 제공하는 역할을 한다. 단순한 인프라 개발을 넘어 EU의 글로벌 영향력 강화 및 국제 협력 모델 구축이라는 전략적 목표를 지향하고 있다.

유럽의 '탈 미국' 고민은 중국에게는 기회가 된다. 중국은 미국과 유럽/NATO와의 동맹 관계를 이완시킬 수 있는 기회를 엿보고 있다. 하지만 중국의 권위적 정치체제는 유럽과의 관계를 강화할 수 있는 기회를 가로막는 가장 큰 장애물이 될 수 있다. 즉 유럽이 미국과 멀어진다고 해서 그것이 친중으로 연결되는 것은 아니라는 뜻이다. 그렇기 때문에 요즘 미국의 동맹들 사이에 미국도 중국도 아닌, '제3의 길' 모색이 화두로 자주 등장한 것은 유의미하다. 이는 꾸준한 추이 관찰이 필요한 사항이다.

한편 트럼프의 재집권은 유럽 내 극우 정당들을 강화시킬 수 있어 EU의 내부 결속에도 도전이 될 것이다. 특히 헝가리의 오르반(Viktor Orban) 총리와 같은 지도자들이 트럼프와의 관계를 활용해 EU 내에서 영향력을 확대하려 할 가능성이 있다.

이런 점들을 종합적으로 볼 때 트럼프의 '미국 우선주의' 정책은 EU에게 큰 도전이 될 것이다. 조지프 나이 교수가 한국을 비롯한 동아시아 국가보다 오히려 유럽 쪽이 트럼프발 불확실성에 직면할 위험이 크다고 우려한 것도 바로 이런 이유 때문이다. 중국 견제가 최우선 정책인 트럼프에게 중국과 근접한 아시아 우방 국가의 전략적 가치는 유럽보다 더 우선시된다는 의견도 있다. 미국이 중국을 견제하려면 일본과 한국이 필요하기 때문에 유럽을 홀대하는 것만큼 한국을 홀대하지는 않을 것이라는 시각이다.

NATO와의 관계에서 주목할 만한 점은 전 NATO 사무총장 옌스 스톨텐베르그Jens Stoltenberg가 트럼프의 동맹국 방위비 증액 요구를 지지하고 존중하는 방식으로 관계를 관리했고, 이것이 성공적이었다는 점이다. 새로운 사무총장 마르크 뤼터Mark Rutte가 과연 이러한 접근법을 유지할 수 있을지가 NATO의 미래에 중요한 변수가 될 것으로 보인다.

한편 트럼프의 '유럽 무시'는 EU가 더 강력하고 독립적인 글로벌 행위자로 발전할 수 있는 계기가 될 수도 있다. EU는 미국에 대한 의존도를 줄이고 다른 파트너들과의 관계를 다각화하는 제3의 길을 향해 나아갈 가능성이 높다.

트럼프 2기와
러시아, 우크라이나

이러한 미국의 정책 변화는 러시아와 우크라이나 관계에도 큰 영향을 미칠 것으로 보인다. 트럼프 2기 행정부의 대러시아 정책은 복잡하고 불확실한 양상을 보일 것으로 예상된다. 도널드 트럼프는 선거운동 기간에 "24시간 내에 전쟁을 종결하겠다."고 공언했다.[95] 그러나 최근 그는 우크라이나의 영토 보전을 강조하며 러시아가 신속히 전쟁을 종결하지 않을 경우 관세 및 추가 제재를 부과하겠다고 경고하는 등 러시아에 대한 화전양면전술和戰兩面戰術 압박 기조도 보여주었다.

블라디미르 푸틴 러시아 대통령 역시 트럼프와의 협상 가능성을 열어

두고 있다. 하지만 트럼프의 접근 방식은 러시아가 기대했던 것과는 다소 차이가 있을지도 모른다. 크렘린 The Kremlin 은 서방의 분열을 기대하고 있으나(그리고 나도 이 중요한 주제에 대해 앞서 언급했으나) 러시아의 뜻대로 되지 않을 개연성도 고려해야 한다. 더불어 트럼프의 신속한 전쟁 종결 의지는 오히려 러시아로서는 새로운 도전이 될 수 있다. 푸틴의 우크라이나 장악이라는 최대 목표는 어떠한 평화 협상 방안과도 양립하기 어렵기 때문이다. 크렘린도 트럼프의 당선이 반드시 러시아에 유리하게 작용할 것이라고 확신하지는 않는 듯하다. 그보다는 트럼프의 정책 변화에 대한 신중한 태도를 유지하며 대응 전략을 모색하고 있다.

트럼프 행정부는 종전 협상을 위한 외교적 조치도 준비 중이다. 그는 장성 출신인 키스 켈로그 Keith Kellogg 전 부통령 국가안보좌관을 러시아-우크라이나 전쟁 종결 문제 전담 특사로 임명했다. 이를 통해 보다 체계적인 협상 전략을 추진할 가능성이 있다. 이 글을 쓰는 현재 이 협상은 세간의 예상보다 서둘러 추진되고 있는데 그 추이는 꾸준한 관찰이 필요하다.

트럼프는 개인적으로 푸틴과의 관계를 강조하는 한편 '위대한 협상가' great dealmaker 라는 자신의 이미지를 중시한다. 이런 점을 고려할 때 러시아에 일방적으로 유리한 거래를 수용하기보다는 국제사회의 비판 여론을 의식해 조정된 접근 방식을 취할 가능성이 높다. 이는 미국 내 정치적 논란과 국제사회의 반응을 고려한 전략적 움직임으로 볼 수 있다.

러시아 정부는 이러한 트럼프의 태도 변화에 신중한 반응을 보이고 있다. 푸틴 대통령은 트럼프의 당선을 축하하면서도 미국을 여전히 '적대적인 국가' hostile state 로 규정한다. 크렘린 대변인 드미트리 페스코프 Dmitry

Peskov 역시 미국을 두고 '우리 국가와 직간접적으로 전쟁 중인 적대적 국가'라고 강조했다. 러시아 외무부는 성명을 통해 트럼프나 공화당에 대해 "환상을 갖고 있지 않다."라고 밝혔다.[96] 러시아가 이처럼 신중한 태도를 취하는 것은 2016년 트럼프 당선 당시, 기대했던 관계 개선이 실현되지 않았던 경험이 있기 때문이다. 이에 더해 트럼프의 예측 불가능한 성향을 고려한 전략적 계산에 따른 대응이라 볼 수 있다.

우크라이나의 반응 또한 복합적이다. 젤렌스키 우크라이나 대통령은 트럼프와의 '생산적인 논의'를 언급하며 전쟁의 조기 종결 가능성에 대해 긍정적인 입장을 보였다. 그러나 우크라이나 내부에서는 우려의 목소리도 존재한다. 트럼프 행정부가 종전 협상을 추진할 경우 러시아에 유리한 조건이 강요될 수 있다는 것이다. 특히 트럼프가 미국의 이익에 부합하지 않는다고 판단할 경우 우크라이나에 대한 지원을 축소할 가능성이 있으며 이는 전황에 중대한 영향을 미칠 수 있다. 이에 따라 평화 협상이 성사된다면, 우크라이나는 상당한 영토 손실을 감수하는 대신 러시아의 추가 침공을 방지할 강력한 안보 보장을 요구할 것으로 보인다.

한편 우크라이나와 관련해 한국에서 종종 간과되고 있는 것은 트럼프와 젤렌스키의 개인적인 관계(앙금)다. 이는 시간이 지나면서 복잡하게 변화해왔다. 2019년, 도널드 트럼프의 첫 번째 임기 중 그는 우크라이나의 대통령인 볼로디미르 젤렌스키에게 전화해서 조 바이든 전 부통령과 그의 아들 헌터 바이든에 대한 부패 의혹 조사를 요청했다.

이 요청은 주요 의혹 두 가지를 기반으로 한다. 첫째, 헌터 바이든은 우크라이나의 에너지 기업 부리스마(Burisma)에서 이사로 재직 중이었는

데, 그와 관련된 부패 의혹이 제기된 것이다. 둘째, 조 바이든 전 부통령은 2016년 초 자신의 아들 헌터 바이든이 소속된 에너지 회사인 부리스마에 대한 수사를 진행하던 우크라이나 검찰총장의 해임을 요구했다. 만일 그를 해임하지 않으면 미국이 우크라이나에 제공하려던 대출 보증을 보류하겠다며 우크라이나 정부에 압박을 가했다는 의혹이었다.

2019년 7월 25일 트럼프는 젤렌스키에게 이 사건에 대한 조사를 요청했으며, 우크라이나가 이를 진행하지 않으면 미국의 군사 원조를 보류할 수 있다는 암시를 던졌다.[97] 이 전화 통화 내용이 공개되면서 미국 내에서 커다란 정치적 파장이 일었다. 민주당은 트럼프가 2020년 대선에서 유력 후보인 바이든을 정치적으로 곤경에 빠뜨리기 위해 국가 예산이 들어가는 우크라이나 군사 원조를 정치적 도구로 사용했다고 비난했다. 이 사건은 트럼프의 첫 번째 탄핵 조사의 핵심 사안이 되었고, 2019년 9월 24일 하원은 트럼프에 대한 공식적인 탄핵 조사를 시작했다. 이어서 12월 18일에 트럼프를 탄핵 소추했으나, 2020년 2월 5일 공화당이 장악한 상원에서 탄핵 소추안을 부결시켰다.

이 사건은 트럼프와 젤렌스키의 관계를 복잡미묘하게 만들었고, 양국 간의 외교관계에도 큰 영향을 미쳤다. 트럼프는, 젤렌스키가 2016년 미국 대선에서도 민주당 측을 도왔다고 주장했으며 이후 두 사람 사이의 개인적인 갈등은 더욱 심화되었다. 트럼프는 자기의 대선 승리를 방해하려고 젤렌스키가 우크라이나의 정치적 영향력을 행사했다고 지적했으며, 젤렌스키는 이를 반박했다. 이러한 정치적·개인적 갈등은 두 지도자 간의 관계를 더욱 긴장되게 만들었다. 그리고 그 여파는 현재 시점(2025년 3월)까지도 계속되고 있다.

최근 백악관에서 열린 정상회담에서 트럼프와 젤렌스키가 평화협정을 놓고 정면으로 충돌했다. 트럼프는 젤렌스키가 평화를 위한 준비가 되어 있지 않다고 비판하며 그가 백악관에서 무례하게 행동했음을 지적했다.[98] 트럼프는 우크라이나와의 광물 협정에 집중했는데, 젤렌스키는 이를 안보 보장의 필요성으로 돌리려 했다. 이 과정에서 두 사람의 언쟁이 더욱 격화되었다. 또한 두 사람은 푸틴을 신뢰할 수 있는지 여부를 두고 거친 설전을 벌였고, 트럼프는 젤렌스키가 미국의 지원에 감사할 줄을 모른다고 비판했다. 이 과정에서 언론의 카메라는 트럼프의 손가락이 젤렌스키를 가리키는 '삿대질' 장면, 그리고 감정이 격해진 트럼프의 어깨가 젤렌스키의 몸에 부딪치듯 닿는 장면을 놓치지 않았다. 양 정상이 백악관에서 싸움 직전까지 간 것처럼 말이다. (실제로 그랬을 수도 있다.)

이 '세기의 장면'은 전 세계에 생중계되면서 미국과 우크라이나 관계가 당장이라도 파탄에 이를 듯한 인상을 주었다. 하지만 보이는 게 다가 아니다. 어쩌면 이런 일들은 우크라이나에게서 더 많은 양보를 얻어내기 위한 트럼프의 의도된 협상 전략일 가능성이 있다.

결론적으로, 트럼프 행정부의 대러시아 정책은 기존 예측보다 훨씬 복잡하고 다층적인 양상을 보일 것이다. 이후에도 트럼프는 마치 '리얼리티쇼' 같은 드라마틱한 에피소드를 많이 만들어낼 것으로 예측된다. 그것에 일희일비하며 끌려다니기보다는 그것이 지향하는 지정학적 변화를 큰 틀에서 모니터링하고 분석하는 것이 중요하다. 트럼프의 전략 변화가 전황에 미칠 영향을 주시할 필요가 있다. 그의 대러시아 접근법이 실제로 어떻게 전개될지는 앞으로의 정책 결정과 협상 과정에 달려 있을 테니 말이다.

트럼프 2기와 중동 정책

트럼프 2기 행정부의 중동 정책은 이스라엘 지원, 이란 견제, 걸프 국가들과의 관계 강화를 중심으로 전개될 것으로 전망된다. 다만 구체적인 정책 실행은 그의 예측 불가능한 성향과 더불어 자신의 측근과 조언자들의 영향을 크게 받을 것으로 보인다. 그의 첫 임기에서도 이스라엘 정책은 변호사 출신 이스라엘 특사 데이비드 프리드먼 David Freedman 과 사위 재러드 쿠슈너 Jared Kushner 의 영향력이 두드러졌다.

새로운 불확실성이 중동 정책 전반에 드리워질 것으로 예측된다. 특히 2023년 10월부터 시작된 이스라엘-하마스 전쟁과 여기서 비롯된 레바논과의 긴장 고조는 트럼프가 첫 임기 때 직면했던 상황을 크게 변화시켰다. 트럼프가 '세기의 거래' deal of the century 로 불렸던 중동 평화 구상을 재개하려 한다 해도, 팔레스타인 국가 수립에 대한 사우디아라비아의 요구와 이를 거부하는 이스라엘 정부 사이에 상당한 난관이 펼쳐질 것으로 예상된다.

2025년 트럼프 행정부의 중동 정책은 역내 정세의 흐름에 따라 형성될 것이다. 이 과정에서 이스라엘-팔레스타인 분쟁, 이란의 핵개발 문제, 아랍 국가들과의 관계 등 여러 복잡한 요인들을 고려해야 한다. 특히 가자지구와 레바논의 인도적 위기 해결, 이스라엘-사우디아라비아 관계 정상화 중재, 그리고 (중국 집중을 위한) 미국의 탈중동 정책 추진 등이 주요 과제가 될 것으로 보인다.

트럼프의 재선은 중동 지역의 안보 환경에 상당한 변화를 가져올 것이다. 특히 이란과의 관계, 이스라엘-팔레스타인 문제, 그리고 아랍 국가들과의 협력 등에서 새로운 접근이 필요할 것으로 예상된다.

트럼프의 가장 개인적인 정책 성향은 대규모 전쟁에 대한 반감이다. 이러한 트럼프의 성향은 이란과의 전쟁을 피하는 데 도움이 되었다. 그의 첫 임기 말에 이스라엘을 강력히 지지하는 것은 물론이고, 네타냐후 Benjamin Netanyahu 총리가 이란과의 군사적 대치 유도를 시도했음에도 불구하고 말이다. 이러한 경향은 전쟁 회피를 강조하는 그의 선거 운동과 부통령 당선인 밴스의 발언("이스라엘은 자위권이 있지만 미국의 이익은 때때로 구별될 수 있다." "이란과의 전쟁을 피하는 것이 우리의 이익이다.")에서도 확인된다.

트럼프의 재집권으로 이란을 '최대 압박'하는 정책의 복귀가 예상되며, 서안지구 공식 병합과 같은 이스라엘의 적극적인 행보도 가시화될 수 있다. 마이크 허커비 Mike Huckabee 주이스라엘 대사는 병합 가능성을 배제하지 않았다. 또한 이스라엘의 극우 재무장관 베잘렐 스모트리치 Bezalel Smotrich 는 2025년 병합이라는 목표를 공개적으로 제시했다.

그러나 동시에 가자지구의 '전후 체제' 구축을 위한 미국-이스라엘-

걸프 국가 간 협력 가능성도 높아졌다. 중동의 여러 미국 동맹국들, 특히 아랍 걸프 국가들과 네타냐후 총리 체제의 이스라엘은 트럼프의 재집권을 환영하는 입장이다. 2019년 사우디 석유 시설 공격에 대한 미국의 미온적 대응 등 과거 불안정한 동맹 지원이 있었다. 그럼에도 이들은 트럼프와의 협력을 통해 자국의 이익을 추구하고자 한다.

트럼프 1기 중에는 충격적인 조치들이 있었다. 2018년 핵합의 탈퇴와 '최대 압박' 제재 부과, 2019년 사우디 석유 시설 공격에 대한 소극적 대응, 2020년 이란 민병대 수장 암살 등이 그것이다. 트럼프 2기 행정부의 이란 정책은 이러한 첫 임기의 그림자 속에서 전개될 전망이다. 트럼프 퇴임 이후 이란의 핵개발 가속화, 역내 공세 강화, 트럼프를 포함한 전직 미국 관리들에 대한 암살 시도 등으로 인해 도전 과제는 이전보다 더욱 복잡해진 상황이다.

트럼프의 새로운 국가안보팀은 테헤란에 대한 경제적 압박을 다시 강화할 것을 약속했다. 또한 바이든 행정부와 달리 이란 및 그 대리 세력의 군사력 약화를 위한 이스라엘의 작전에 더 많은 자율성을 부여할 것으로 예상된다. 트럼프는 미국 대선 후보에 대한 위협이 있을 경우 '이란의 주요 도시들과 국가 전체를 초토화시킬 것'임을 이미 경고한 바 있다.

그러나 실제로는 이란에 대한 강경한 수사와 달리 정책 실행에는 제약이 있을 것으로 보인다. 트럼프의 '최대 압박' 제재의 초기 성공은 중국과 같은 주요국들의 협조에 기반했다. 하지만 이는 이미 상당히 약화된 상태다. 제재를 다시 강화하려면 이란뿐만 아니라 러시아도 활용하고 있는 복잡한 제재 우회 네트워크를 해체해야만 하기 때문이다. 또한 사우디아라비아와 같은 핵심 역내 동맹국들이 이란과의 대결보다 관계 개선을 선호하는 상황도 제약 요인이 될 것이다.

이러한 상황은 역설적으로 트럼프의 성향과 부합할 수 있다. 그는 오랫동안 중동에서의 미국 개입을 '낭비적 우매함'이라고 비판해왔다. 선거운동 과정에서도 정권교체를 부인하고 "이란이 성공적인 국가가 되기를 바란다."며 "대선 후 1주일 내 합의할 수 있다."는 특유의 허풍스런 의향을 표명했다.[99] 이데올로기적 경직성에서 벗어난 이란이라면 트럼프의 거래 성향과 그의 독특한 통치 연합 내 모순을 활용할 수 있을 것이다. 그러나 현재 이란의 경직되고 위험 감수형인 지도부는 더욱 강경한 노선을 택할 가능성이 높다.

이스라엘-팔레스타인 관계에서는 이스라엘에 더욱 우호적인 정책이 마련될 것으로 예상된다. 트럼프는 이스라엘의 서안 지구 일부 병합을 허용할 수 있으며, 이는 '두 국가 해법'을 위협할 수 있다. 또한 가자지구와 레바논에서의 분쟁을 신속히 종결하도록 이스라엘에 압력을 가할 것으로 보인다. 트럼프는 이스라엘을 '소중한 동맹국'으로 여기며 예루살렘을 수도로 인정하는 등 이스라엘의 전략적 이익을 적극 지원할 것이다.

트럼프 사위인 재러드 쿠슈너가 중재한 '아브라함 협정' 확대는 여전히 주요 정책이 될 전망이다. 트럼프는 이스라엘과 아랍 국가 간의 관계 정상화를 우선순위로 삼을 것이다. 특히 사우디아라비아와 이스라엘의 관계 정상화를 적극 추진할 것으로 보인다. 그러나 가자지구의 분쟁에서 비롯된 사우디 국내 여론 악화는 심각한 장애물이 될지도 모른다. 무함마드 빈 살만(Mohammed bin Salman, 영어권에서는 줄여서 'MBS'라고 칭하곤 한다. 사우디아라비아의 왕세자이자 총리이며, 사실상 국정을 총괄하는 실권자다.) 왕세자는 이스라엘의 하마스 및 헤즈볼라가 약화되는 것을 내심 환영하면서도 국내 여론을 무시할 수 없는 상황에 처해 있다.

아브라함 협정

아브라함 협정Abraham Accords은 2020년 8월 13일에 발표되고 9월 15일에 공식 서명된 역사적인 외교 협정이다. 이 협정은 이스라엘과 아랍 국가 간의 관계 정상화를 목표로 하며 미국의 중재로 이루어졌다. 주요 참여국으로는 이스라엘, 아랍에미리트UAE, 바레인이 있다. 이후 수단(2020년 10월 23일)과 모로코(2020년 12월 22일)도 합의에 참여했다.

이 협정은 여러 측면에서 중요한 의의를 지닌다. 우선 이스라엘과 아랍 국가 간의 공식적인 첫 외교관계 수립이라는 역사적 의미가 있다. 또한 이란의 영향력을 견제하고 중동 지역의 안정화를 도모하는 등 지역 안보 측면에서도 중요하다. 그리고 무역, 투자, 관광 등 다양한 분야에서의 경제 협력 증진, 그리고 종교 간 대화와 상호 이해를 증진시키는 문화 교류 측면에서도 의미가 있다.

협정 이후 주목할 만한 성과들이 있었다. UAE와 이스라엘 간 연간 교역액이 2023년 기준 약 30억 달러로 증가했으며, 2023년까지 100만 명 이상의 이스라엘 관광객이 UAE를 방문했다. 안보 측면에서는 공동 군사훈련과 정보 공유가 강화되었고, 재생 에너지와 우주 탐사 등 첨단기술 분야에서의 협력도 확대되었다. 아브라함 협정은 중동 지역의 정치적, 경제적 지형을 변화시키는 중요한 계기가 되었다.

그러나 2023년 10월 7일 하마스의 이스라엘 공격과 이후 가자지구에서 일어난 분쟁 때문에 협정의 미래를 우려하는 시선도 있다. 그럼에도 협정 참여국들은 여전히 외교관계를 유지하고 있으며, 장기적으로 중동 지역의 평화와 안정에 기여할 것으로 기대된다.

전반적으로 걸프 국가들과의 관계에서는 복잡한 양상이 전개될 것으로 보인다. 사우디아라비아의 MBS, UAE의 무함마드 빈 자예드 Mohammed bin Zayed, MBZ 대통령, 카타르의 셰이크 타밈 빈 하마드 Sheikh Tamim Bin Hamad Al Thani는 백악관과 긴밀한 관계를 유지할 것으로 전망된다. 이들의 강력한 국내 통제력과 풍부한 재정은 트럼프의 통치 스타일과 부합한다. 그러나 미국 안보 보장에 대한 걸프 국가들의 신뢰도는 이전보다 낮아진 상태다. 이는 2019년 사우디 아람코 아브카이크 석유 시설 공격이나 2022년 아부다비에 대한 후티 반군의 공격이 있을 당시 미국이 소극적으로 대응한 데서 비롯됐다. 이런 요인들 때문에 이들은 이란과의 독자적인 긴장 완화를 추구할 가능성이 높다.

걸프 국가 간의 관계는 여전히 불안정한 상태다. 2017년부터 2021년까지 이어진 카타르 단교 사태는 공식적으로 해결됐지만, 걸프 국가 간의 정책적 차이와 불신은 여전히 남아 있다. 특히 '아프리카의 뿔'(The Horn of

Africa, 아프리카 대륙의 북동부 돌출된 지역이 코뿔소의 뿔을 닮았다고 해서 붙여진 이름) 지역에서 이러한 갈등이 두드러지게 나타나고 있다. '아프리카의 뿔'은 소말리아Somalia, 에티오피아Ethiopia, 에리트레아Eritrea, 지부티Djibouti 등 4개국을 포함한다. 이 지역은 현재 갈등과 극단적인 기후 변화, 경제적 충격 등 여러 위기에 직면해 있다.

수단 내전과 소말리아 문제에서 걸프 국가들이 대립하고 있다는 주장은 직접적으로 확인되지 않았다. 다만 이 지역에서 군부 갈등이 심화되면서 새로운 역내 분쟁이 발생할 가능성이 제기되는 상황이다.

이란 정책과 관련해 2025년까지 미국의 중동 접근 방식에 변화가 있을 가능성은 여전히 존재한다. 하지만 그 방향이나 정도는 확정적이지 않다. 2023년 3월 중국의 중재로 이루어진 이란과 사우디아라비아 간의 관계 정상화 합의는 중대한 외교적 사건이었다. 그러나 이 합의가 장기적으로 지역 안정에 얼마나 기여할지 또 미국의 대對이란 정책에 어떤 구체적인 영향을 미칠지는 여전히 불확실하며, 지속적인 관찰과 분석이 필요하다.

2024년 미국 대선 결과와 그에 따른 행정부의 변화, 이란 핵 협상JCPOA의 진전 또는 교착상태, 그리고 중동 지역 내 다른 국가들(이스라엘, 걸프 국가 등)의 입장 변화 등 다양한 요인이 미국의 접근 방식에 영향을 미칠 수 있다. 단순히 '변화 가능성'을 넘어 어떤 종류의 변화가 왜 일어날 수 있는지, 그리고 그 변화가 어떤 결과를 초래할 수 있는지에 대한 심층적인 분석이 요구된다. 특히 이란-사우디 관계 정상화가 양국 간의 근본적인 갈등 요인(예: 예멘, 시리아, 레바논 등에서의 대리전)을 해소할 수 있을지에 대한 의문도 제기되고 있다. 또한 중국의 중동 내 영향력 확대가 미국의 역할 및 전략에 미치는 장기적인 함의도 중요한 연구 주제다.

이는 아랍 걸프 국가들이 이란에 대한 접근 방식을 보다 신중하게 조정하고 확전을 피하려는 방향으로 나아가게 했다. 그러나 이란과 이스라엘 간의 긴장은 여전히 극도로 높은 상태이며, 이란은 우크라이나 전쟁과 관련해 러시아와의 관계를 더욱 강화해왔다.

시리아와 예멘에서는 정책 변화가 예상된다. 트럼프는 시리아에서 미군을 철수시키려 할 가능성이 높다. 예멘에서는 후티 반군에 대해 더 강경한 입장을 취할 것이 확실하다. 트럼프 행정부는 후티 반군을 외국테러조직Foreign Terrorist Organization, FTO 으로 재지정할 계획을 밝혔다.

이란에 대한 압박과 관련해서는, 트럼프가 이란에 대한 최대 압박 정책을 재개할 것으로 보이며 이는 제재 강화로 이어질 수 있다. 그러나 군사작전 확대에 대해서는 명확한 증거가 없다.

전반적으로 트럼프의 중동 정책은 미국의 전략적 이익을 증진하고 영향력을 유지하는 데 초점을 맞출 것으로 예상된다. 그의 예측 불가능한 성향으로 인해 정책 실행에 있어 불확실성이 존재한다는 점은 명확하다. 무기 구매, 투자, 무역 기회 등을 제공하는 국가에 유리한 방향으로 정책이 결정될 가능성도 높다. 그러나 이를 걸프 지역과 아프리카의 뿔 지역에서의 미국 정책을 통해 확인할 수 있다는 구체적인 증거는 없다.

종합적으로 볼 때 트럼프의 중동 정책은 이스라엘과의 관계 강화, 이란에 대한 강경책, 그리고 미국의 경제적 이익을 우선시하는 방향으로 나아갈 것으로 예상된다.

트럼프 2기와
멕시코, 중남미

　트럼프 2기 행정부의 대멕시코 정책은 양국 관계에 가장 극적인 변화를 가져올 것으로 보인다. 특히 이민, 마약, 무역이라는 세 가지 핵심 이슈가 복잡하게 얽혀 있어 전례 없는 갈등이 예상된다. 가장 우려되는 것은 마약 카르텔에 대한 군사적 대응 가능성이다. 트럼프는 멕시코 내 펜타닐 제조소 폭격, 마약 조직 수장 제거를 위한 특수작전 부대 투입, 마약 원료 물질 차단을 위한 항구 봉쇄 등을 검토 중이다.[100] 이러한 일방적 군사 행동은 양국 관계를 수세기 만에 최악으로 악화시킬 수 있다. 게다가 실질적인 마약 조직 약화 효과도 기대하기 어렵다.

　무역 관계도 중요한 변수다. 2023년 멕시코는 미국의 최대 교역국으로 부상했으며, 이는 트럼프가 추진했던 USMCA와 바이든 행정부의 대중국 디커플링 정책의 결과다. 그러나 트럼프의 고율 관세 정책은 멕시코의 자동차 산업을 비롯한 제조업 기반을 위협할 수 있다. 미국의 공급망 재편 과정에서 중국을 대체하는 역할을 해온 멕시코 경제가 크게 타격을 받게 될 거란 뜻이다.

　이민 정책은 가장 심각한 갈등 요인이 될 전망이다. 트럼프는 약 500만 명의 불법 체류 멕시코인과 600만 명의 기타 국적자 추방을 공약했다. 이는 멕시코에 폭발적인 정치적, 경제적 부담을 안겨줄 것이다. 로페스 오브라도르 López Obrador 정부는 트럼프 1기와 바이든 행정부 시기에 이민자 유입 통제를 레버리지로 활용했다. 하지만 이러한 대규모 추방 정책은 기존의 암묵적 합의를 무력화할 것으로 보인다.

미국 내 불법 이민자 규모

2024년 12월 기준으로, 미국 내 불법 이민자 추정 수를 주요 출신 국가별로 정리하면 다음과 같다.

- 멕시코: 약 520만 명
- 엘살바도르: 약 75만 명
- 과테말라: 약 78만 명
- 온두라스: 약 56만 명
- 인도: 약 22만~40만 명
- 필리핀: 약 30만 9,000명
- 베네수엘라: 약 27만 명
- 중국: 약 21만~24만 1,000명
- 콜롬비아: 약 20만 1,000명
- 브라질: 약 19만 5,000명
- 한국: 10만~15만 명 추산

불법 이민자 총 규모: 2024년 12월 기준, 미국 내 불법 이민자의 총 규모는 약 1,100만~1,400만 명으로 추정되며 이전 연도보다 증가한 수치다. 일부

> 추정에 따르면 2021년 1월 이후 약 380만 명이 증가한 것으로 나타났다.
>
> 지역별 분포: 라틴아메리카(멕시코, 중앙아메리카, 남아메리카, 카리브해 지역 포함)는 전체 불법 이민자의 약 66퍼센트를 차지하며 비중이 가장 크다. 아시아는 약 11퍼센트를 차지하며, 필리핀인의 수가 가장 많다. 유럽, 캐나다, 오세아니아는 합산해 약 7퍼센트를 차지하고, 아프리카는 3퍼센트다.

클라우디아 셰인바움Claudia Sheinbaum 멕시코 대통령은 트럼프의 강경한 이민 정책에 대해 복합적인 대응 전략을 준비하고 있다. 셰인바움 대통령은 트럼프의 위협이 두렵지 않다고 밝히며, 멕시코 국민의 지지를 받고 있음을 강조했다. 외교적 대응으로는 트럼프와의 대화를 통해 '인도주의적 제안'을 할 계획이다. 이 과정에서 멕시코 이민자들이 미국 경제에 기여하는 부분을 강조할 것으로 보인다.

멕시코 지도자 셰인바움은 변칙적인 트럼프를 상당히 잘 다루는데, 이는 미국 언론도 호평하는 부분이다. 그녀는 트럼프와 대화를 시작할 때 그를 칭찬하면서 열심히 추켜세운 후, 트럼프의 예상되는 요구 사항에 대해서 멕시코가 얼마나 열심히 노력했는지, 그리고 상황이 얼마나 개선됐는지를(예를 들면 펜타닐 마약 유통 상황) 수치를 들어 트럼프에게 설명한다. 말을 마치면서 다시 트럼프를 극구 칭찬한다. 물론 그녀가 언급하는 수치는 멕시코 측 수치이기 때문에 확인할 방법이 없지만, 이러한 화법이 트럼프를 만족시키고 있는 것은 확실한 것 같다. 트럼프마저도 그녀를 칭찬하니 말이다.

경제적 측면에서는, 미국의 25퍼센트 관세 부과 위협에 대해 양국이 협상을 통해 한 달간 유예하기로 합의했다. 대신 멕시코는 국경 보안을 강화하기로 약속했다. 이민자들의 경제적 기여도와 관련해서 살펴보면, 2022년 기준으로 이민자 가구가 전체 세수의 6분의 1에 가까운 약 5,800억 달러(약 800조 원)를 기여했다는 보고가 있다. 또한 불법 이민자들도 2022년 연방·주·지방 세금으로 약 1,000억 달러(약 138조 원)를 납부한 것으로 추정된다.

이민 정책과 관련해서는 미국과의 국경을 강화하기 위해 멕시코가 1만 명의 군대를 배치했다고 발표했다. 이들은 국경 지역에서 순찰 활동을 강화하고, 불법적인 국경 통과 시도를 감시하며, 마약 밀매와 인신매매를 포함한 범죄 활동을 단속한다. 현재까지 대규모 구금이나 추방은 이루어지지 않았으며 남부 도시로 이송하는 방식으로 대응하는 중이다.

트럼프 행정부는 중남미에서 중국의 영향력을 견제하기 위해 다각도의 전략을 추진할 것으로 보인다. 최대 60퍼센트의 관세 부과, 니어쇼어링 전략 추진, 친미 성향 정부와의 전략적 동맹 강화, 핵심 자원 확보 등이 주요 정책으로 예상된다. 특히 아르헨티나의 하비에르 밀레이Javier Milei, 엘살바도르의 나이브 부켈레Nayib Bukele 등 친미 성향의 정부와 더욱 긴밀한 관계를 구축해 비즈니스 환경을 개선하고 미국 기업의 투자를 유도할 것으로 보인다. 그러나 중국이 이미 확보한 경제적 영향력을 고려할 때 이러한 전략의 실효성에 대해서는 의문이 제기되는 상황이다.

이란과의
핵 협상 가능성

이러한 불확실성 속에서도 특히 주목해야 할 부분은 앞서 언급한 이란과의 관계다. 트럼프가 이란과 핵 협상을 재개한다면, 이는 미국의 중동 정책 전반에 상당한 영향을 미칠 것이다. 우선 이스라엘과의 관계에서는 일시적 긴장이 예상된다. 트럼프가 이스라엘에 대한 강력한 지지를 표명해왔음에도 불구하고 이란과의 협상은 이스라엘의 안보 우려를 증가시킬 수 있다. 다만 장기적으로는 이란의 핵 위협 감소를 통한 지역 안정화에 기여할 가능성이 있다. 걸프 국가들의 반응도 복합적일 것으로 보인다. 사우디아라비아를 비롯한 걸프 국가들은 이란과의 협상을 경계하면서도 이를 지역 긴장 완화의 기회로 인식할 수 있다.

유럽의 경우 대체로 긍정적인 반응을 보일 것으로 예상된다. 프랑스, 독일, 영국 등 유럽 국가들은 그동안 JCPOA의 유지를 지지해왔다. 따라서 미국과 이란의 대화 재개를 환영하고 중재자 역할을 할 것으로 보인다. 다만 트럼프의 예측 불가능한 협상 스타일에 대한 우려도 존재하므로, 새로운 협상이 기존 JCPOA를 완전히 대체하지 않고 보완하기를 희망할 것이다.

이란 내부 정치에 미칠 영향도 주목된다. 협상 재개는 온건파와 개혁파에게 경제 제재 완화와 국제관계 개선의 기회로 받아들여질 수 있다. 그러나 보수파와 강경파의 저항도 무시할 수 없다. 특히 최고 지도자 하메네이 Ali Khamenei 의 입장이 핵심 변수가 될 것이다. 하메네이는 과거 트럼프와의 협상을 거부했으나 국내 경제 상황이 악화된 상태라 입장이 달라졌을 가능성도 있다. 이러한 협상 과정은 이란 내부의 권력 균형에 변화를 가져올 수 있으며, 이는 장기적으로 이란의 대외정책 방향에도 영향을 미칠 것으로 전망된다.

트럼프 2기와 인도

인도는 국제정치에서 중요한 국가지만, 한국과의 연계점은 상대적으로 적다. 이는 인도의 바로 위에 있는 중국의 존재와 중국이 전통적으로 한반도에서 갖는 지정학적·지경학적 중요성에 한국이 함몰되어 있기 때문일 수도 있다. 국제 질서가 변곡점을 맞이한 현시점에서 한국은 지정학적 시야를 더욱 넓혀야 한다. 이에 따라 양국 간 연계성을 강화할 수 있는 정책적 고민이 요구된다. 트럼프 2기 행정부의 대인도 정책은 전임 트럼프 1기 행정부 시기와 연속성을 유지할 것으로 보인다. 2025년 2월 13일 백악관에서 트럼프 대통령과 모디 총리의 정상회담이 열렸으며, 양국 관계의 심화와 협력 강화를 위한 여러 합의가 이루어졌다.

이번 회담에서 미국과 인도는 'U.S.-India COMPACT Catalyzing Opportunities for Military Partnership, Accelerated Commerce & Technology for the 21st Century'('21세기 미국-인도 COMPACT'로 군사 협력 기회의 촉진, 가속화된 상업 및 기술 발전을 뜻한다.) 이니셔티브를 출범시켰다.[101] 또한 2025년 가을까지 무역협정 1단계

협상을 완료하는 목표를 설정하고, 국방 협력 강화를 위한 10년 프레임워크 서명을 계획했다. 양국은 2030년까지 무역액을 5,000억 달러로 확대하는 목표도 함께 발표했다.

트럼프 대통령은 인도의 높은 관세에 대해 언급하면서도 모디 총리를 '훌륭한 협상가'로 칭하며 양국 간 무역 문제 해결에 대한 의지를 보였다. 모디 총리는 트럼프의 MAGA 슬로건을 인용해 'MIGA Make India Great Again'를 언급하며 양국 관계의 중요성을 강조했다. 국제 안보 문제에 대한 논의도 이루어졌으며, 트럼프 대통령은 러시아-우크라이나 전쟁, 중국의 핵 능력 강화 등에 대해 언급하며 향후 러시아와 중국 정상과의 회담 계획을 밝혔다.

미국과 인도의 관계가 얼마나 심화될지는 세 가지 주요 요인에 따라 달라질 것으로 보인다. 첫째, 트럼프의 인도에 대한 개인적인 관점이 중요한 영향을 미칠 수 있다. 둘째, 무역, 이민 정책, 리쇼어링reshoring과 프렌드쇼어링friend-shoring의 균형을 둘러싼 논의, 그리고 러시아와 중국에 대한 내부 정책 논쟁의 결과가 중요한 변수로 작용할 것이다. 셋째, 개인적으로 나는 트럼프 행정부가 중국에 접근하는 방식이 결국은 미국-인도 관계의 향방을 결정짓는 핵심 요소로 작용할 것으로 본다.

미국-인도 파트너십은 인도-태평양에 대한 공동의 비전과 중국의 공세성에 대한 우려에 상당 부분 기반해왔다. 이러한 중국 중심의 '전략적 수렴'은 첫 트럼프 임기 동안 심화되었으며, 국방, 경제안보, 기술 분야에서의 협력을 가능케 했고 양국 간 차이점을 관리하도록 했다. 따라서 인도는 트럼프가 다시 중국에 대해 경쟁적인 시각을 취할지, 혹은 시진핑과의 거래를 모색할지에 대해 예의주시할 것이다. 아울러 미국 행정부 인선 마무리 과정에서 누가 임명되는지(대개 6개월이 걸린다) 지켜볼 것이다. 나아가 러시아-우크라이나 및 이스라엘-가자 분쟁에 대한 접근법, 무역·이민 정책의 실행, 인도-태평양에서의 정책 방향, 그리고 인도의 역량 강화 지원 의지 등도 눈여겨보리라 예상된다.

트럼프 2기와 이중적 동남아시아 정책

트럼프 2기 행정부의 동남아시아 정책은 미국-중국 경쟁이라는 프레임을 통해 지역을 바라보는 트럼프 행정부의 접근 방식을 반영한다. 나아가 동남아시아 국가들의 전통적인 미중 사이의 '균형 전략'에 도전장을 내밀 것이다.

안보 측면에서는 인도-태평양 전략이 유지될 듯하다. 트럼프 행정부는 중국과의 지정학적 경쟁을 중심으로 지역을 바라볼 것이며, 아세안과 같은 다자간 협의체에 대한 관심은 감소할 것으로 예상된다. 대신 전략적으로 중요한 개별 국가들과의 양자 관계에 초점을 맞출 것이다. 특히 필리핀과의 동맹 관계는 강화될 전망이다. 향상된 방위협력협정 Enhanced Defense Cooperation Agreement, EDCA을 통한 필리핀의 아홉 개 군사기지 접근권과 남중국해에서의 상호방위조약 적용 등은 유지될 전망이다. 필리핀은 대만과의 지리적 근접성과 중국의 해양 영유권 주장에 대한 적극적인 대응으로 인해 미국의 중요한 전략적 파트너로 남을 것이다.

남중국해와 대만해협의 긴장 고조 가능성은 지역 안보에 주요 위험 요소로 작용할 수 있다. 특히 트럼프 행정부의 중국에 대한 대결적 접근이 지역 불안정성을 증가시킬지 모른다는 우려가 존재한다. 2024년 12월 중국의 대만 주변 대규모 군사훈련과 같은 중국의 군사활동 증가는 이러한 우려를 심화시키고 있다.

경제 정책에서는 큰 변화가 예상된다. 중국에 대한 60퍼센트 관세와 전 세계 수입품에 대한 10~20퍼센트 관세 부과 공약은 동남아 경제에 복합적 영향을 미칠 것이다. 트럼프 취임 초기 중국에 대해 10퍼센트 관세를 부과한 결정은 다소 완화된 접근으로 보이지만, 여전히 지역 무역에 직접적인 영향을 미칠 것이다. 베트남, 태국, 말레이시아, 인도네시아와 같이 대對미 무역흑자가 큰 국가들은 무역 불균형 해소 압박을 받을 수 있다. 트럼프 행정부는 이러한 국가들에 대해 관세를 부과하거나 무역 제재를 가할 가능성이 있으며, 이는 수출 의존적인 동남아시아 경제에 심각한 도전이 될 수 있다.

트럼프가 인도-태평양 경제 프레임워크 Indo-Pacific Economic Framework, IPEF에서 철수할 가능성은 미국의 지역 경제 참여를 더욱 약화시킬 것이다. 트럼프는 선거 기간에 바이든의 IPEF가 '취임 첫날 폐지될 것'이라고 공언한 바 있다. 이는 브루나이, 인도네시아, 말레이시아, 필리핀, 태국, 베트남, 싱가포르를 포함한 14개 회원국과의 경제적 유대를 약화시킬 것이다.

동남아시아 국가들은 트럼프의 복귀에 따른 지정학적, 경제적 불안정성에 대해 우려하고 있다. 전 싱가포르 총리 리셴룽李顯龍은 "미국은 더 이상 글로벌 질서를 뒷받침할 준비가 되어 있지 않다."고 언급하며, 이로 인해 "국제 환경의 질서가 흐트러졌으며 예측하기 어려워졌다."고 지적했다.102 중국은 트럼프 행정부의 접근 방식이 만들어낸 기회를 활용하려할 것이다. 논란이 많았던 트럼프의 미국국제개발처United States Agency for International Development, USAID 폐쇄 결정은 국제사회에서 미국의 리더십이 후퇴하고 있음을 확실히 보여주는 상징적 사건이 되었다. 이는 국제사회에서 '책임 있는 대국' 지위를 굳히고자 하는 중국의 프로파간다 내러티브에 도움을 줄 것이다. 이 기회를 통해 중국은 양자 관계 심화와 다자간 이니셔티브 확대를 모색할 것이며 동남아시아에서의 영향력을 확대하려 할 것이기 때문이다.

중국은 확대된 브릭스 그룹과 포괄적·점진적 환태평양경제동반자협정을 통해 다자간 외교에서 중국의 지분을 확대하려 할 것으로 예측된다. 인도네시아는 2025년 초 브릭스에 공식 가입했으며, 말레이시아, 태국, 베트남은 '파트너' 국가로 분류되었다. 바로 이것이, 중국이 트럼프 첫 임기 때 미국이 포기한 (그래서 일본이 떠맡은) 포괄적·점진적 환태평양경제동반자협정 가입을 계속 추진할 가능성이 높아 보이는 이유다.

이러한 정책 기조는 '경제가 곧 안보'라는 인식이 강한 동남아 지역에서 미국의 포괄적 영향력을 제한할 수 있다. 물론 미국은 여전히 이 지역의 최대 투자국이지만, 새로운 무역협정이나 경제 이니셔티브 없이는 중국을 견제하기 위한 전략적 목표 달성에 어려움을 겪을 것으로 전망된다.103

동남아시아 국가들은 미국과 중국 사이에서 전통적인 균형 전략을 유지하려 하겠지만, 트럼프의 두 번째 임기 동안 점점 더 불편한 선택을 강요받을 가능성이 높다. 지정학적 긴장 고조와 경제적 디커플링의 조합은 보다 '양극화'된 환경을 조성할 수 있다. 또한 이는 동남아시아 국가들이 선호하는 전략적 자율성을 유지하기 어렵게 만들 것이다.

한국에게 이는 매우 중요한 전략적 시사점이다. 동남아시아 국가들은 미국과 중국 사이에서 어느 쪽도 선택하지 않는 자세를 취해왔고 이를 '아세안 중심성' ASEAN Centrality이라는 핵심 슬로건으로 명시해왔다. 마치 미중 경쟁의 거센 파고에 휩쓸리지 않고 나만의 중심을 지키겠다는 듯한 자주 의식의 발현이다. 그런데 시간이 흐르면서 미중 경쟁이 심화되었고, 어느 한쪽을 선택하지 않는 '자유' 역시 국제정치의 현실 앞에서 한계를 느끼고 있다는 것이다.

최근 미국 워싱턴을 방문할 일이 있었던 한 동남아 학자는 내가 있는 곳까지 몇 시간 운전해와 나를 따로 만났다. 그 학자는 "미중이 서로 총과 대포를 쏘지 않을 뿐이지 사실상 전쟁 상태다. 전쟁에서는 중립이 없다. 동남아에서 미중 어느 한쪽에 서야 한다는 위기감이 높아지고 있다."라고 실토했다.

미국에게 동남아시아는 상당한 지정학적, 경제적 잠재력을 지닌 지역이다. 아세안 국가들의 성장률은 필리핀, 인도네시아, 베트남과 같은 국가들을 중심으로 향후 10년간 세계에서 가장 높을 것으로 예상된다. 미국 기업들이 중국에서 공급망을 다변화하려는 상황을 놓고 보면 동남아시아는 매력적인 투자 목적지로 남아야 한다. 트럼프 대통령이 많은 지역의 정상회의에 참석할 것이라고 기대하는 사람은 거의 없을 것이다. 하지만 동남아시아에서 강력한 미국의 존재감을 유지하는 것은 지금 성장하는 중국의 영향력을 억제하고 광범위한 인도-태평양 지역에서 미국의 경제적 이점을 확보하기 위한 트럼프 행정부에게도 중요한 초점이 되어야 한다. 그럼에도 트럼프 본인이 그렇게 생각하고 있는지는 또 다른 차원의 문제다.

트럼프 2기 행정부의 글로벌 사우스 정책

트럼프 2기 행정부의 글로벌 사우스 정책은 '미국 우선주의' 기조에 따라 상당한 변화를 겪고 있다. 트럼프는 공개적으로 헤리티지 재단의 '프로젝트 2025'와의 연관성을 부인했으며, 일부 제안을 "완전히 터무니없고 끔찍하다."absolutely ridiculous and abysmal라고 비판했다.[104] 그러나 많은 관찰자는 이를 트럼프의 잠재적 정부 운영 청사진으로 보고 있다.

취임 후 한 달 남짓한 기간에 트럼프 대통령은 글로벌 사우스에 큰 영향을 미칠 수 있는 일련의 경제 조치를 취했다. 관세가 가장 주목받고 있지만 그것만이 아니다. 그의 행동주의는 수출 및 투자 통제 체제의 심화, 원조 삭감, 그리고 글로벌 금융 안정성에 타격을 줄 수 있는 조치 등 다양한 형태로 나타나고 있다. 또한 워싱턴의 정책 변화는 달러 환율 변동과 미국 금리라는 두 가지 핵심 변수를 통해 다른 국가에도 영향을 미치는 상황이다.

국제 정세의 유동성이 증가할 때마다 현재까지는 주로 달러 강세 현상이 발생하고 있으며, 이는 국제정치에서 미국의 지배적 위치를 상징하는 면도 있다. 하지만 트럼프 2기 동안 미국에 실망한 국가들이 서서히 '미국 바라보기'에서 이완되어 새로운 자구책을 모색하기 시작한다면 이야기가 달라진다. 미국을 더 이상 신뢰할 수 없는 국가로 인식하게 된다면 달러 가치의 하락 현상이 발생할 수 있다.

사실 적지 않은 경제학자들이 경제적 관점에서 이를 수년째 지적해왔지만, 현재까지 현실화되지는 않았다. 하지만 만일 미국의 국제정치 리더십 실추와 트럼프가 취하는 관세 정책의 불똥이 미국 경제에 타격을 주기 시작하면서 미국의 경제 침체 현상이 가시화된다면 어떻게 될까? 그럴 경우 눈치 빠른 금융권의 큰손들이 재빠르게 '탈달러화'를 행동으로 옮길 수도 있다.

한편 중국의 시각에서 볼 때 트럼프의 미국 우선주의 접근법은 중국에게 글로벌 사우스 국가들과의 관계를 확대할 전략적 기회를 제공하는 셈이다. 중국 전문가들은 미국의 보호무역주의적 정책이 강화되는 상황에서 중국이 40개 이상의 최빈국에 대한 관세를 삭감한다고 발표한 것이 글로벌 사우스 국가들의 주목을 끌고 있다고 분석한다.[105] 중국의 관점에서 글로벌 사우스와의 확대되는 관계는 단순한 무역 통계를 넘어서는 것이며, 이는 국제 협력의 대안적 모델을 대표한다. 중국의 전략은 단순히 150개 국가를 포함하는 일대일로 이니셔티브를 통해 인프라를 건설하는 것에 머물지 않는다. 이를 넘어 포괄적인 개발 파트너십을 구축하는 데 목적이 있다. 물론 그 이면에는 중국의 영향 확대라는 근원적 목적이 자리한다.

트럼프의 관세 위협은 전 세계 헤드라인이 되고 한국 사람들도 자고 일어나면 가슴이 서늘한 경험을 하게 했지만 일관성이 부족한 모습을 보이고 있다. '결국 협상용'이라는 관측이 나오기도 하지만 안심하기에는 이르다. 왜냐하면 트럼프이기 때문이다. 최근 트럼프는 '상호 관세' 정책을 위협했다. 즉, 다른 국가가 미국 수출품에 부과하는 것과 동일한 수준의 관세를 부과하겠다는 것이다. 이러한 조치는 특히 글로벌 사우스 개발도상국에 큰 타격을 줄 수 있는데, 이들은 일반적으로 미국보다 평균 관세율이 더 높은 경향이 있다.

글로벌 사우스 국가들에 대한 개발 원조 축소와 관련해 트럼프 2기 행정부가 고립주의와 선별적 개입주의에 기반한 대외정책을 추진할 경우 중국이 이를 활용해 글로벌 사우스와의 협력을 확대할 가능성도 있다. 특히 워싱턴은 인바운드 및 아웃바운드 하이테크 산업 부문 투자를 통제하는 체제를 확장하고 있다. 주요 대상은 중국이지만 바이든 행정부 말기에 국가들의 신뢰성을 세 가지 등급으로 분류했던 것처럼 '중국과의 지정학적 거리'가 주요 판단 기준이 될 것이다. 즉, '친중 국가' 여부가 미국의 판단에 고려된다는 것이다.

행정명령에서는 일부 국가가 큰 국부 펀드를 보유하고 있다고 언급하며(아마도 사우디아라비아와 UAE를 지칭하는 듯하다) '파트너와 동맹국'의 투자를 환영한다고 밝혔다. 하지만 동시에 '지정된 외국 투자자들이 미국의 외국 적들과 파트너십을 피할 것'을 요구할 것이라고 언급했다. 이는 기술 스택technology stacks을 분할하려는 목표를 반영하는 것으로 보인다. 기술 스택은 서로 다른 기술 생태계나 기술 플랫폼을 의미하며, 미국이 중국과 분리된 기술 생태계를 구축하고자 하는 전략을 가리킨다. 기술적 디커플링이다. 다른 국가들이 미국 주도의 기술 생태계 또는 중국 주도의 기술 생태계 중 하나를 선택하도록 압박하는 것이다.

중국의 전략가들은 미국의 이러한 기술 분할 전략에 대응하여 중국이 주도하는 아시아인프라투자은행Asian Infrastructure Investment Bank, AIIB, 신개발은행(New Development Bank, NDB. 과거 명칭 BRICS Development Bank), 역내포괄적경제동반자협정Regional Comprehensive Economic Partnership, RCEP 등의 기관을 통해 글로벌 사우스 국가들과의 관계를 강화하고 있다. 중국 글로벌화센터Center for China and Globalization, CCG의 왕후이야오王輝耀 회장은 미국과 EU가 중국의 전기차, 태양광 패널, 반도체에 대한 관세 및 탄소 국경 조정 메커니즘 등을 활용한 보호주의적 정책으로 회귀하는 신호를 보내는 상황에서, 중국의 접근법이 개발도상국들의 경제적 파트너십을 '재정립'하고 있다고 평가한다.[106]

전문가 중 상당수는, 트럼프가 거래를 선호하는 반면 보복할 능력도 있다고 본다. 또한 트럼프가 기회를 제공하는 것은 물론이고 미국 금융 시장에서 중요한 경제 주체들에 대해서는 협상할 여지가 있다고 판단한다. 나아가 미국의 불확실성 증가, 인플레이션 상승, 성장 둔화에 대한 금융 시장의 우려로 인해 미국 금리가 급락하면서 달러 강세를 완화하고 일부 국가의 금융 부담을 줄일 가능성이 있다. 중국의 전략적 관점에서 볼 때, 미국의 이러한 불확실성은 글로벌 사우스와의 협력을 더욱 심화할 기회를 제공하는 셈이다.

PART 5

THE
FUTURE OF
GLOBAL
POWER

강대국의
치명적
밀당

5

"미국이 동맹국 및 파트너들과 함께 짊어져야 하는 도전, 문제, 위협 중에서 중국은 다른 모든 것들을 합친 것보다 더 중요한 의제다. 가장 집중적으로 관리해야 할 문제야말로 바로 중국이다. 이것이 이 세상에서 단연코 최우선 과제다."

— 데이비드 퍼트레이어스(퇴역 장성·전 CIA 국장)

"시진핑은 현대 중국 역사에서 우리가 본 어떤 통치자와도 다르다. 미국은 시진핑과 중국 공산당이 취한 매우 공격적인 태도를 진지하게 받아들여야 한다."

— 라자 크리슈나무르티(미국 하원 '미국과 중국 공산당 간 전략적 경쟁 특별위원회'House Select Committee on Strategic Competition between the United States and the Chinese

5 강대국의 치명적 밀당

Communist Party 에서 간사를 맡고 있는 하원의원)

"과거와 달리 이번 미국 대선 토론에서는 중국이 주요 이슈가 되지 않네요." 미국 측 인사가 말을 꺼냈다. 마치 '그래서 다행이다'라는 어조였다. "네, 저희가 미국 언론을 모니터링해본 결과도 그렇게 보입니다." 중국 측 인사가 호응했다. 회의장에서 서로 마주 보고 앉아 있던 미국 측과 중국 측 인사들은 미소를 지었다. 모처럼 기분 좋은 일을 하나 발견한 것처럼 말이다. 그렇게 가벼운 인사와 여담을 마친 양측은 본격적으로 미중 관계 논의에 들어갔다. 2024년 가을의 일이다.

미중 양측은 흡사 서로를 탐색하며 떠보는 형국이었다. 그 자리는 중국 정부에 자문하는 대표단이 미국을 방문해 이루어진 모임이었다. 그날 중국 측이 미국 측에 가장 먼저 물은 것은 '미국 대선에서의 중국 요소'였다. 그리고 위에 언급된 문장이 바로 미국 측 답변이었다.

그가 말했듯 과거와 달리 트럼프가 재선된 이번 미국 대선 토론에서는 중국이 주요 이슈가 되지 않았다. 그 이유는 무엇이었을까? 민주·공화 양당을 가리지 않고 워싱턴 전체가 중국에 대한 동일한 '컨센서스'를 이미 갖고 있었기 때문이다. 즉 대통령 후보들 사이에 중국에 대한 부정적 인식이 똑같이 형성되어 있다 보니 후보 토론회에서 논쟁거리 '깜'이 되지 않았던 것이다. 그러니 대선 후보자 입에서 '중국'에 대한 이야기가 과거에 비해 많지 않았다. 중국 측도 이를 잘 알고 있었다. 그럼에도 양측은 마치 미중 관계가 좋아서 그런 것인 양 능청스럽게 대응했다.

그날 열린 미중 비공개 회의에 유일한 제3자로 참석한 나는, 미중 양국이 서로를 넌지시 떠보는 방식에 기겁했다. 그러면서도 한편으로 짐짓 '의연해 보이는' 강대국의 외교 테크닉은 참고할 만하다고 생각했다.

미중 회의에서는 모두가 웃는 모습을 보였지만 실제로 미중 관계는 속으로 점점 곪아가고 있다. 하지만 한국에서는 이 점을 충분히 인식하거나 깊이 다루는 경우가 드물다. 트럼프가 당선되고 시진핑 국가주석과의 회담 가능성이 거론되자 벌써부터 미중 '그랜드 바겐'이 있을지도 모른다는 추측이 나오는 곳이 바로 한국이다. 이는 현재 미중 갈등이 얼마나 깊은지 한국이 충분히 이해하지 못하고 있음을 보여준다.

강대국들이 서로 으르렁거리다가도 이익이 맞아떨어지면 언제든 손을 내미는 야합은 동서고금을 막론하고 있어왔다. 그러나 현재의 미중 관계는 다르다. 단순한 갈등이 아니라 '세기의 경쟁'이며, 승자와 패자가 나뉘는 게임이다. 한국은 이러한 갈등의 본질을 명확히 이해해야 한다.

미중 관계의
근본적 리셋

2020년 5월 20일, 미국 정부는 중국에 관한 중요한 공식 문서를 공표한다. 트럼프 1기 행정부가 공표한 '대중국전략보고서'(공식 명칭: 〈중국에 대한 미국의 전략적 접근United States Strategic Approach to the People's Republic of China〉)는 단순한 경쟁적 접근을 넘어서 미중 신냉전의 사실상 공식 선포로 봐도 무방하다.[107] 이 보고서는 미중 갈등이 단순한 경제적 대립이 아니라 이념적 가치 대립으로 진화했다는 점을 명확히 하고 있다. 특히 보고서에는 '우리의 가치에 대한 도전'이 강조되어 있는데, 이는 미중 갈등의 본질이 이념적 갈등임을 지적하는 것이기도 하다.

그 보고서는 시진핑 국가주석을 '대통령President Xi'가 아닌 '총서기General Secretary Xi'라고 부르며 중국이 공산주의 국가임을 명확히 했다. 이는 미국 내 중국 전문가들이 제기한 문제를 반영한 것이다. 또한 중국을 단순한 국가가 아닌 '정권regime으로 지칭하기도 했다. 이러한 언어 사용은 미중 관계가 단순한 국가 간의 경쟁을 넘어 정치체제와 가치에 대해 근본적으로 대립하고 있음을 시사한다.

보고서는 시진핑의 '인류운명공동체' 슬로건이 사실상 공산당 주도의 이념적 순응을 고취하는 도구로 변질되었으며, 이는 중국 내외에서 중국의 영향력을 확산시키는 데 사용되고 있다고 말한다. 중국 정부의 신장, 홍콩에서의 인권 문제는 보고서에서 구체적으로 지적되었다. 그리고 이러한 지적을 통해 소수 민족 탄압, 종교 박해 등 인류 보편적 가치가 존중받지 못하는 현실을 부각시켰다.

일부에서는 이 보고서가 당시 대선을 앞두고 반중反中 정서를 활용해 트럼프의 지지율을 높이려는 정치적 목적하에 작성되었다고 주장하기도 했다. 그러나 미중 관계는 주지하다시피 민주당의 바이든 정부가 들어선 후에도 쉽게 해소되지 않았으며, 인권 문제와 첨단기술 분야에서 갈등은 더욱 확대되었다. 트럼프 1기의 바통을 이어 받은 바이든은 대선 후보일 때 시진핑을 '불량배thug'라고 매우 신랄하게 비판했다.[108] 단순한 선거용 멘트였을까? 대통령으로 당선되고 난 후에도 그는 시진핑을 민주주의의

'민'자도 모르는 '독재자'^dictator라고 했다.¹⁰⁹ 이처럼 바이든 역시 중국을 바라보는 부정적 시각은 트럼프와 마찬가지로 일관되었다.

이 보고서는 중국에 대한 미 정부 내 여러 파벌의 이견이 하나로 수렴된 결과이기도 하다. 정부 내 온건파가 강경파로 수렴됐고, 백악관 내 '선거용 강경파'('반중'을 선거에 이용)가 '이념적 강경파'(중국 공산당이 본질적으로 미국의 가치에 부합하지 않는다고 보고 중국의 부상을 좌절시키려 함)로 수렴되었다. 코로나 사태에서 중국이 보여준 행태는 여러 파벌의 통합에 결정적 계기를 제공했다.

이 문건은 미국의 중국에 대한 '근본적 재평가'를 결론에 명시했다. 이는 미중 관계에서 '냉전' 패러다임을 재정의하는 중요한 전환점을 의미하며, 보고서에 제시된 미소 냉전과 유사한 양상의 갈등 구도를 예고한다. 종합적으로 이 보고서는 미중 냉전의 시작을 알리는 또 하나의 'X 파일'로 기억될 것이다.

참고로 미국 국무부 내에서 최근 '미국이 더 빨리 달린다'^America runs faster 라는 말이 사라졌다.¹¹⁰ 미묘하지만 중요한 관전 포인트다. 이는 바이든 행정부 초기에 미국의 중국 담당 관리들이 구호처럼 썼던 표현이다. 미중 경쟁에서 중국의 부상 속도보다 미국이 '더 빨리 달리면 이긴다'라는 일종의 미국판 '초격차 전략'인데 이를 폐기한 셈이다. 이는 중국에 대한 경쟁력 우위를 유지하려는 소극적 자세에서 벗어나 이제는 적극적으로 중국의 부상을 좌절시키는 방향으로 미국의 정책이 바뀌고 있음을 보여주는 것이기도 하다.

2022년 8월 9일 통과된 '반도체와 과학법'^CHIPS and Science Act, 8월 16일

트럼프 유세장에서 흔히 볼 수 있는 반중국 슬로건

통과된 '인플레이션 감축법'Inflation Reduction Act, 그리고 9월 12일 통과된 '바이오 기술과 제조 혁신의 증진 행정명령 제14081호'Executive Order 14081: Advancing Biotechnology and Biomanufacturing Innovation 등이 그것이다. 앞으로 중국을 견제하는 더 많은 법령과 행정명령이 나올 것이다. 미국은 전열을 더욱 가다듬고 있으며, 행정부, 입법부, 사법적 차원에서 중국에 대한 정교한 조치를 정비하고 있다. 마치 먹이를 포획하기 위해 그에 특화된 그물을 촘촘하게 짜듯이 말이다.

한국으로 시선을 돌려보자. 아직도 미국과 중국 사이에서 한국이 어떤 포지셔닝을 취해야 할지와 관련해 원론적이고 소모적인 논쟁이 수년째 진행 중이다. 미중 모두 한국을 필요로 하기 때문에 한국이 중간에서 이익을 취하기 좋다는 식의 듣기 좋은 처세론도 유행한다. 하지만 쉽지 않을 것이다. 이런 낭만적 사고가 여전히 한국의 담론시장에서 소비된다는 것은 그만큼 한국이 미중 강대국이 벌이는 지정학적 격변을 따라잡지 못하고 있다는 방증이다. 한국은 미중 갈등을 좀 더 심각하게 대할 필요가 있다.

미 하원 아시아태평양 소위원장을 지낸 테드 요호 Ted Yoho 전 의원은 뉴욕 코리아소사이어티가 주최한 2022년 12월 8일 회의에서 현 상황을 "제2차 세계대전 이후 본 적 없는 지각 변동이다."라고 정의했다.[111] 이는 최근까지 현직의 신분으로 미국 외교에 직접 관여하고 정부 기관이 작성한 수많은 내부 보고서를 받아본 인사의 말이다.

미중 갈등을 바라보는 한국의 시각엔 조금 더 진지함이 필요하다. 우린 지금까지 미중이 글러브를 끼고 서로 잽을 날리는 1회전만 봤을 뿐이다. 12회전까지 갈 길이 멀다. 한국은 종종 이런 큰 그림을 놓친다. 현재 진단과 미래 예측이 빗나가면 엉뚱한 정책 아이디어가 나오고 그것에 그림을 맞추려는 자가당착에 빠질 수 있다.

2018년 무역 분쟁으로 미중 갈등이 본격화되었고, 2019년 홍콩 민주화 운동을 둘러싼 이데올로기 갈등, 2020년 코로나 팬데믹 방역 효과를 둘러싼 체제 경쟁, 그리고 2021년 대만을 둘러싼 인태 지역 갈등이 확산되었다. 이처럼 미중 갈등이 심화되는 상황에서도 한국은 당시 이를 '강 건너 불구경'하듯 했던 게 사실이다.

하지만 2022년 들어 설마 하던 러시아의 우크라이나 침공이 현실이 되면서 전쟁이 벌어졌다. 대만해협 위기가 더욱 고조되면서 대만 위기 시 '한국의 역할'에 대한 논의가 제시되기 시작했다. 구경만 하던 한국이 링 안으로 떠밀려 들어갈 수도 있다는 뜻이다. 미국 인플레이션 감축법 Inflation

Reduction Act, IRA 으로 한국 자동차 산업의 피해가 가시권에 들어오게 되자 한국 내에서 당황스러움과 미국에 대한 분노가 표출되기도 했다.

현시기는 미중 갈등을 두고 지정학적으로 가장 취약한 한국이 미중 양쪽에서 '이익을 극대화'하는 시기가 아니다. '손해를 최소화'해야 하는 시기다. 이는 소심한 제안이 아니다. 절체절명의 순간에는 본전을 잘 확보하는 것이 남는 것이기 때문이다. 최근 주식 시장에 투자해본 주린이들이라면 이 말이 무슨 뜻인지 뼈에 사무치게 와 닿을 것이다. 어려운 시기엔 주식 고수들도 손실을 피하기 어렵다. 국가도 마찬가지다. 전쟁도 일어나고 심지어 나라를 빼앗기기도 한다.

우크라이나를 보자. 방산 사업에 종사하는 한국의 한 사업가는 불과 몇 년 전만 해도 러시아가 우크라이나를 침공할 것이라는 생각을 해본 적이 없다고 했다. 놀라운 것은 북한군이 러시아-우크라이나 전쟁에 파병되어 싸우고 있다는 것이며, 더욱 놀라운 것은 자기가 이것 때문에 그 어느 때보다 큰돈을 벌고 있다는 사실이라고 그는 말했다. 이처럼 놀라운 일은 대한민국에게도 일어날 수 있다.

지정학적으로 '판도가 바뀐다' tectonic shift 는 것은 기존의 사고를 폐기해야 한다는 뜻이다. 판을 바꿔야 한다는 것이다. 고기를 굽는 불판도 바꿔야 한다. 새 판을 깔아야 한다. 북핵 문제에 대한 트럼프 미국의 접근법도 한국이 계엄령/탄핵 정국을 겪는 동안 본질적으로 바뀌고 있다. 한국은 무척 당황한 상태에서 기존의 '북한 비핵화'라는 외교 메뉴판을 들고 워싱턴과 대화하려 한다.

정부를 넘어
민간 영역까지 확산되는 갈등

이런 변혁의 시기에는 새로운 국제정치 판도에서 대한민국이 생존을 넘어 번영할 수 있는 새로운 전략적 패러다임이 필요하다. 동시에 일부 비현실적인 옵션도 가려내야 한다. 예를 들어 미중 관계에서의 '한국 중립론'이다. 흥미롭게도 '중립'이란 단어는 한국 내에서 그 수요층이 두텁다. 한쪽으로 치우치지 않는 태도로 미화되기도 한다. 하지만 미국 등 서구사회에서는 중립이란 말이 '민감한 문제에서 비겁하게 처신한다'는 부정적 뉘앙스로도 쓰인다. 유엔 북한 인권 투표에서 중립을 표하는 '기권' 선택이 비판의 대상이 되는 이유다. 자기에게 피해가 올까 두려워 소신을 포기하는 행위로 여겨지는 것이다.

미중 사이 '한국 중립론'은 성립될 수 없는 위헌적 사고다. 대한민국 헌법이 대한민국을 '자유민주주의' 사회로 규정하고 있기 때문이다. 헌법정신을 보면 대한민국이 미국 체제와 연대해 있음을 알 수 있다. 그리고 이를 다시 한미 동맹으로 묶어 놓았다. 한미 동맹 체결의 역사를 되돌아보면, 당시 이 동맹을 더 간절히 원했던 쪽은 사실 미국이 아니라 한국이었다. 양국 정부는 1953년에 한미 동맹을 맺었는데, 이는 서로 약속한 문서에 공식적으로 서명調印했다는 의미다. 법적 기반이 있는 조약이므로 이를 부정하기는 어렵다.

한국이 가치와 이념이 다른 중국과도 가급적 원만한 관계를 유지하려고 노력한 것은 바람직하다. 이웃 국가와의 갈등은 가급적 피하고 우호적인 관계를 맺는 것이 좋다. 그러나 그러한 관계 역시 대한민국 헌법정신에 부합해야 한다. 중국은 21세기에 '중화 중심'의 위계질서를 다시 확립하기를 희망하고 있다. 이러한 '중국몽'에 대해 한국 지도자가 '대한민국도 함께할 것'이라고 언급하거나, 사회주의 국가들끼리의 연대를 부각하는 천안문 열병식에 미국의 동맹국 가운데 유일하게 대한민국 대통령이 참석한 일은 단순한 해프닝을 넘어서는 사건이었다. 이는 국제사회에서 대한민국의 이미지를 훼손시켰다.

이제 한국은 자국적 시각에만 머무르지 말고, 세계의 관점에서 자신을 좀 더 냉정하게 돌아봐야 할 시점이다.

이러한 점에서 현재 미중 관계가 단지 정부 간 갈등을 넘어서 민간 영역까지 확산되고 있다는 사실은 더욱 중요하게 살펴봐야 한다. 갈등의 골이 민심으로까지 깊어지고 있다는 점은 향후 미중 관계의 향방을 결정지을 때 핵심 요소 중 하나가 될 것이다. 한국은 여기에 주목해야 한다.

한국은 '사드' 배치 문제를 통해 중국과의 갈등이 정부를 넘어 민간 영역으로 확산되는 과정을 이미 경험했다. 당시 중국 정부는 롯데를 비롯한 한국 기업과 한한령限韓令을 통해 보복 조치를 취하며 압박을 가했다. '본때를 보여주자'는 의도였는지는 알 수 없으나 당시 한중 관계 연구에 참여했던 나는 중국 측에 "정치적 갈등을 민간 영역으로 확대하지 말라. 일을 저지르기는 쉽지만 수습하기는 훨씬 어렵다."라고 당부한 바 있다. 그러나 중국은 결국 보복을 강행했고 그 후의 결과는 모두가 잘 알고 있는 것과 같다. 그 후 한국에서는 전례 없는 '반중 감정'이 확산되었으며 이는 아직까지 현재 진행형이다. 미중 갈등도 마찬가지다. 깊어진 갈등의 골이 이제 정부 간 마찰을 넘어 민간 영역으로 조용히, 그러나 깊이 전이되고 있다.

예를 들어 내가 거주하는 보스턴 근교의 한 도시에서는 최근 구직 신청서나 관공서 인적 서류 등에 기재하는 '인종 범주'를 더욱 세분화하자는 제안이 나왔다. 현재 아시아 출신들은 단순히 '아시아계'Asian로 분류되지만, 이를 보다 구체적으로 나누어 일본계 아시안, 인도계 아시안, 중국계 아시안 등 출신 국가 항목을 명시하자는 것이다.

주목할 점은 이러한 움직임이 최근 미국에서 확산하는 '반중 정서'와 관련이 있다는 것이다. 특히 코로나19 팬데믹 이후 중국이 바이러스의 발원지라는 부정적 인식이 강해지면서 '아시아계 혐오 현상'이 두드러졌다. 이에 따라 중국계가 아닌 다른 아시아계 미국인들은 자신들이 중국인으로 오해받는 것을 꺼리게 되었다. 이번 제안도 이러한 배경에서 나온 것으로 보인다. 실제로 중국인으로 오해받아 불이익을 당하는 사례가 발생하면서 같은 아시아계 미국인들 사이에서도 중국계에 대한 불만이 누적되는 경향이 나타났다.

예를 들어 팬데믹이 한창이던 2021년, 83세의 한인 할머니가 뉴욕에서 아시아계 혐오 범죄의 피해자가 되는 사건이 있었다. 길을 가던 중 흑인 남성에게 주먹으로 폭행당해 기절한 것이다. 팬데믹 이후 아시아계를 겨냥한 혐오 범죄가 149퍼센트 증가한 것으로 나타나면서 미국 내 아시아계 커뮤니티에서는 안전에 대한 우려가 더욱 심화되었다.

그런데 인종 항목을 세분화하자는 제안이 나오자, 중국계 커뮤니티는 강하게 반발했다. 서류상에서 중국인을 따로 구분하면 미국 사회의 반중 정서가 더욱 노골적으로 드러날뿐더러 중국계에 대한 차별이 심화될 수 있다는 우려 때문이다. 이에 따라 중국계 미국인들은 온라인 서명 운동을 벌이며 개정안에 반대했다. 특히 중국계가 걱정한 것은 한 도시에서 이 개정안이 시행되면 다른 도시들로 도미노 현상처럼 확산될 가능성이 크다는 점이었다.

미국의 구직 서류에서 흔히 볼 수 있는 인종 범주의 예

☐ 아메리칸 인디언 또는 알래스카 원주민 American Indian or Alaska Native

☐ 아시아계 Asian

☐ 흑인 또는 아프리카계 미국인 Black or African American

☐ 하와이 원주민 또는 기타 태평양 섬 주민 Native Hawaiian or other Pacific islander

☐ 백인 White

한편 미국 국무부에서 근무하는 공무원들은 기밀 접근을 위해 정기적으로 '보안 허가' security clearance 를 갱신해야 한다. 이는 '비밀'로 분류된 외교/안보 관련 기밀 서류를 볼 수 있는 권리를 일컫는다. 한국에서 군인/공무원 등이 신원조사를 받는 것과 유사하다. 보안에도 등급이 있어 미국에서는 '톱 시크리트' top secret 의 경우 5년마다 갱신을 받아야 한다.[112] 갱

신 허가를 받지 못하면 업무를 지속하지 못하니 결국은 직장을 떠나야 하거나, 보안을 요구하지 않는 다른 업무로 보직을 옮겨야 한다. 그런데 미중 관계가 악화되면서 아시아계 미국인 외교관들의 보안 허가 갱신이 대거 보류되는 사태가 발생했다. 그리고 이 소문은 워싱턴 정가에 빠르게 확산되었다.

미 연방정부에서 공무원으로 일하려면 미국 시민권은 필수 사항이며, 특히 민감한 정보를 취급하는 직책의 경우 보안 심사를 통과해야 한다. 그런데 과거 중국에서 유학하거나 사업을 했던 경험이 있는 미국인들은 심사가 훨씬 까다롭고 오랜 시간이 걸린다고 한다.

일부 사례에서는 보안 심사가 최대 2년까지 지연되기도 했으며, 이런 문제로 일정 기간 이상 중국에 체류했던 미국인들은 아예 공직 진출을 포기하는 경우도 있다. 실제로 한 미국인은 중국에서 유학한 후 외교관이 되기를 희망했으나, 국무부에서 일하는 친구에게 문의한 결과 "신원 조회를 통과하기 어려우니 꿈도 꾸지 말라."는 답변을 들었다고 한다. 바이든 행정부에서 국무부 부장관을 지낸 커트 캠벨은 한 방송에 출연해 관련 질문을 받고 이를 부인했지만, 많은 사람은 이를 기정사실로 받아들이는 분위기다.[113]

이처럼 반중 정서가 미국 사회 전반에 걸쳐 확산되면서 다양한 제도적 변화에도 영향을 미치고 있다. 이러한 사회적 분위기는 미묘하게 영향을 미친다.

반중 정서가 때로는 더 조용하게 low-key 영향을 미치는 경우도 있다. 어느 날 미국인 교수의 초청을 받아 식사하러 갔는데, 그곳은 그 교수가 자주 찾는 단골 중국식당이었다. 그 식당의 주인은 중국 대륙 출신이었고, 이야기를 나누다 보니 흥미로운 얘기를 들을 수 있었다. 예전에는 주변 대학에서 중국 관련 세미나가 있을 때마다 그 식당에서 음식을 포장 주문 해가곤 했단다. 하지만 미중 관계가 악화된 이후로는 같은 동네에 있는 대만계 식당으로 주문처가 바뀌었다는 것이다.

평균 2주에 한 번 정도 대학 세미나가 열릴 때 100명분가량의 포장 음식을 주문했기에 이 식당으로선 꽤 큰 고정수입원이었던 셈이다. 식당 주인은 대규모 주문이 끊기니 많이 아쉬웠다고 한다. 그뿐만이 아니다. 이 지역에서 중국 음식이라면 자기 식당이 최고라는 자부심이 있었는데, 본인 식당보다 맛이 덜하다고 생각되는 다른 식당으로 주문이 몰리는 상황이라 자존심도 상한다고 했다. 결국 매출이 줄어 주방장을 내보내고, 현재는 식당 주인이 직접 주방에서 음식을 만들고 있다고 한다.

대학도 마찬가지다. 내가 아는 미국 내 중국 연구소 두 곳도 최근 책임 디렉터가 교체되었다. 두 연구소 모두 중국 대륙 소재 대학과 중국 기업의 후원으로 운영되어왔다. 그러나 미국 정부가 중국 정부가 개입된 연구 기금을 엄격히 심사하는 것은 물론이고, 미국 사회의 반중 정서도 거세지면서 '친중파'로 알려진 책임자들이 물러나고 말았다. 해당 대학들은 '임기 만료'를 공식 입장으로 내놓았지만 내부적으로는 다른 사연이 있다는 얘기도 돌고 있다.

특히 미국 대학의 이공계 분야에서는 중국 학생을 받지 않으려는 움직임이 이미 공공연하게 퍼져 있다는 말이 돌고 있다. 미중 간 기술 경쟁이 치열해지면서 중국 학생들이 기술을 탈취하거나 해외로 이전할 우려가 크다는 이유에서다. 한번은 남부의 한 주립대학에서 한국 문학을 가르치는 교수가 나에게 전화를 걸어왔다. 한 중국 학생에게서 자신이 속한 대학원에 본인 전공 분야로 진학하고 싶다는 연락을 받았는데 '괜찮겠냐'며 우려 섞인 목소리로 물어왔다. 내심 '한국 문학 전공이면 중국과는 관계없을 텐데' 하는 생각이 들었다. 하지만 이런 전화를 접하면서 최근 들어 미국 사회에서 중국에 대한 불안감이 얼마나 커졌는지를 실감하게 되었다.

나는 미국 내 반중 정서가 단기적으로 끝날 일이 아니라 중장기적으로 영향을 미치며 미국 사회의 지속적인 특징이 될 것이라고 본다. 퓨 리서치 센터Pew Research Center의 설문 조사에 따르면 미국인 중 80퍼센트 이상이 이미 중국에 대해 비호감을 갖고 있다고 한다.[114] 미중 갈등이 장기화되면서 정치적 갈등이 어느 정도 해소되더라도 민간 영역에서의 호감도나 인식은 즉시 따라오지 않는다. 상당한 시차를 두고 인식의 전환이 이루어지기 때문에 미중 민간 갈등은 상당 기간 지속될 것으로 예상된다.

더구나 중요한 점은, 앞서 언급한 서류에 인종을 기재하는 사례처럼 반중 감정이 국가 간의 문제를 넘어 이제는 미국 사회 내부에서 구성원 간의 반목과 질시를 조장하는 요인이 되고 있다는 것이다.

덧붙이자면, 여기서 제시한 사례들은 내가 직접 경험하고 연구한 것들이다. 중국 연구자로서 관련 종사자들과 교류하는 과정에서 이러한 현상을 접할 수 있었다. 또한 이 주제에 지속적으로 관심을 갖고 연구하는 과정에서 파악한 내용과 사례들이다. 이러한 점을 고려해 글의 내용을 이해

해주기 바란다.

불륜이 낳은 보안 허가 취소

미국에서는 국방부, 국무부 등 정부 기관에 근무하는 공무원 외에도 약 400만 명의 미국인이 보안 허가증을 보유하고 있다. 이들은 주로 정부가 필요로 하는 전문 지식을 갖춘 컨설턴트로 활동하는데, 정부와 계약을 맺고 일을 하거나 정부 프로젝트에 참여한다. 예를 들어 AI 데이터 분석으로 유명한 소프트웨어 회사 팔란티어Palantir는 미 국방부를 주요 고객으로 한다. 민간 기업이지만 정부와 사업을 하기 때문에 이곳에서 근무하는 많은 사람이 국가 기밀 사항을 취급할 수 있는 보안 허가증을 갖고 있다.

마이크로소프트 사이버 대응팀의 우수한 인재들은 정부 기관이 해킹을 당했을 때 복구 작업에 참여하거나, 심지어 외국 정부의 요청을 받아 해외 출장을 가기도 한다. 이들은 민간인이지만 해당 직종에 종사하려면 역시 보안 허가증을 보유해야 한다. 원래 정부에서 일하다가 월급을 더 많이 주는 민간 회사로 이직할 때도 그들이 갖고 있는 보안 허가증은 매우 유용하다. 회사 입장에서는 그들이 이미 보안 허가증을 갖고 있기 때문에 정부와 지속적 사업을 할 경우 당연히 도움이 된다.

서울에도 사무소를 두고 있는 전략 컨설팅 회사 부즈앨런&해밀턴Booz Allen Hamilton도 유명하다. 전 세계 100대 기업 중 70퍼센트와 유엔, 세계은행 등이 이 회사의 고객 리스트에 포함되어 있다. 이 회사의 구인란을 보면 미국 시민권자이면서 보안 허가증 소유자가 지원 자격으로 명시된 경우가 많다.

보안 허가 요건을 갖추면 취업 기회가 확장되기 때문에 많은 미국인이 이를 취득하려 한다. 요즘은 워싱턴의 민간 싱크탱크에서도 보안 허가증 소유자를 선호하는 경우가 많다. 국제 정세를 다루다 보니 전현직 관료들이 회의에 참석하는 경우가 종종 있다. 이때 보안 허가가 없으면 그 회의에 참여할 수 없기 때문이다. 대표적인 예로 랜드 연구소 RAND Corporation가 있다.

만약 다니던 직장에서 업무상 결함으로 보안 허가가 취소되면, 승진이 보류되거나 보안 자료에 접근할 수 없게 된다. 정상적인 업무를 수행할 수 없으므로 사실상 직장을 떠나야 한다. 다음은 이와 관련된 유명한 사례다.

미 육군사관학교를 졸업한 한 여성이 한 장군의 책을 집필하는 과정에서 그와 불륜을 맺게 된다. 그 장군은 나중에 CIA 국장이 되었는데, 그 과정에서 두 사람 모두 보안 문제로 직위를 잃는다. 그 여성은 바로 폴라 브로드웰Paula Broadwell이다.

폴라 브로드웰은 1972년 노스다코타주 비즈마크에서 태어났으며 어린 시절부터 뛰어난 재능을 보였다. 고등학교를 수석으로 졸업한 후 1995년 미 육군사관학교인 웨스트포인트를 우수한 성적으로 졸업했다. 그녀는 군사정보 장교로 일하며 보안 허가증을 보유하고 있었다.

브로드웰의 경력에서 결정적인 순간은 데이비드 퍼트레이어스David Petraeus 장군과의 만남이었다. 두 사람은 2006년 하버드대학교에서 열린 퍼트레이어스의 강연에서 처음 만났다. 그 후 두 사람의 만남은 퍼트레이어스 장군의 전기 《올인: 페트레이어스 장군의 전쟁과 리더십》All In: The Education of General David Petraeus 집필을 위한 연구 인터뷰로 시작되었으나, 이후 두 사람은 로맨틱한 관계로 발전했다. 이 불륜 관계는 2012년 퍼트레이어스의 또 다른 여성 친구인 질 켈리Jill Kelley가 브로드웰에게서 괴롭힘 이메일을 받았다고 신고하면서 밝혀졌다. FBI 수사를 통해 브로드웰의 개인 컴퓨터에서 퍼트레이어스 장군과 주고받은 이메일이 발견되었는데, 그중 일부는 기밀 자료들이었다.

불륜 관계가 언론에 보도되면서 브로드웰은 즉각적인 직업적 타격을 입었다. 2012년 그녀의 보안 허가가 취소되었고, 중령으로의 진급이 취소되었으며, 소령으로 강등되었다. 또한 육군은 수사가 진행되는 동안 그녀를 '추가 진급 부적격자'로 분류했다. 당시 CIA 국장이었던 퍼트레이어스 장군도 이 사건으로 사임했다.

보안 허가는 여러 이유로 취소될 수 있다. 여기에는 범죄 연루, 부정직함, 신뢰성 결여, 보호 정보의 부적절한 취급 또는 강요에 취약한 행동 등이 포함된다. 브로드웰의 경우 당연히 퍼트레이어스와의 불륜이 문제가 되었는데, 상대방이 CIA 국장이란 점에서 더 큰 논란을 불러일으켰다.

미중 데탕트에 대한
오해와 이해

최근 미국 사회 내부에서 중국을 어떻게 인식하는지 앞서 사례를 들어 그 분위기를 소개했다. 그 이유는 한국 사회 내의 혼동을 줄이기 위함이다. 한 국제정치 전문가는 최근 어느 중앙 일간지에 쓴 칼럼에서 흥미로운 주장을 펼쳤다. 바이든 대통령이 미중 관계의 '해빙'을 언급하자 이 학자는 '미중이 전격적인 데탕트(긴장 완화)로 방향을 틀었으니 한국도 늦기 전에 중국과의 소원한 관계를 회복해야 한다'는 취지의 글을 발표했다. 미국에서 정치학 박사 학위를 받은 학자의 분석이라는 점에서 주목할 만한 견해였다.

이러한 반응은 역사적 맥락에서 살펴볼 필요가 있다. 한국과 같은 중견국과 소국은 강대국의 움직임에 민감하게 반응하는 경향이 있다. 강대국 간의 관계 변화가 국가 운명을 좌우했던 역사적 경험이 있기 때문이다. 1972년 미국이 소련을 견제하기 위해 닉슨 대통령이 적국인 중국을 전격 방문한 사례가 대표적이다. 이에 충격을 받은 일본은 서둘러 중국과 수교를 단행했는데, 미중의 갑작스런 데탕트로 일본이 패싱당할 것을 우려했기 때문이다.

더 거슬러 올라가면 다른 사례도 있다. 1905년 미국은 일본의 한반도 지배를 정당화해준 '가쓰라-태프트 밀약'을 맺었고, 그 영향은 여전히 역사에 남아 있다. 이런 역사적 맥락에서 강대국 지도자의 발언에 대한 민감한 반응은 이해할 수 있는 부분이다.

그러나 해당 사안에서 주목해야 할 사실은, 바이든이 미중 관계의 '해빙'을 언급한 바로 그날, 중국이 미국의 반도체 기업 '마이크론'에 대한 제재를 발표했다는 점이다. 이는 바이든의 발언이 중국과 사전 조율되지 않았음을 보여주는 정황적 증거다. 바이든의 발언은 일방적인 외교적 제스처로 볼 수 있으며, 분석의 초점은 이러한 긴장 완화 발언을 통해 시진핑과의 양자 회담 포석을 놓는 바이든의 외교전략에 맞춰질 필요가 있다.

즉 당시 미국이 왜 중국과의 긴장 완화를 필요로 했는지를 살펴봐야 한다는 것이다.

당시 미중 간의 군사적 긴장이 최고조에 달한 상황에서 바이든은 직접 시진핑을 만나 중국의 대만 침공 가능성 등에 대해 소통하려 했다. 2022년 8월 낸시 펠로시 Nancy Pelosi 당시 미국 하원의장이 대만을 방문한 후, 중국은 미중 간의 군사적 핫라인을 모두 끊어버린 바 있다.[115] 이 일로 두 나라의 소통 채널은 사실상 차단되었고 우발적 군사 충돌의 위험은 계속해서 증대되어왔다. 만일 중국이 대만 침공을 강행한다면 미국은 어떤 태도를 취해야 할까? 당시 한국을 비롯한 동맹들에게 굳건한 안전 보장을 다짐하던 미국으로서는 대만 위기 상황에서 개입하지 않을 수 없었을 것이다. 동맹국들은 미국이 대만에 도움을 주는지 여부를 보고 미국을 신뢰할 수 있는 국가인지 판단하려 할 것이기 때문이다.

바이든 본인 역시 중국이 대만을 침공할 경우 미군을 파병해 대만을 돕겠다고 공개적인 자리에서 말한 상황이었다. 만약 대만 위기가 현실화된다면 미국과 중국 어느 쪽도 양보할 수 없는 구도로 가고 있었다. 워싱턴 일각에서는 이러다 전쟁이 발발할 수 있다는 예측까지 대두되는 상황이었다.[116] 바이든 대통령은 이러한 상황에서 핵무기를 보유한 두 강대국 간의 전쟁이 지구적 파멸을 초래할 수 있다는 우려를 품고 있었고, 시진핑과의 양자 회담을 통해 전쟁의 위험을 최소화하려 했던 것이다. 이것이 바이든의 '일방적 데탕트' 발언의 동기였다.

미국은 2023년 10월에 국방장관 회담을 제안한 것과 같은 방식으로 군사적 충돌을 피하기 위한 긴장 완화의 의도를 내비쳤다. 그 이전까지 미중 간 대화는 거의 이루어지지 않은 상태였다. 중국은 주중 미 대사와의 접촉을 거부하며 그를 '투명 인간' 취급했다. 따라서 미 정부와 싱크탱크 내에서 '중국의 동향에 대한 정보의 정확성'에 대한 의문이 제기되었다. 또한 중국 측과 접촉 없이 워싱턴의 집무실 책상에 앉아 대만 위기와 관련해 작성된 보고서 중 일부는 중국 현실과는 거리가 먼 '장거리 상상' long-distance imagination에 불과하다는 조소를 받기도 했다.

바이든은 시진핑이 언급한 '2027년' 대만 공격 시한설에 여러 가지 억측이 나도는 가운데 미중 간 오판을 막아야겠다고 생각했고, 가장 정확한 정보를 갖고 있는 시진핑과 만나 이 문제에 대해 직접 듣고 싶었다. 중국이 대만을 침공한다면 그 결정권자는 시진핑이기 때문이다. 일단 양국 관계의 긴장을 낮춘 후 시진핑과 정상회담을 가지려는 계획하에 그런 발언을 한 것이다.

이는 바이든이 시진핑과의 회담 후 기자회견 중 나온 첫마디에서도 드러난다. "나는 중국이 당장 대만을 침략하려는 시도를 할 것이라고 생각하지 않는다." [117] 이는 미국 내에서 대만과 관련한 군사적 긴장에 대한 우려가 얼마나 컸는지를 보여준다.

이렇듯 2023년 11월 미중 정상회담은 근원적인 문제 해결에 집중하기보다는 '문제 관리'에 집중했다. 미국과 중국은 잠시 '작전 타임'을 가지며 상호 갈등의 규칙을 재점검하는 기회를 마련한 셈이다. 미중 갈등의 구조적 특성은 여전히 변하지 않았으며 '잠시 멈춤'을 누른 것일 뿐이다. 따라서 이후 이 갈등은 재개될 가능성이 높다. 아니나 다를까, 바이든 대통령과 시진핑 국가주석의 정상회담 이후 양국 간 대화의 분위기는 곧

'스파이 풍선' 사건으로 다시 위기감을 고조시켰다.

중국 스파이 풍선 사건은 미중 관계의 중요한 '변곡점'turning point이다. 데이비드 스틸웰David R. Stilwell 전 미 국무부 동아태 차관보는 나와의 인터뷰에서 이번 사건이 이미 곪을 대로 곪은 미중 관계의 상처에 소금을 뿌린 것이라 진단했다. 스틸웰 전 차관보는 군 장성 출신이다. 그는 미중 관계를 '신냉전'으로 규정하며, 승자와 패자가 결정돼야 끝나는 장기전이 될 수 있다며 우려를 표명했다.

다음은 그와 진행한 인터뷰의 주요 내용이다.[118]

데이비드 스틸웰 인터뷰

"중국 스파이 풍선 사건은 미중 관계의 중요한 '변곡점'이다."

– 데이비드 스틸웰(전 미 국무부 동아태 차관보)

Q. 중국 스파이 풍선 사건 여파가 꽤 크다.
A. 미국 사회가 보인 강경한 반응에 중국이 깜짝 놀랐을 것이다. 이번 중국 스파이 풍선 사건은 미중 관계의 '변곡점'이다.

Q. 그렇게 큰 사건인가?
A. 풍선이라는 실체가 하늘에 떠 있고 그것을 많은 미국 시민들이 목도했다. 미국 시민들로 하여금 미국 상공에 떠 있는 중국 풍선을 보게 한 것이

다. 시진핑이 무슨 정신으로 그런 짓을 했는지 모르겠다. 그것은 눈엣가시 a poke in the eye 처럼 미국인들의 심기를 건드리는 행위였다. 만약 중국이 정말 실수로 풍선을 미국 영토에 들어가게 한 것이라면 중국 정부는 사전에 미국에 통보하거나, 풍선이 미국 영토에 진입하기 전에 폭파시켰어야 했다. 그런 풍선에는 상대방 영공에 들어가는 것을 방지하기 위해 바다에 추락시킬 수 있는 자폭 기능이 있다.

Q. 중국 스파이 풍선의 목적을 무엇이라 보는가?

A. 두 가지다. 첫째는 정보 수집이고, 둘째는 바이든 행정부가 어떻게 반응하는지 테스트해보는 것이다. 어떤 사람들은 '걱정하지 마라, 이건 중국의 우발적 실수다. 중국의 의도는 선한 것이다'라며 무마하려 하지만 나는 그렇게 믿지 않는다. 크기만 봐도 그렇다. 중국이 주장하는 기상관측용이라고 보기에는 너무 거대한 풍선인 데다 정보 수집을 위한 안테나가 달려 있다.

Q. 바람에 따라 풍선이 의도치 않게 표류할 가능성도 있다고 한다.

A. 중국이 좋은 의도로 그랬을 가능성은 없다. 나는 이번 풍선 사건을 코로나19 팬데믹 때 중국이 보여준 행위의 판박이로 본다. 2020년 코로나19 발발 초기에 중국 공산당은 바이러스의 사람 간 감염은 절대 없다는 거짓말을 했다. 그리고 그들은 우한을 봉쇄했다. 이것이 우리가 상대하는 중국의 실체다. 중국은 신뢰하기 어렵다. 이번에는 이것이 평화로운 목적을 위한 풍선이라고 말한다. 하지만 중국은 초음속 비행체 및 기타 실

제 무기를 테스트하기 위해 풍선을 사용하기도 한다.

Q. 바이든 정부의 반응은 적절했나?

A. 미국 정부는 이런 풍선이 미사일 기지 위 상공을 돌아다닐 경우 전자적 혹은 군사적으로 공격을 감행한다는 가능성을 염두에 두어야 한다. 이번 중국 풍선의 경우 감시 목적이라 하지만 잠재적으로 무기를 장착할 가능성도 배제할 수 없다. 내가 책임자라면 알래스카를 건너 우리 영토에 들어오는 즉시 격추했을 것이다. 인명 피해를 우려해 바로 격추하지 않은 것은 이해하지만, 그 풍선은 미국 영토에 너무 오래 머물러 있었다.

Q. 미중은 정부 간에만 갈등이 있지 않다. 미국 사회에서 미국 시민들의 중국에 대한 불신이 상당하다.

A. 소련 속담에 "신뢰하라, 그러나 검증하라." Trust but verify 라는 말이 있다. 그러나 중국을 상대로 할 때는 달리 표현해야 한다. 마이크 폼페이오 전 국무장관은 2020년 7월 연설에서 이 속담을 비틀어 "불신하라, 그리고 검증하라." Distrust and verify 라고 말했다.

Q. 미중 경쟁이 격화되고 있다. 미중 경쟁의 본질에 대해서 혹자는 '전략 경쟁' 혹자는 '패권 경쟁', 혹자는 '신냉전'이라고 한다.

A. 미중 경쟁의 성격은 의심의 여지 없이 신냉전이다. 나는 이것을 2020년경부터 말해왔다. 미중 갈등은 냉전의 중요한 요소인 이데올로기 경쟁으로 이미 확대됐다. 시진핑은 중국식 사회주의 이데올로기가 민주주의,

자유시장 체제보다 더 우월하다고 했다. 미중 경쟁은 실존적이기도 하다. 승자와 패자가 있을 것이다.

Q. 미중이 'G2'로서 티격태격하지만 결국은 서로 간의 긴밀한 경제적 이익 상관관계와 이해관계 때문에 다시 화해할 것이란 의견도 여전히 있다.

A. 미중 경쟁이 본격화했던 트럼프 대통령 시절 취하기 시작한 대중 강경 정책 노선이 바이든 행정부에 들와서도 상당 부분 지속되고 있다는 점을 유념해야 한다.

Q. 지난 40여 년간 미중 관계의 역사를 반추하면 관여 정책이 주류였다.

A. 40년이란 숫자는 성경에서도 의미심장한 숫자다. 모세가 이스라엘을 이집트에서 구출하기 전 광야에서 깨달음을 얻기까지 방황한 시간도 40년이다. 미국은 지난 40년간 중국이 바뀌기를 희망하며 최대한 노력했다. 우리는 중국을 국제사회의 일원으로 이끌었고, WTO 가입을 도와줬으며, 최혜국 대우를 해주었다. 미군에겐 심지어 인민해방군 전투기를 현대식 레이더와 사격 통제 시스템을 갖춘 서구 표준으로 업그레이드하는 프로그램도 있었다. 그리고 그것이 완료되면 새로운 시스템에 대한 교육도 진행했을 것이다. 하지만 1989년 천안문 사건이 터지며 그 프로그램은 취소되었다.

Q. 향후 미중 관계 전망은?

A. 미국은 화를 내도 천천히 낸다. 하지만 40년이란 시간은 충분한 시간이

> 다. 이제 신냉전 시기가 도래했다. 그것이 현재의 미중 관계다. 시진핑은 덩샤오핑鄧小平의 도광양회韜光養晦를 포기하고 미국을 상대로 적극적인 신냉전 싸움을 전개하고 있다. 미국도 이에 맞서 싸워야 한다.

당시 한국이 '미중 데탕트'가 이뤄지고 있다고 여긴 또 다른 핵심 근거는 미국 정부 인사들이 '디커플링' 대신 '디리스킹'(위험 완화)이라는 용어를 사용하기 시작했다는 점이다. 그러나 이 부분에서도 한국은 판단에 오류가 있었다.

원래 '디리스킹'은 유럽에서 사용된 용어다. 반면 미국에서 먼저 쓰이기 시작한 '디커플링'은 사실상 중국과 결별을 전제로 한 반중反中 전선 동참을 의미한다. 그러나 유럽은 중국과의 교류는 유지하면서도 중국발 위험을 줄이겠다는 취지로, 미국과는 다른 접근법을 담은 '디리스킹'이라는 용어를 사용했다. 이후 미국 정부가 어느 시점부터 유럽의 용어를 사용하자, 한국은 미국도 '디리스킹' 전략을 채택했다고 잘못 해석했다.

그러나 미국 정부가 '디리스킹'이라는 표현을 쓰기 시작한 것은 중국에 대한 기본 태도가 달라졌기 때문이 아니라, 유럽을 미국 측으로 끌어들이기 위한 일종의 전략적 선택이었다. 즉, 중국과의 디커플링을 망설이던 유럽을 설득하기 위한 전술이었다는 것이다. 실제로 미국이 중국 관련 전략 용어를 유럽과 통일하자, 유럽은 부담을 덜고 미국의 대중국 정책에 참여하기로 결정했다. 미국은 이를 대중국 견제 정책에 머뭇거리던 유럽을 끌어들인 커다란 성과로 평가했고 그 결과 유럽에서도 대중국 포위 전선이 보다 단단해졌다. 이는 미국이 동아시아에서 한국·미국·일본 3국의 안보 협력을 강화한 것에 비견할 수 있는 '유럽판' 움직임으로, 모든 목적은 중국을 견제하기 위함이다.

이러한 의도를 당사자인 중국은 간파했다. 미국과 대립하는 중국으로서는 미국의 의도를 파악하는 것이 가장 중요하기 때문에 그 어떤 국가보다 미국 분석에 집중하고 있다. 바이든이 미중 관계의 '해빙'을 언급한 것은 일본 히로시마에서 열린 G7 회담에서였다. 이 회의에는 유럽도 참여했는데 중국 정부는 이를 '반중 워크숍'이라며 신랄하게 비판했다.119 그만큼 중국은 미국의 전략을 명확히 이해하고 있었다. 적과 적의 관계이기에 그 어느 때보다 예민하게 반응했던 것이다.

다시 바이든의 발언으로 돌아가 보자. 그가 그 시기에 토니 블링컨Tony Blinken 국무장관을 중국으로 보낸 목적은 미중 관계의 극적인 돌파구를 마련하려는 의도가 아니었다. 그보다는 이미 파국으로 치닫고 있는 관계를 관리하려는 성격이 강했다. 미국 측 인사들이 말한 '바닥을 깔아'put a floor라는 말은 자유 낙하 중인 미중 관계가 전쟁과 같은 파국적 추락을 하지 않도록 막겠다는 의미다. 이는 바이든과 시진핑이 2022년 말에 합의했으나 실행되지 않았던 미중 경쟁의 충돌을 방지할 '가드레일'을 뒤늦게 설치하겠다는 의도다. 더구나 블링컨은 중국으로 가는 길에 한국과 일본의 외교 수장들과 연이어 통화를 하며 한미일 연대를 확인했다. 즉 바이든은 중국과의 '데탕트'를 말하면서도 실제로는 한일 아시아 동맹과 유럽 동맹을 반중 전선에 규합하는 노력을 강화하고 있었던 것이다.

바이든 행정부가 끝난 현재 시점에서 이를 되돌아보면, 바이든의 전략적 패러다임이 일관되게 유지되어왔음을 알 수 있다. 오히려 바이든 행정부의 대중국 억제 정책은 군사 동맹 강화뿐만 아니라 첨단기술 제한 등을 통해 더욱 촘촘하게 그물망을 조여왔음을 알 수 있다.

그렇다면 당시 바이든이 시진핑과 만나려 했던 가장 시급한 이유는 무엇이었을까? 대만 문제와 관련된 '시진핑 리스크'를 관리하기 위해서였다. 앞서 운을 뗐듯이 당시 미국 내에서는 중국의 대만 침공 시점이 2027년보다 앞당겨질 것이라는 시각이 대두되고 있었기 때문이다. 시진핑이 통일을 자신의 집권 '레거시'로 삼고자 했기에 '임기 내 통일 의지'가 중국의 군사정책에 큰 영향을 미친다고 미국은 판단했다. 이런 이유로 미중 정상 간의 직접적인 대화를 통해 이를 관리하려 했던 것이다. 한국 일각에서 오해했던 키신저식 미중 '데탕트'는 아니었던 셈이다.

중국 스파이 풍선 사건: 몬태나에서 들은 지역 주민의 반응

2023년 1월 28일, 중국에서 발원한 고고도 풍선이 알래스카주 상공에 진입하며 사건의 서막을 알렸다. 이 풍선은 캐나다를 거쳐 미국 본토로 이동하며 약 1주일 동안 미국 영공을 횡단했다. 2월 1일, 풍선이 몬태나주의 맘스트롬 공군기지 상공에 도달하자, 군 당국은 즉시 비상 상황에 돌입했다. 이 기지는 대륙간탄도미사일Intercontinental ballistic missile, ICBM을 보관하고 운용하는 격납고 150개가 위치한 미국의 주요 군사시설이다.

미국은 처음에는 민간인의 안전을 고려해 격추를 자제했지만, 결국 2월 4일

노스캐롤라이나주 동부 해안 상공에서 F-22 전투기를 동원해 풍선을 격추했다. 이 사건은 미중 관계를 악화시켰고, 토니 블링컨 미 국무장관의 중국 방문이 연기되면서 외교적 긴장이 급격히 고조되었다.

중국은 이 풍선이 기상관측과 같은 과학 연구 목적으로 사용된 민간 비행선이라며 의도치 않게 미국 영공에 진입했다고 주장했다. 그러나 미국은 이를 군사용 정찰 풍선으로 규정했으며 이는 중국의 주권 침해 행위라고 강력히 비난했다. 이후 다른 국가들의 영공에서도 유사한 풍선들이 발견되면서 중국의 광범위한 정찰 활동에 대한 의혹이 제기되었다.

이 사건 발생 2개월 후, 나는 몬태나주를 방문할 기회가 있었다. 당시 그곳 대학에서 며칠에 걸쳐 강의를 하게 된 터라 현지인들에게 중국 스파이 풍선 사건에 대한 의견을 물어보았다. 대학 관계자는 매우 흥미로운 답변을 해주었다. "처음 그 뉴스를 접했을 때 '저거 우리가 쏘아 올린 것 아닌가?'라는 생각이 가장 먼저 들었습니다. 왜냐하면 대학에서 기상관측 실험을 할 때 그런 열기구 풍선을 많이 쏘아 올리거든요."

하지만 미군의 U-2 정찰기가 촬영한 고해상도 이미지 분석 결과, 풍선에는 신호정보 수집 능력을 갖춘 장비들이 탑재되어 있음이 드러났다. 이는 일반적인 기상관측 장비와는 다른 것으로 확인되었으며, 미국 국방부와 정보기관은 이를 토대로 중국의 정찰용 풍선이라고 결론지었다. 이에 미국은 풍선의 목적과 사용에 대해 강하게 문제를 제기하며 이를 정찰 활동으로 규정했다.

중국 외교부는 성명을 통해 해당 풍선이 중국에서 발원했음을 인정했다. 하지만 기상관측용 민간 비행선이라고 주장하며 정찰 목적으로 비행한 것이 아니라고 반박했다. 당시 미국 라디오 방송에 출연한 한 전문가가 농담조로

> "이제 미중 관계를 분석하려면 풍선 전문가도 되어야겠네요."라고 말했던 것이 기억에 남는다. 물론 나 역시 풍선 전문가가 아니다. 그러나 당시 몬태나 현지에서 들었던 지역 주민의 반응은 매우 흥미로웠다.

중국 분석을 끝낸 미국

"시진핑은 중국이 미국에 도전하려는 의도를 처음으로 드러낸 지도자로 평가받고 있습니다. 그리고 이런 이유로 이제 중국에 속지 않겠다는 의견이 워싱턴에서 널리 퍼지고 있어요." 워싱턴을 방문했을 때 들은 이 말이 내게는 아주 강렬한 인상으로 남았다.

이 발언은 미국 의회에서 세미나를 마친 후 발표자들과 의회 관계자들이 근처 커피숍에서 대화를 나누던 중에 나왔다. 그날은 코로나19 팬데믹 이후 의회가 문을 연 첫 주였으며, 내가 참석한 세미나가 그중 첫 번째였다. 당시 참석자들은 오랜만에 다른 사람들과 대면해 실제로 사람의 숨소리를 들으며 따뜻한 커피를 마실 수 있다는 사실에 큰 흥분을 감추지 못했다. 그러다 보니 분위기는 활기를 띠었고 서로 솔직한 대화를 나누는 기회가 되었다. 비록 세미나에서 다른 내용들은 시간이 지나면서 기억이 희미해졌지만, 이 발언만큼은 여전히 생생하게 기억에 남는다.

이 발언을 한 사람은 당시 의회에서 아시아 담당 직책을 맡고 있었으며 현재는 미 국무부 소속의 외교관으로 있다. 그가 공적인 자리에서 이처럼 솔직한 발언을 한 것은 아마도 이때가 마지막일 것이다. 이 발언은 현재 워싱턴이 중국에 취하는 입장을 잘 나타낸다. 그는 미국에서 중국의 의도에 대한 분석이 마무리되었고, 중국은 이제 미국의 패권에 도전하는 '수정주의 국가' revisionist state 로 여겨진다고 말했다. 따라서 미국은 중국과의 경쟁에서 반드시 승리해야 한다는 입장이다.

과거에는 미국 내에서 '우리가 중국을 오해하고 있다'는 주장이나, '중국을 악마화하면 안 된다'는 자기 점검의 단계가 있었다. 하지만 이제 그런 단계는 지나갔다. 미중 관계를 살펴보자. 중국은 2001년 세계무역기구 가입 이후 급격히 성장했다. 당시 중국의 경제 규모는 미국 경제의 10분의 1에 불과했으나, 팬데믹 전에는 약 73퍼센트까지 성장했고, 팬데믹을 거친 후에는 다시 64~65퍼센트로 주춤한 상태다. 최근 미국은 첨단 AI 반도체와 기술 수출을 세 개 등급으로 나누어 통제하고 있으며, 이는 사실상 중국을 겨냥한 조치다. AI 반도체 판매뿐만 아니라 폐쇄형 AI 모델의 판매도 제한되고 있다.

트럼프 2기 출발로 미국 행정부가 바뀌기 전까지 지난 3년 동안 중국에서 주중 미국 대사를 지낸 니컬러스 번스 Nicholas Burns 는 이렇게 말했다. "인도-태평양 지역에서 중국이 전면적으로 우리를 추월하려는 야욕을 드러내고 있다. 결코 좌시할 수 없는 일이다." 그러면서 "이제 기술이 가장 중요한 쟁점이다. 그것이 미중 관계의 핵심이 됐다."라고 강조했다.[120]

번스 대사의 발언에 주목할 필요가 있다. 그는 지난 몇 년 동안 시진핑 국가주석과 가장 많이 만난 미국인 중 한 명이다. 바이든 대통령이 시진핑과 만날 때는 물론 미국 관료들이 중국을 방문해 시진핑과 만날 때도 대사로서 배석했기 때문이다. 따라서 그의 시진핑에 대한 평가는 중요한 의미를 지닌다. 그는 시진핑을 이렇게 평가한다. "그는 매우 확신에 차 있고 자신감 있는 지도자다. 그는 매우 박식하다."

시진핑의 성격에 대해서는 다양한 의견이 존재한다. 일부 중국 인사들은 그를 지적으로 뛰어난 인물로 평가하지 않는다. 예를 들어 한번은 시진핑의 칭화대학교 선배를 만났는데 그는 시진핑에 대해 신랄하게 비판했다. 그는 시진핑이 공산당의 후원으로 대학에 입학한 것이지 우수한 능력으로 들어온 것이 아니라고 폄하했다. 하지만 번스 대사는 시진핑을 이렇게 묘사한다. "그는 매우 자신감 있는 지도자이며, 전 세계 사람들과 교류할 때 어떻게 행동해야 하는지 매우 잘 알고 있다."

트럼프 대통령 2기 임기가 시작되면서 미국 내에서는 전임 바이든 행정부의 성과에 대해서도 다양한 평가가 진행되고 있다. "바이든 정부가 가장 잘한 일은 아시아의 전략적 환경을 파악한 데 이어 인도-태평양 지역에서 미국의 영향력을 제거하려는 중국의 의도를 간파한 것이다. 냉전 이후 미국 정부 중 이처럼 명확한 개념을 수립한 것은 바이든 정부가 유일하다." 마이클 그린Michael Jonathan Green 호주 시드니대학교 미국학센터 소장이자 전략국제문제연구소Center for Strategic and International Studies, CSIS의 키신저 석좌의 발언이다. 그러나 이는 사실과 다르다. 중국의 의도를 간파한 것은 트럼프 1기 정부였다.

그럼에도 바이든 정부의 공적은 상당하다. 가장 주목할 만한 점은 동맹을 강화하고, 미중 경쟁에서 반도체 등 첨단기술의 중요성을 인식하며

4년 동안 대중국 견제망을 강화한 것이다. 이는 사실상 트럼프 1기의 중국 정책을 계승한 것으로 봐야 한다. 민주당 정권임에도 이 기조를 유지했다는 점이 중요하다. 이것이 가능했던 이유는 미국 사회 전반에 퍼진 반중 정서가 워싱턴의 양당 모두에서 지지를 받았기 때문이다.

이러한 일관된 전략 기조는 한국이 주목할 만한 요소다. 한국은 정권이 교체될 때마다 대북 정책이 180도 달라지는 경향을 보이는데, 이는 정책의 연속성과 일관성을 저해하는 요인이 될 수 있다. 미국의 사례에서 배울 점은 정당의 이해관계를 넘어 국익의 관점에서 객관적이고 장기적인 정책을 수립하는 자세다. 경쟁 정당의 정책이라 하더라도 국익에 부합한다면 계승하는 태도가 필요하다.

한국 역시 지금은 국가전략의 지속성과 정책적 일관성이 중요한 시점이다. 이런 시기에 미국이 현재 중국을 어떻게 평가하고 대응하는지를 살펴보는 것은 큰 의미가 있다.

미국이 보는
중국의 패권 전략

제2차 세계대전 이후 미국은 지속적으로 강력한 경쟁자의 부상을 우려해왔다. 1957년 소련의 스푸트니크 발사, 1980년대 일본 경제의 급성장, 1990년대 미국 산업 경쟁력 약화에 대한 논쟁까지, 미국의 글로벌 리더십이 위협받고 있다는 인식은 반복적으로 나타났다. 오늘날 이러한 불안은 중국의 부상과 연결된다. 이에 더해 미국 내부의 정치적 혼란, 경제적 정체, 사회적 양극화가 겹치면서 중국이 세계 질서의 중심으로 이동하고 있다는 위기감이 더욱 커지고 있다. 하지만 중국의 부상은 단순한 직선적 과정이 아니라 다선적·입체적 평가가 필요한 복잡한 현상이다. 에드워드 루트왁 Edward Luttwak 의 '전략적 역설' 개념은 이를 이해하는 데 중요한 통찰을 제공한다.[121]

중국은 지난 30년 동안 세계 경제의 '공장' 역할을 하며 글로벌 공급망을 장악해왔다. 그리고 5G 기술, 전기차, 태양광 패널, 반도체 등 첨단 기술 산업에서도 경쟁력을 높여왔다. 2023년 중국은 세계 전기차의 약 60퍼센트, 배터리의 80퍼센트, 태양광 웨이퍼의 95퍼센트 이상을 생산하며 기술 산업에서 주도권을 확보했다. 또한 300기가와트에 달하는 신재생 에너지를 전력망에 추가하며 미국보다 일곱 배 빠른 속도로 에너지 전환을 추진하고 있다.

군사적으로도 중국의 성장은 가속화되는 중이다. 최근 3년간 400대 이상의 최신형 전투기를 제작했고, 새로운 스텔스 폭격기를 개발했으며, 극초음속 미사일을 시험했다. 미국 국방 전문가 세스 존스 Seth Jones 는 중국이 현재 미국보다 대여섯 배 빠른 속도로 무기를 생산하고 있다고 분석했다.[122] 남중국해에서의 군사기지 건설, 대만해협에서의 군사활동 증가, 서태평양 지역에서 미국과 동맹국들에 대한 강압적인 행보 역시 군사적 위협을 현실화한다.

그러나 루트왁의 분석에 따르면 중국의 이러한 성장 모델은 주변국들의 반발을 초래해 장기적으로 중국의 영향력을 제한할 가능성이 크다. 실제로 중국이 군사력과 경제력을 증대하는 과정에서 미국뿐만 아니라 일본, 인도, 호주 등 지역 강대국들이 대중국 견제 전략을 강화하는 흐름이 나타나고 있다. 특히 중국이 과거 조공 체제와 유사한 방식으로 주변국들과 외교관계를 구축하려는 태도는 오히려 역효과를 불러일으킨다.

현역 군인이자 스탠퍼드대학교에서 학생들을 가르치는 오리아나 스카일러 매스트로Oriana Skylar Mastro는 중국의 군사 전략이 기존 강대국들이 취해온 방식과 다르다는 점을 강조한다. 그녀에 따르면, 중국은 전통적인 패권국들과 달리 '업스타트 전략'Upstart Strategy을 구사하며, 모방Emulation, 착취Exploitation, 기업가정신Entrepreneurship 이렇게 세 가지 요소를 통해 미국과 경쟁하고 있다.[123] 다시 말해 기존 강대국들의 모델을 그대로 답습하기보다는 새로운 방식으로 영향력을 구축하는 전략을 택한다는 것이다. 예를 들어, 중국은 미국과 직접적인 무기 판매 경쟁에 뛰어들기보다는 미국이 무기를 판매하기 어려운 국가(제재 대상국, 지정학적 비우선국)를 중심으로 시장을 개척한다.

또한 중국은 해외 주둔군을 확대하는 대신 경찰 및 법 집행 기관 훈련을 통해 영향력을 넓히는 독특한 접근 방식을 택하고 있다. 이는 군사 동맹과 해외 기지를 통해 글로벌 군사력을 유지하는 미국의 방식과는 대조적이다. 중국은 여러 국가의 법 집행 기관을 훈련시켜 해외 주둔군 없이도 해외 이익을 보호할 수 있는 효과를 거두고 있으며, 정권 유형에 구애받지 않는 접근법Regime Neutrality을 바탕으로 폭넓은 협력 관계를 구축하고 있다.

중국의 전략적 목표 중 하나는 '전략적 공간'Strategic Space 확보, 즉 외부 간섭 없이 자국 이익을 추구할 수 있는 환경을 조성하는 것이다. 미국이 이를 견제하기 위해 반접근/지역거부 Anti-Access/Area Denial, A2/AD 전략으로 대응하는 것처럼 중국도 미국의 개입을 최소화할 수단을 모색하고 있다. 중국은 미국의 지원이 없다면 대만이 결국 통일 요구를 받아들일 수밖에 없으리라 인식하고 있다. 그리고 이는 미중 간 가장 민감한 전략적 갈등 요인 가운데 하나로 꼽힌다.

그러나 미중 군사 관계는 여전히 불균형적이고 실질적인 위기관리 수단도 부족하다. 내가 하버드대학교 페어뱅크 중국연구소에서 방문 학자로 있던 시절 함께 연구하던 앤드루 에릭슨 Andrew Erickson 미 해군대학 교수 역시, 미중 군사 교류의 효과가 제한적이고 중국이 이를 비대칭적으로 활용하고 있음을 지적한다. 원래 군사 교류는 상호 오해를 줄이고 신뢰를 증진하기 위한 목적으로 장려된다. 하지만 중국의 경우 그러한 기대 효과가 분명히 드러나지 않는다는 것이다.

실제로 미국이 군사 교류 채널을 열면, 중국은 이를 '정보 수집' 기회로 삼고, 막상 위기가 닥치면 협력을 기피하는 경향을 보인다. 이는 미중 간 오판 위험을 높이는 요인으로 작용한다. 특히 중국은 미국과의 긴장이 고조될 때마다 군사 대화를 중단하는 패턴을 반복하며, 이를 외교적 협상의 도구로 활용하기도 한다. 이에 미국 의회는 국가방위수권법 National Defense Authorization Act, NDAA 을 통해 미중 군사 교류 과정에서 미국의 정보를 중국에 노출시켜 군사적 우위가 약화되지 않도록 견제하고 있다. 또한 기술 이전 방지도 그 일환에 포함되어 있다.

한편, 미국이 중국을 견제하는 과정에서 중국 군사력을 지나치게 과대

평가하는 것을 경계해야 한다는 목소리도 크다. 역사적으로 미국은 소련과 일본의 부상을 과대평가해 불필요한 정책적 실수를 범한 전례가 있다. 중국이 양자컴퓨팅Quantum Computing, 신재생에너지, 전기차 생산 등 일부 전략 분야에서 앞서 있는 것은 사실이지만 미국은 여전히 세계 경제·기술 혁신·금융 시스템에서 압도적인 강점을 지니고 있다. 따라서 미국이 반사적으로 대응하기보다는 자국의 강점을 극대화하는 전략을 통해 중국과의 경쟁을 주도해야 한다는 시각이 힘을 얻고 있다.

PART 6

THE FUTURE OF GLOBAL POWER

한 명의 야망
vs.
14억 명의 미래

6

"내가 중국에서 지내며 목도한 것은 단 한 명의 지도자에게 모든 권력이 집중되는 현상이었다."

– 니컬러스 번스(전 주중 미국 대사)

2025년 1월 20일 트럼프의 취임식이 열리기 직전, 베이징을 떠나 미국으로 돌아가는 비행기에 앉아 창밖으로 멀어져가는 베이징을 복잡한 심정으로 바라보는 사람이 있었다. 바로 바이든 행정부 시절 미국 주중 대사직을 마치고 귀국하는 니컬러스 번스 대사였다. 거의 3년에 걸친, 복잡한 미중 관계와 베이징에서의 경험에 대한 깊이 있는 통찰을 그는 한 팟캐스트 인터뷰에서 전해주었다.¹²⁴ 이 대화는 중국을 현지에서 직접 관찰한 미국의 대사가 중국을 어떻게 바라보는지, 또 어떤 생각을 갖고 있는지를 보여주었다. 그뿐만 아니라 그가 대사로서 본국에 보고했을 때의 관점도 투영되었을 것이라 짐작되기에 시사점이 컸다. 또한 다른 어떤 미국 외교관보다 시진핑과 많은 시간을 보낸 번스 대사의 시각이 잘 담긴 대화였다.

번스 대사는 시진핑을 '최고 권력을 쥔 지도자'로 평가하면서 "마오쩌둥 이후 이렇게 많은 권력을 가진 중국 지도자는 찾기 힘들다."라고 언급했다. 또한 공산당이 국가 기관 위에 군림하며 이념, 경제, 정치, 규제 권력을 모두 장악하는 구조가 시진핑 시기에 더욱 공고해졌음을 지적했다. 재임 기간에 번스 대사는 중국의 공격적인 외교·국방정책이 가속화되는 모습을 목격했다며 이렇게 강조했다. "중국은 인도·태평양 지역에서 지배적인 국가가 되고자 하는데, 이는 의심의 여지가 없다." 2025년 새해가 시작되자마자 왕이王毅 외교부장이 아프리카 4개국 순방을 위해 베이징을 떠났다. 중국은 35년 연속으로 새해 첫 해외 방문을 아프리카로 택했는데, 이는 중국 외교에서 아프리카가 지닌 중요성을 다시금 보여준다고 덧붙였다.

또한 번스 대사는 시진핑 집권 이후 더욱 심화된 반부패 운동이 군대 내부에 미치는 영향에 주목했다. 2012년 시진핑 집권 직후 시작된 이 운동이 10년 넘게 이어져오면서 최근 고위 군 장교들이 연루된 부패 사건이 드러났다. 그리고 이것이 군사력과 전략에도 영향을 끼쳤을 가능성을 시사했다. 외국 전문가들 사이에서는 이를 두고 군부 내 눌려 있던 불만이 표면화하는 것 아니냐며 시진핑에 대한 반대 세력의 등장을 점치는 목소리도 나온다. 하지만 나는 중국 내에, 그리고 중국 인민해방군 내에 시진핑에 대한 '유의미한' 반대 세력이 있다고 보지 않는다. 이에 대해서는 나중에 부연할 기회가 있을 것이다.

번스 대사가 꼽은 중국의 주요 변화 중 하나는 중러 관계의 밀착이다. 그는 '중국과 러시아의 관계가 1950년대 이후 가장 강력할 것'이라며, 특히 시진핑과 블라디미르 푸틴 간에 50회 이상 이뤄진 회담이 개인적 친분을 중심으로 한 견고한 파트너십을 형성했다고 밝혔다. 그러나 러시아-우크라이나 전쟁에서 중국이 스스로를 '중립'이라 주장하는 데 대해서는 의문을 표했다. 번스는 "중국은 실제로 러시아 지도부에 귀중한 지원을 제공해왔다."고 지적하며, 서방의 일부 관찰자들이 중국의 태도를 '친러시아 중립' pro-Russian neutrality 이라 비꼬는 이유를 설명했다. 중립 neutral 이라면 말 그대로 어느 편도 들지 않는 것을 말하는데, 중국이 행동은 친러시아면서 말로만 '중립'을 외치고 있는 점을 지적한 것이다.

그는 중국이 글로벌 리더십을 발휘한다면서도 '강대국답지 않은 행동'을 보인다고 평했다. 국제정치에서 인정을 얻으려 하지만, 정상적인 강대국이 투자해야 할 정치적 자본을 제대로 쓰지 않는다는 것이다. 이는 중동 분쟁이나 가자지구 사태 같은 국제 위기 상황에서 중국이 보여준 미온적인 대응을 통해 드러난다고 덧붙였다.

특히 러시아의 우크라이나 침공 이후 중국의 러시아 지원은 유럽에서 중국이 예상치 못한 반발을 불러왔다. 우크라이나 사태 이후 유럽에서 중국에 대한 신뢰가 급격히 떨어진 것은 바로 이런 이유 때문이다. 번스 대사는 "유럽은 중국 지도부가 2022년 2월 발표한 러시아와의 '한계 없는 파트너십'을 어떻게 받아들일지 그 심각성을 간과한 것 같다."라고도 지적했다.

유럽과 중국의 관계는 본래도 미국과 유럽 간 관계만큼 복잡한 면이 있다. 2016년 도널드 트럼프의 '미국 우선주의' 때문에 유럽은 미국에 실망했고 이후 유럽은 중국과의 교류에 보다 적극적이었다. 미국의 '중국 위협론'도 유럽으로서는 생경하게 들렸을 터다. 무엇보다 유럽에 있어서 중국은 제1 무역 대상국이었기 때문에 더 그랬을 것이다. 그러나 러시아의 우크라이나 침공을 보면서 유럽은 러시아의 침략성에 경악했다. 동시에 중국이 미사일 부품·드론·전투용 야영 텐트 등 군수 물자를 우회적으로 러시아에 제공한다는 의혹이 확산되면서 큰 실망을 느끼게 되었다. 결국 유럽은 미국의 인도-태평양 전략에 동참하며 '친미·반중'으로 기울었다. 영국, 프랑스 등은 군사 자산을 인태 지역에 파견하기도 했다. 일각에서는 이를 두고 '러시아-우크라이나 전쟁의 숨은 승자는 미국'이라는 평가도 나온다.

트럼프 1기 시절, 미국의 행태에 실망한 유럽은 거대한 경제력을 지닌 중국을 미국의 잠재적 '대안'으로 삼으며 잠시나마 기대를 걸었다. 그러나 러시아의 우크라이나 침공 이후 중국이 보여준 친러시아적 태도를 계기로 중국의 '진짜 모습'을 확인한 유럽은 실망 끝에 결국 등을 돌렸다. 이후 바이든 행정부가 출범해 동맹 복원과 강화에 주력하자, 유럽은 다시 미국 쪽으로 기울어 미국의 대중국 포위 전략에 동참했다.

그런데 트럼프 2기 출범 초반부터 미국과 유럽 사이에 불협화음이 생기면서 유럽이 향후 어떤 행보를 보일지에 이목이 집중되고 있다. 만일 미국과 미국의 '1촌 동맹'인 NATO의 관계가 와해될 경우, 이는 미국의 다른 동맹들에게도 중대한 시사점을 남기게 된다. 지금은 외교적 상상력이 절실히 필요한 시점이다.

앞서 번스 대사의 말을 전하며 중국이 아프리카를 중시한다는 점을 언급했다. 중국에는 매일 저녁 7시 〈신원롄보〉新聞聯播라는 메인 뉴스가 약 30분 정도 방송되는데, 국제뉴스는 보통 후반부에 배치된다. 그런데 거의 매일 빠지지 않고 등장하는 뉴스 중 하나가 바로 아프리카 관련 소식이다. 한국에서 아프리카 관련 뉴스가 1년에 몇 번이나 나오는지 떠올려보면 중국에서 아프리카 뉴스가 매일 보도된다는 사실은 그 자체로 놀랍게 다가온다.

중국이 아프리카와 특별한 인연을 맺게 된 계기는 1971년으로 거슬러 올라간다. 당시 중국(중화인민공화국)은 유엔에서 대만(중화민국)을 축출하고, 유엔 안보리 상임이사국 지위를 차지했다. 이 과정에서 많은 국가가 반대했음에도 아프리카 국가들이 중국에 몰표를 던짐으로써 관련 결의안이 채택될 수 있었다. 그 후 중국 외교에서는 해마다 새해가 시작되면 외교부장이 가장 먼저 아프리카를 방문하는 것이 전통이 되었다. 감사함의 표시다.

사실 1945년 유엔이 창립될 때부터 '중국'이라는 이름으로 회원국이 존재했다. 그러나 그 '중국'은 대륙의 중화인민공화국이 아니라 대만의 '중화민국'이었다. 1949년 중화인민공화국이 수립된 뒤에도 1971년까지는 여전히 대만이 유엔에서 '중국'을 대표했다. 그러나 1971년 유엔 결의안 2758호의 통과로 유엔에서 중화인민공화국이 중국의 유일한 대표로 인정받게 되었고, 대만은 결국 유엔을 떠날 수밖에 없었다.

결의안 2758호는 76개국 찬성, 35개국 반대, 17개국 기권으로 통과됐다. 특히 찬성표를 던진 76개국 중 23개국이 아프리카 국가였다. 이는 1960~1970년대 아프리카 국가들의 탈식민지화와 비동맹 운동이 활발했던 시대적 배경, 그리고 국제정치 무대에서 중국과 유사한 처지에 있다고 느낀 아프리카 국가들의 동질감이 복합적으로 작용한 결과로 볼 수 있다.

당시 미국은 이를 막기 위해 다각적인 시도를 했다. 예컨대 1971년 8월 17일, 미국은 '중국의 유엔 대표권'을 임시 의제로 포함시키고 중화인민공화국과 중화민국의 유엔 동시 참여를 주장했다. 또 이 문제가 3분의 2 다수결을 요하는 '중요 문제'라고 정의하고 결의안을 후원했으며, 장제스 대표 축출 문구의 삭제도 제안했다. 하지만 이러한 노력은 모두 실패로 돌아가고 말았다. 당시 미국의 태도는 냉전 구도와 대만과의 동맹을 반영한 것이었다. 그러나 결국 대륙 중국이 안보리 이사국 지위를 차지하자 미국은 태도를 급히 바꾸었고, 이듬해인 1972년 닉슨 대통령이 전격적으로 중국을 방문했다.

앞서 지적했듯 당시 큰 충격을 받은 국가 중 하나인 일본은 미국보다 더 빨리 움직여 1972년이 가기 전 아예 중국과 속전속결로 수교를 맺었다. 아프리카는 중국에게 특별한 외교적 인연과 지원의 상징이다. 이런 이유로 아프리카는 지금도 중국이 꾸준하고도 집중적으로 다루는 외교·개발 협력의 핵심 파트너로 남아 있다.

중국에서 아프리카 외교관이 가르쳐준 새로운 시각

한국 사람들이 중국에 가서 처음 놀라는 것 중 하나는 예상 외로 많은 아프리카인을 목격한다는 점이다. 미국에서 온 흑인이라고 생각할 수도 있지만, 실제로는 나이지리아 등 다양한 아프리카 국적의 사람들이다. 내가 칭화대학교에서 박사 과정을 밟던 시절, 국제정치 석사 과정에 나이지리아 출신 외교관이 한 명 있었다. 그는 자신이 고위직 공무원인 아버지의 도움으로 외교관이 되었다는 사실을 숨기지 않았고, 훤칠한 키와 준수한 외모 덕분에 여러 중국 여대생과 데이트를 즐겼다. 중국 정부가 제공하는 전액 장학금을 받고 왔다지만 그 돈이 필요 없을 정도로 꽤 부유해 보였다. 무엇보다 손가락에 과장스러울 만큼 큼직한 보석 반지를 끼고 있었던 것이 기억에 남는다.

그는 공부보다 연애에 더 열중하는 듯했지만, 한 가지 중요한 시각 차이를 일깨워주었다. 내가 하버드대학교에서 석사 학위를 마치고 2002년 처음 중국에 갈 때 미국 대학 병원에서 지정해준 예방 접종 목록을 떠올려 보니, 목록의 여러 가지 약에 말라리아 예방약도 포함되어 있었다. 한국인에겐 말라리아 예방약은 '아프리카에 갈 때나 먹는 약'이라는 인식이 강했다. 그랬던 터라 미국이, 중국을 말라리아 약을 먹고 가야 할 만큼 '위험 지역'이라고 여겼다는 사실이 흥미로웠다.

반면 중국에서 만난 그 아프리카 외교관의 중국에 대한 인식은 달랐다. 그는 '나이지리아에서는 중국이 무척 선망받는 부유한 나라'라면서 칭화대 석사 학위를 따고 귀국하면 외교부 내에서 빠르게 승진할 수 있을 거라고 말했다.

> 중국과의 관계가 중요한 나이지리아 정부는 중국 유학 경험을 가진 인재를 높이 평가한다는 것이다. '중국 하면 말라리아 예방약부터 떠오른다'고 여겼던 나는 그의 이야기에 '세상은 넓고, 관점도 천차만별이구나' 하는 생각을 하지 않을 수 없었다.

국가를 자기 것으로 만든 사람

니컬라스 번스 대사가 3년간 지켜본 중국은 시진핑 통치하의 중국이다. 그렇다면 이처럼 중국에 지대한 변화를 가져온 인물 시진핑에 대해 알아볼 필요가 있을 것이다.

1953년 베이징의 유력 정치 가문에서 태어난 시진핑은 평탄하고 영향력 있는 삶을 살 운명을 타고난 듯 보였다. 그러나 그의 삶의 궤적을 살펴보면 결코 그렇지만은 않음을 알 수 있다. 특히 어린 시절과 성장 과정에서 시진핑은 적지 않은 시련을 겪었다.

참고로 시진핑과 같은 1953년생 한국 정치인으로는 문재인 전 대통령과 홍준표 대구시장 등이 있다. 박근혜 전 대통령은 1952년생이며, 같은 해 러시아의 푸틴 대통령이 태어났다. 윤석열 전 대통령은 1960년생이고, 일본의 이시바 시게루 총리는 세 살 위인 1957년생이다. 더불어민주당 이재명 대표는 1964년생, 북한의 김정은 위원장은 1984년생, 미국의 트럼프 대통령은 1946년생이다. 참고로 요즘 내가 관심을 더 많이 갖게 된 우크라이나 젤렌스키 대통령은 김정은 위원장보다 여섯 살 많은 1978년생이다.

시진핑의 아버지 시중쉰習仲勳은 혁명 영웅이자 중국 공산당中国共产党의 고위 간부였다. 어린 시진핑은 베이징의 엘리트 자녀들이 다니는 명문 '81학교'八一学校에 입학해 다른 공산당 지도자 자녀들과 어울리며 특권층 생활을 누렸다. 그러나 화려한 삶은 오래가지 못했다.

시진핑이 겨우 열 살이던 1963년, 아버지는 정치적 불신을 받아 당에서 숙청당했고 가족은 시골로 내려가 궁핍한 삶을 살았다. 1966년에 시작된 문화대혁명文化大革命 기간에는 상황이 더욱 악화되었다. 아버지는 감옥에 투옥되었으며 어머니는 공개 석상에서 남편을 비난하도록 강요받았다. 이복 누나 시허핑習和平은 모진 박해 끝에 스스로 목숨을 끊었다. 열다섯 살밖에 안 된 어린 시진핑은 산시성 량자허촌陝西省 梁家河村으로 내려가 '재교육'再教育이라는 명목 아래 고된 노동에 시달렸다.

그 후 7년간 시진핑은 산비탈을 깎아 만든 동굴窑洞에서 생활하며 극심한 육체노동을 했고 때로는 굶주림을 견뎌야 했다. 그는 훗날 이를 회상하며 "칼은 돌 위에서 갈고, 도끼는 숫돌 위에서 갈고, 사람은 일(역경)로 단련된다."刀在石上磨, 斧在砺上磨, 人在事上磨라고 말했다. 칼이 돌에 갈리는 과정을 거쳐 더욱 날카로워지는 것처럼 시진핑은 이 혹독한 시련을 버텨냈으며, 이후 더 단단해진 모습으로 살아남았다. 그리고 막스주의 이론 공부에 몰두하며 함께 '하방 청년'下放青年 생활을 하던 동료들 사이에서 강인하고 유능한 지도자로 명성을 쌓았다.

흥미로운 점은, 공산당이 자신의 가족을 파괴했음에도 그는 공산당에 충성을 다했다는 사실이다. 무려 아홉 번의 거절을 당한 끝에 1974년, 21세의 나이로 마침내 공산당에 입당하는 데 성공했다. 가족을 힘겹게 만든 바로 그 공산당에 끈질긴 노력 끝에 가입했다는 사실은 놀랍고도 이해하기 어려운 부분일 수 있다.

하지만 중국 북동부 산시성의 가난한 지역인 량자허에서의 경험은 시진핑에게 강철 같은 의지와 서민적 감각을 심어주었고, 이후 그의 정치적 행보에 큰 자양분이 되었다. 이러한 역경을 통해 형성된 그의 정치 생존 본능과 용인술은 오늘날 중국을 이끄는 지도자로서의 그의 통치 스타일에도 영향을 미치고 있다.

시진핑은 이후 수십 년 동안 당의 서열을 차근차근 밟아 올라가면서 농촌에서 고난의 시기를 겪으며 배운 교훈을 자주 되새겼다. 시진핑은 2003년 한 인터뷰에서 이렇게 말하기도 했다. "기층과 현실 생활에 충분히 접촉하지 않는 사람들은 실제 상황을 이해할 수 없고, 실효성 있는 정책을 만들 수도 없다." 이렇게 량자허 생활을 마친 뒤 시진핑은 당 내부의 승진 코스를 착실히 밟아 나갔다.

1975년에는 '노농병 학생 추천제'工农兵学员推荐制를 통해 칭화대학교에 입학했으며 1979년에 졸업했다. 노농병 학생 추천제는 문화대혁명 시기 대학입학시험 대신 마을 사람들의 추천, 지방 관리의 지지, 그리고 학교 심사를 결합한 방식으로 선발된 제도였다. 나는 시진핑과 비슷한 시기에 칭화대를 다닌 중국인을 미국에서 만난 적이 있는데, 그는 당시 시진핑이 특별히 두드러지는 학생은 아니었다고 기억했다. 시진핑이 최고 지도자가 된 후 외신들이 그의 대학 동문들에게 여러 차례 인터뷰를 요청했지만 대부분 이를 거부했다는 말도 있다. 최고 지도자의 신상 문제이니 '함구령'禁言令이 내려진 게 아니겠느냐는 추측이 돌았다.

대학 졸업 후 시진핑은 당시 국방부장 경뱌오耿飚의 비서로 정치 경력을 시작했다. 시진핑은 훗날 경뱌오를 회고하는 글에서 그를 스승이자 친구로 칭했다. 그러면서 "국가의 큰일에 관심을 갖고 전체를 내다보는 안목을 가져야 한다."는 경뱌오의 가르침을 강조했다. 권력의 중심부에서 일찍부터 경험을 쌓은 이 시기가 시진핑의 야망과 정치적 감각을 더욱 키워준 것으로 보인다.

1980년대와 1990년대를 거치면서 시진핑은 여러 지방에서 점차 높은 직책을 맡으며 착실히 권력 기반을 다졌다. 그는 허베이성 정딩현 당위원회 서기河北省正定县党委书记, 푸젠성 샤먼시 부시장福建省厦门市副市长, 푸저우시 당위원회 서기福州市党委书记 등을 거치며 중요한 정치 경험을 쌓았다.

푸젠성에서 17년간 근무하며 실용적이고 시장 지향적인 방식으로 지역 개발을 추진해 좋은 평가를 받았다. 1999년 8월 푸젠성 부성장 겸 성장대리福建省副省长兼省长代理로 임명된 후, 2000년 1월부터 2002년까지 푸젠성장福建省长으로 재직했다. 이 기간에 그는 대만 기업가들과의 좌담회를 개최하는 등 외국인 투자를 적극 장려했고, 민간 기업의 성장을 지원해 이 지역의 경제 호황에 기여하는 등의 역량을 보였다. 당시 푸젠성에 투자한 대만 기업의 사업 항목은 5,700개이며, 계약체결액은 106억 달러에 달했다. 또한 그의 청렴한 정치 스타일은 향후 정치적 상승에 긍정적인 영향을 미쳤다.

이처럼 승진을 거듭하는 과정에서 시진핑은 청렴하고 유능하며 소탈한 리더라는 이미지를 쌓았으며, 혁명 원로로 존경받던 아버지 시중쉰習仲勛과 비교되기도 했다. 그러나 당시 시진핑 스스로는 이념적 교조주의보다 실제 성과를 더 중시하는 모습을 보여줬다. 시진핑이 최고 권력자로 등극했을 때 그가 '개혁파'가 될 것이라고 미국 외교/정보 당국이 오판한 이유도 이 때문이다. 나는 베이징에서 마오쩌둥의 통역을 맡기도 했고 시진핑의 아버지 시중쉰과 개인적인 친분이 있기에 시진핑을 알고 있는 미국인 시드니 리튼버그(Sidney Rittenberg, 2019년 타계)와 연구차 몇 번 만난 적이 있다. 때가 때인 만큼 나는 리튼버그를 만나 2012년 당시 시진핑에 대해 물어봤다.

사실 2012년 당시만 해도 시진핑은 모두에게 익숙한 이름은 아니었다. 심지어 주변에 있던 중국인들도 마찬가지였다. 그래서 중국에서 50년 이상 살고 공산당 지도부 인사들과 개인적 친분이 있는 리튼버그에게 시진핑에 대한 평가를 물은 것이다. 그는 시진핑이 근무했던 지역이 모두 상하이, 푸젠, 샤먼 등 중국 동부 연안의 경제 발전 지역이며 지리적으로 외국과 교류가 왕성한 곳이어서 '국제 감각'을 갖춘 개혁파 지도자가 될 것이라는 중요한 평가를 해주었다. 나는 당시 한국의 한 신문에 자신감 있게 칼럼을 썼던 기억이 난다.

10여 년이 지나 돌이켜보니 완벽하고 확실하게 틀린 분석이 되어버렸다. 흥미롭게도 바이든 행정부가 들어서고 나서 미국에서도 '시진핑 다시 알기'라는 취지의 세미나가 중국 전문가들 사이에서 많이 열렸다. 정치학자들보다 역사학자들이 연사로 더 많이 등장했던 기억이 난다.

1985년 미국을 방문한 시진핑은 양돈 기술부터 소도시 폐기물 처리에 이르기까지 자본주의 체제의 다양한 분야에 호기심을 보였다. 동시에 그는 당에 대한 충성을 유지하며 정치력을 유감없이 발휘했다. 또 당내 유력 인물들의 후원 네트워크와 무분별하게 얽히지 않으면서, 한편으로는 자신의 지지 세력을 조용히 결집해 권력 기반을 다져 나갔다. 정치적으로 철저한 자기관리를 하면서도 자신만의 세력을 구축해나간 셈이다.

　2007년 제17차 당대회는 시진핑에게 전환점이 되었다. 그는 그 자리에서 당 권력의 정점인 정치국 상무위원회政治局常务委员会에 올랐으며, 이후 5년 동안 베이징 올림픽 등 주요 현안을 책임지고 영향력을 꾸준히 높였다. 2012년 당 총서기 후진타오胡锦涛가 물러날 때 시진핑은 마침내 최고 자리에 오를 수 있는 완벽한 위치를 차지했다.

　그 후 13년이 지난 지금, 시진핑은 점점 더 강력한 철권통치를 펼치고 있다. 경쟁자들을 무자비하게 숙청하면서 반대 목소리를 잠재우는 동시에 과거의 집단지도체제集体领导体制 개혁도 역행하는 중이다. 그는 국가주석 임기 제한을 폐지해 사실상 무기한 권력을 유지할 수 있는 길을 열었다. 이러한 억압적이고 독재적인 통치 방식은 어쩌면 시진핑이 어린 시절 겪었던 혹독한 경험에 기인할지도 모른다. 오로지 의심할 여지 없는 강력한 통제력만이 그 자신의 권력뿐만 아니라 중국을 혼란과 약점에서 지켜낼 수 있다는 확신을 굳혔으리라 추정된다. 그러나 시진핑의 '통제 집착'은 깊은 두려움의 반영이기도 하다. 그래서 겉으로는 강해 보이지만 내심 불안을 떨쳐내지 못하고 있다는 분석이 나온다. 그 불안은 공산당이 내부와 외부의 위협을 받고 있다는 위기감이 당의 붕괴라는 최악의 시나리오로 이어질 수 있다는 데서 오는 것일 터다.

시진핑은 1991년 소련의 갑작스러운 붕괴를 교훈 삼아 긴장을 늦추지 않는다. 그는 '적대적 외세'敌对势力가 '평화적인 혁명'의 방식으로 중국을 약화시키려는 음모를 꾸미고 있다고 믿는다. 바로 '평화연변'和平演变, Peaceful Evolution이란 개념인데, 처음에는 소련에서 제기되었으며 이후 중국에서 널리 사용되었다. 이 개념은 미국 등 서방 자본주의 국가들이 무력 사용 없이 할리우드 영화 등 문화 산업, 이데올로기, 경제 교류 등의 수단을 통해 점진적으로 사회주의 국가를 자본주의 체제로 변화시키는 과정을 의미한다.

여기서 '소프트 파워'가 레짐 체인지의 주요한 수단이 됨을 알 수 있다. 이는 K-컬처가 중국 안방 시장에서 인기를 얻자 중국 당국이 한류를 제재한 이유이기도 하다. 또한 중국 내 자유주의자들이 서구식 자유와 톈안먼 사태의 재현을 추구하며, 인권 개념 등 사실상 서방이 결정한 인류의 '보편적 가치'普世价值를 선동할 가능성을 더욱 큰 위협으로 인식한다. 이런 이유로 시진핑은 실제적·상상적 위협에 맞서 안보, 안정, 그리고 이념적 순수성을 최우선에 두고 통치해왔다.

그는 대학부터 기업, 온라인 커뮤니티에 이르기까지 사회 모든 영역에서 당의 영향력을 대폭 확대했다. 반체제 인사, 활동가, 내부고발 언론인 등은 감옥에 갇히거나 침묵을 강요받았다. 이러한 분위기 속에서 시민사회가 설 자리는 급격히 줄어들고 말았다. 동시에 시진핑은 공산당이 '진실'을 독점하고 국민의 정신세계를 재편하는 것을 자신의 사명으로 삼았다. 중국에서 공산당 정치교육을 받아본 사람이라면 알겠지만, 공산당은

하버드대학교에서 열린 중국 세미나. 토론의 중심은 시진핑 시기의 중국이 이전의 중국과 얼마나 다른가 하는 것이었다.

'사실'을 중시하면서도 그보다 더 중요한 '진실'이 있다고 가르친다. 그런데 이 '진실'은 단순한 진실이 아니라 '사회주의 진실' 社会主义真理을 의미하며, 무엇이 사회주의 진실인지는 공산당이 결정한다. 여기까지만 들어도 복잡한데 중국에서는 공산당이 오류를 범하지 않는다고 주장하기까지 한다. 이처럼 '무오류 공산당' 无错误的共产党이 독점하는 '사회주의적 진실'이 야말로 체제를 유지하는 핵심 논리다.

나는 중국에서 이러한 수업을 직접 들어볼 기회가 있었는데, 공산당의 프로파간다 선전 기제를 구체적으로 파악할 수 있어 꽤 흥미로웠다. 당시 강의실에서 나는 유일한 외국인이었고, 정작 대부분의 중국인 학생들은 강의를 따분하게 여기며 노트북으로 딴짓을 했다.

현재 시진핑 사상 习近平新时代中国特色社会主义思想은 당헌에 명시되어 있으며, 초등학교부터 대학까지 중국 전역의 학생들이 이를 의무적으로 학습하고 있다. 또한 끊임없는 사상 교육과 '민주생활회의'民主生活会라는 상시 학습 모임을 통해 간부들은 시진핑이 제시하는 가치와 방향에 점차 동조하도록 유도된다. 이 과정에서는 사상 학습뿐만 아니라 '자아비판'自我批评도 중요한 역할을 한다.

21세기에 세계 2위 경제 대국에서 이런 일이 벌어진다는 사실은 놀라움을 안겨주지만, 동시에 시진핑의 변혁적 영향력을 부정하기는 어렵다. 그는 중국을 경제 대국으로 성장시켰을 뿐만 아니라, 그의 집권 이후 중국은 미국을 위협하는 군사 대국으로까지 부상했다.

시진핑은 일대일로부터 남중국해 군사화에 이르기까지, 중국이 지배적인 세계 강국이 되고자 하는 야심을 분명히 드러내며 적극적이고 당당한 외교정책을 펼쳐왔다. 과거 덩샤오핑 시절에는 '힘을 감추고 때를 기다리라'韬光养晦는 노선이 주류를 이뤘지만, 시진핑 시대의 중국은 더 이상 숨거나 망설이지 않는다. 이는 곧 그의 생애가 현대 중국의 격동을 체현하고 있음을 보여준다.

그는 혁명 원로의 자녀红二代로 태어나, 농촌 노동으로 단련된 하방 청년下放青年 시기를 거쳤으며, 개혁개방改革开放의 물결을 타고 권력의 정점에 올라섰다. 그리고 이제는 당과 국가를 자신의 의지대로 움직일 수 있을 만큼 강력한 권력을 손에 쥔 지도자로 군림하고 있다.

그 결과는 어떤가? 오늘날 중국은 경제와 군사 면에서 과거보다 훨씬 강대해졌지만 사회적으로는 더욱 경직된 모습을 보인다. 이러한 중국을 지배하는 시진핑은 14억 인민의 삶을 좌우할 뿐만 아니라 전 세계에도 막대한 영향을 미치고 있다.《타임》이 2022년 그를 '세계에서 가장 강력한 인물'The Most Powerful Person in the World 로 선정하며 "시진핑은 국가를 자신의 것으로 만들었다."라고 평가한 것도 바로 이러한 배경에서 나온 결론일 것이다.

시진핑의 중국:
개인 숭배, 통제, 그리고 불확실한 미래

시진핑은 21세기 중국의 방향을 결정짓는 복합적이고 다층적인 지도자로 평가된다. 해외에서 활동하는 중국계 학자들이 그의 특징과 행동, 결정 과정을 면밀히 분석한 결과, 그는 이념적 경직성과 전술적 유연성을 결합해 권력을 유지하면서 스스로 구상하는 중국의 비전을 실현해가는 스타일형 지도자로 나타났다. 이 과정에서 그는 지배적支配이고, 야심 차며野心勃勃, 근면한勤勉尽责 지도자의 면모를 드러낸다.

동시에 시진핑 성격의 핵심에는 통제와 지시에 대한 강한 욕구가 자리 잡고 있다. 그는 종종 강경하고 냉정한 리더십을 보이며, 복종服从과 존경尊敬을 자연스럽게 요구할 수 있는 권력을 즐긴다. 이러한 지배력은 대담하고 자신감 넘치는 그의 본성과 어우러져 더욱 힘을 발휘한다.

시진핑은 2013년 국가주석에 취임하자마자 정치국 위원이었던 보시라이薄熙来 등 고위 인사들을 숙청하는 대대적인 반부패 운동을 전개하며 자신의 권위를 과시했다. 이는 시진핑의 대중적 지지와 인기도를 높이고 잠재적 경쟁자들을 제거해 권력을 공고히 했다는 점에서, 그가 '영리하게 권력을 활용'하는 대표적 사례로 평가된다.

또한 시진핑은 강한 책임감责任과 근면함勤奋을 갖춘 지도자로도 알려져 있다. 실제로 밤늦게까지 집무실에 남아 보고서를 일일이 검토한다는 이야기가 전해진다. 이와 관련해 해외에는 공개되지 않았지만, 그가 안경을 쓴 채 업무를 보는 사진이 존재한다는 일화도 있다. 다만 이 사진은 중국 지인이 소셜미디어에 올렸다가 곧바로 삭제한 것으로 알려졌다.

아울러 시진핑은 디테일에 대한 세심한 관심과 강한 업무 윤리로도 유명하며, 이는 기술관료적 접근법으로 이어졌다. 2020년 코로나19가 확산되자 시진핑 정부는 강력한 봉쇄 정책과 대규모 검사 체계를 신속하게 도입했다. 초기에 감염률을 낮게 유지한 점은 긍정적으로 평가받았다. 그러나 봉쇄 조치가 장기화되면서 경제와 민심에 악영향을 주었고, 미중 경쟁 구도 속에서 미국에 반사이익을 안겼다는 비판도 제기되고 있다.

시진핑 통치의 또 다른 특징은 마오쩌둥을 연상시키는 개인숭배个人崇拜 문화 조성이다. 그는 대규모 선전宣传 작업을 통해 서적, 음악, 미디어 등 다양한 분야에서 자신의 이미지를 부각했다. 2017년에는 강서성 지방정부가 기독교인들에게 예수의 사진 대신 시진핑 사진을 걸도록 지시하는 사례도 있었다.[125] 이러한 준準종교적 지위의 부여는 시진핑이 권력 통합을 위해 철저히 이미지를 관리하고 있음을 보여준다.

이러한 변화는 중국의 미래 방향에 대한 의문을 불러일으킨다. 시진핑의 이념적 리더십은 과연 중국을 어디로 이끌 것인가? 그는 경제 성장과 사회적 안정을 동시에 보장할 수 있을 것인가? 아니면 문화대혁명 당시의 실수를 되풀이할 것인가?

한 가지 분명한 사실은 시진핑의 이념이 중국에서 그 어느 때보다 중요한 역할을 하고 있다는 점이다. 장기적으로 볼 때 그의 이념적 신념이 중국의 강점이 될지 혹은 약점이 될지는 여전히 불확실하다. 이념적 기반은 외부 도전에 맞서 국가적 통합과 분명한 목표를 제시하는 역할을 하며 공산당의 정당성 강화에도 유리하게 작용할 수 있다. 그러나 이념을 과도하게 강조하면 정책의 경직성이 심화되거나 대안적 견해를 배제함으로써 '에코 체임버'를 조성할 위험이 있다. 또한 '공동부유'共同富裕와 같은 이념적 공약이 제대로 이행되지 않는다면 당에 대한 대중의 신뢰가 약화될 가능성도 존재한다.

흥미롭게도 시진핑은 2012년 집권 이후, 해외 연설과 중국에서 열린 국제회의에서 전 세계적 협력과 평화로운 공존을 강조하며 '냉전적 사고방식'을 반대하는 강력한 수사학으로 주목받았다. 번스 대사가 지적했듯이, 그는 국제 언론을 상대할 때 어떤 말을 해야 할지 정확히 파악하고 있었다. 그러나 그의 포용적 언사와 달리 중국의 글로벌 지위를 강화하기 위한 전략적 단호함과 냉혹한 현실정치가 그 리더십의 밑바탕을 이룬다. 이러한 이중성은 다극화된 세계 질서 속에서 외교가 얼마나 복잡하게 펼쳐질 수 있는지를 단적으로 보여준다.

시진핑의 외교정책과 세계관:
모순과 전략

시진핑은 2022년 다보스 포럼^{Davos Agenda}에서 "대립적 수사와 행동은 득보다 실이 크며, 보호무역주의·일방주의·패권주의·강압은 결국 역효과만 낳는다."며 국가들이 '윈윈^{win-win} 협력'을 추구해야 한다고 역설했다. 그러나 그의 협력적 수사학 이면에는 훨씬 강경한 현실이 자리하고 있다.

실제로 시진핑 집권 이후 중국은 해외에서 자국의 영향력을 투사하는 방식에서 점차 강압적인 태도를 보이고 있다. 이는 덩샤오핑 시대의 '힘을 감추고 때를 기다리라'^{韜光養晦}는 신중한 외교 원칙에서 서서히 벗어나는 흐름이다. 이제 중국은 오히려 힘을 적극적으로 과시하며, 급속히 성장하는 신체를 더는 감출 수 없다는 듯 국제무대에서 자신감을 드러낸다. 이는 중국이 자국 이익을 더욱 공세적으로 주장할 만큼 자신감을 키웠다는 신호로도 해석된다.

중국의 '일대일로'^{Belt and Road Initiative} 전략 역시 대규모 인프라 개발을 통해 미국에 맞서는 '균형추' 역할을 하려는 의도로 볼 수 있다. 남중국해에서의 공세적 움직임은 이를 뒷받침하는 대표 사례다. 사드 배치에 대한 한국 보복 조치, 일본과의 센카쿠/댜오위다오^{尖閣諸島/釣魚島} 영토 분쟁, 대만을 둘러싼 긴장 고조 등에서 중국은 지역 내 힘을 적극적으로 과시하는 동시에, 스스로를 평화 조성자로 부각하려 애쓰고 있다.

EU와의 관계에서도 이런 '모순'은 여실히 드러난다. 시진핑은 유럽 지도자들과의 협력을 강조하면서도 경제력을 정치적 압박 수단으로 활용하는 데 주저하지 않는다. 아시아의 경우 스리랑카에서 나타난 '빚의 덫 외교' debt-trap diplomacy는 일대일로 구상의 전략적 의도를 보여주는 대표 사례다. 2017년 스리랑카가 중국 차관을 상환하지 못하자 함반토타 항구 Hambantota port의 운영권이 중국 국영기업으로 넘어간 사건은 중국에 대한 과도한 경제 의존이 가져올 위험성을 단적으로 보여준다.

결국 시진핑의 외교 정책은 협력적 언사와 강압적 현실 사이의 모순뿐 아니라, 국내외 우선순위가 충돌할 때 이를 어떻게 조정할 것인지라는 전략적 난제도 안고 있는 셈이다.

시진핑의 세계관은 마르크스-레닌주의 원칙, 강한 중국 민족주의, 그리고 중국의 부흥과 글로벌 위상에 대한 비전이 결합된 형태로 깊이 뿌리 내리고 있다. '시진핑 사상'은 중국 공산당의 포괄적 지침으로 자리 잡았으며, 궁극적으로 중국을 주요 글로벌 강대국으로 도약시키는 것을 목표로 삼는다. 그는 마르크스주의 이론과 강력한 민족주의를 결합한 새로운 형태의 '마르크스주의적 민족주의'를 발전시켰는데, 이는 단순한 이론에 그치지 않고 정책과 대중 메시지 전반에 적극적으로 반영되고 있다.

시진핑은 '역사적 유물론'에 입각해 중국의 필연적 부상을 거대한 역사적 흐름의 일부로 해석한다. 그는 연설에서 자본주의의 쇠퇴와 사회주의의 부상을 강조하며, 중국의 발전을 이 역사적 전환에서 필연적인 단계로 제시한다. 또한 군사·경제·기술적 역량을 아우르는 '종합국력'을 중시하면서 중국이 이미 글로벌 강대국의 반열에 올랐다고 인식한다. 이는 군사 현대화, 기술 혁신, 경제 확장 등에 대한 대대적인 투자를 이끌고 있다.

그가 제시한 비전의 핵심은 2049년까지 중국을 글로벌 리더의 지위로 복귀시켜 '중화민족의 위대한 부흥'을 실현하는 것이다. 이는 경제력과 군사력 강화에 그치지 않고 문화적·이념적 영향력까지 포함한다. 시진핑 정부는 이러한 부흥의 일환으로 전통문화와 가치관을 장려하며 강한 민족적 자부심과 단결을 강조해왔다. 이로써 공산당의 통제력이 사회 전반에 재확립되었고, 당내 권력 집중과 이념적 순수성을 한층 더 강조하는 방향으로 나아가고 있다.

시진핑은 중국과 미국이 경쟁자가 아닌 협력 파트너가 되어야 한다고 주장하며, 상호 존중·평화 공존·윈윈 협력을 미중 관계의 원칙으로 내세운다. 동시에 중국은 '일대일로' 구상을 통해 아시아, 아프리카, 유럽 등지에서 대규모 인프라 프로젝트를 추진하며 경제적 영향력을 확대하는 중이다. 아울러 아시아인프라투자은행을 설립해 개발도상국의 인프라 개발을 지원함으로써 글로벌 리더로서의 역할을 적극적으로 모색하고 있다.

호주의 '중국통' 케빈 러드Kevin Rudd 전 총리(현 주미 호주대사)는 "시진핑의 세계관은 마르크스-레닌주의 이념, 중국 민족주의, 그리고 깊은 역사적 운명 의식이 독특하게 결합된 것이다."라고 평가한다. 시진핑의 이념적 입장은 분명하지만, 그의 통치 방식과 국제관계 접근법에는 실용주의적 요소도 강하게 드러난다. 홍콩 링난대학교의 장바오후이張泊匯 교수는 이를 '공세적 현실주의'라고 부른다. 공세적 현실주의는 시진핑의 변증법적 사고방식과도 맞물려 있다. 이는 이념적 확고함과 동시에 실용적·공세적 태도를 통해 국제무대에서 중국의 이익을 극대화하려는 전략을 보여준다.

나는 케빈 러드가 시진핑을 분석하는 데 중요한 공헌을 했다고 본다.

그는 시진핑의 세계관에서 변증법이 핵심적 사상 중 하나이며, 이것이 시진핑을 이해하는 중요한 힌트임을 간파했다. 나는 그 후 중국 인터넷과 문헌 조사를 통해 시진핑이 변증辩证, 변증사유辩证思维, 변증유물주의辩证唯物主义 등의 단어를 사용한 사례를 연구해보기도 했다.

시진핑은 집권 초기부터 변증법을 강조해왔다. 그는 2012년 11월, 제18차 당대회에서 공산당 총서기로 선출된 직후 첫 정치국 집체학습에서 "덩샤오핑의 점진적 개혁 방식과 하향식 개혁이 변증법적으로 통합되어야 한다."고 역설했다. 이후에도 그는 변증법적 유물론을 지속적으로 언급하며, 이를 이념과 정책의 발전을 설명하는 핵심 틀로 삼았다.

2015년 1월 제20차 공산당 중앙정치국 집체학습에서는 "마르크스주의 철학의 지혜를 지속적으로 흡수하고 변증법적 유물론의 세계관과 방법론을 더욱 잘 견지하고 더욱 잘 운영해야 한다."고 강조했다. 이는 단순한 철학적 선언이 아니라 정책 결정과 국가 운영에 있어 변증법을 근본적인 사고방식으로 삼겠다는 의지의 반영이다. 2017년 10월 제19차 당대회 개막연설에서도 시진핑은 유독 '새로운'新이라는 표현을 반복적으로 사용하며, 이념과 정책이 변증법적으로 발전해야 한다는 점을 부각했다. 이는 과거의 정책을 무조건적으로 계승하는 것이 아니라 시대적 요구에 맞게 변형하고 발전시켜야 한다는 뜻으로 해석된다.

그의 '변증법 사랑'은 2018년 5월 '칼 마르크스 탄생 200주년 대회'에서 더욱 분명하게 드러났다. 시진핑은 이 자리에서 "역사와 중국 인민이 마르크스주의를 선택한 것은 백번 옳았다!"历史和人民选择马克思主义是完全正确的라고 선언하며, 마르크스주의 철학이 중국 발전의 핵심 토대임을 재확인했다.

시진핑은 국제 정세를 바라볼 때도 변증법적 사고를 강조한다. 그는 한 정치국 회의에서 '변증법적으로 국제 환경을 볼 것'을 주문했으며, 이는 현재 중국이 직면한 가장 큰 국제적 도전인 미중 경쟁에도 그대로 적용된다. 2018년 중앙외사공작회의에서 그는 "중국이 근대 이후 가장 좋은 발전 시기를 맞고 있다."며 전략적 자신감을 드러냈다. 중국국제경제교류중심China Center for International Economic Exchanges, CCIEE의 왕훼이王军 연구원 역시 "공산당 지도부 차원에서 현재 중국이 중요한 발전을 이룰 수 있는 전략적 기회가 존재하는 기간이라는 판단이 변하지 않았다."고 분석했다. 이는 시진핑이 미중 경쟁을 위기가 아닌 기회로 보고 있음을 시사한다.

변증법적 사고에 따르면, 발전은 정正과 반反의 대립을 거쳐 합合으로 나아가는 과정이다. 즉 중국이 미국과의 경쟁에서 충돌을 피하기보다 이를 하나의 '반反'으로 받아들이고, 궁극적으로 중국이 더 강해지는 기회로 삼겠다는 것이 시진핑의 기본 구상일 가능성이 크다. 변증법적으로 볼 때 위기는 곧 기회이며 그것은 필연적인 역사 발전 과정의 일부다.

시진핑의 군사사상에서도 변증법적 논리는 핵심 요소로 작용한다. 그는 "싸움에 능해야 전쟁을 막을 수 있고, 전쟁 태세를 갖추어야 싸움이 일어나지 않는다."라고 강조했다. 이는 평화를 유지하기 위해 오히려 군사력을 강화해야 한다는 논리다. 미국과의 전략적 경쟁에도 이러한 시각이 반영되어 있다. 미중 경쟁 속에서 시진핑은 전술적으로 타협하는 모습을 보일 수도 있다. 그러나 궁극적으로 그는 이 경쟁을 통해 중국이 더욱 강해지는 '합合'의 단계로 나아가야 한다고 보고 있는 듯하다. 따라서 그의 변증법적 접근이 실질적인 해결책으로 이어질지, 아니면 또 다른 충돌을 낳을지 주목할 필요가 있다.

미국이 발표한 국가안보전략보고서, 핵태세검토보고서, 국방수권법 등은 모두 중국의 부상을 저지하려는 미국의 전략적 의지를 보여준다. 이에 직면한 시진핑은 위기를 기회로 바꾸는 변증법적 접근을 통해 미중 패권 경쟁을 중국 발전의 새로운 동력으로 삼으려는 태도를 보이고 있다. 이는 엉뚱하거나 무모해 보일 수도 있다. 하지만 시진핑에게 변증법은 현실 인식을 넘어 국가전략을 이끌어가는 사유 방식이기도 하다. 미중 관계가 앞으로 어떤 방향으로 전개될지, 그리고 시진핑의 변증법적 시각이 갈등을 해결하거나 혹은 더 심화시키는 데 어떤 역할을 할지 계속 주목해봐야 할 것이다.

대학에서 중국어학을 전공했고, 후에 외교관으로서 시진핑을 만났던 경험을 포함해 시진핑 분석을 박사 학위 논문으로 쓴 케빈 러드는 2024년 시진핑에 대한 평가를 업데이트했다. 그러면서 시진핑의 이념적 틀을 경제 및 정치사상의 좌향 이동을 특징으로 하는 '마르크스-레닌주의적 민족주의' Marxist-Leninist nationalism 로 규정하며 총평을 했다.

시진핑을 분석하기 어려운 이유 중 하나는 겉으로는 원칙을 고수하는 사람처럼 보이면서도 동시에 융통성을 발휘하기 때문이다. 이는 시진핑을 단순한 변증법으로만 설명하기 어려운 까닭이기도 하다. 예컨대 그는 미국과 경쟁하면서도 극단적 대립을 피하려 애쓰고 필요할 때는 오히려 먼저 악수를 청하기도 한다. 동시에 자국의 이익을 매우 적극적으로 추구한다. 이러한 실용주의적 태도는 때때로 해외 전문가들을 당혹스럽게 만든다.

　대표적인 예로 도널드 트럼프 미국 대통령이 2025년 1월 두 번째 임기를 시작하는 취임식에 시진핑을 초청한 일화를 들 수 있다. 갈등 관계에 있는 상대를 취임식에 부른 트럼프의 행보에 전문가들은 놀라면서도 대부분은 시진핑이 이를 거부할 것으로 예상했다. 실제로 중국 정부도 한동안 아무런 입장을 내놓지 않으며 침묵을 지켰다.

　그런데 취임식을 사흘 앞둔 시점에 중국 정부는 시진핑 대신 한정韓正 국가부주석을 시진핑 국가주석의 특별대표(특사) 자격으로 파견한다고 깜짝 발표했다. 의전상 '대통령 특사'는 대통령을 대리해 대통령에 준하는 임무를 수행한다. 게다가 한정은 미국 관료제로 보면 '부통령'에 해당하는 고위직이다. 이로써 시진핑은 취임식에 직접 참석해 트럼프의 돌발적 압박 행보에 휘말릴 위험을 피했다. 동시에 다른 한편으로는 미국이 내민 호의를 거절하지 않고 '충분한 고위급' 축하 사절을 보내 자연스럽게 트럼프 2기 행정부와 소통하며 정보를 수집할 수 있게 되었다.

　시점을 조금 더 거슬러 올라가 보자. 시진핑은 2021년 조 바이든 대통령 취임 직후 가진 첫 전화 통화에서 "중미 관계는 대국 간 관계의 모범이 되어야 하며 대화와 협력이 양국 관계의 기본 기조가 되어야 한다."라고 강조했다. 2022년 11월 바이든과의 정상회담에서도 "세계는 양국이 발전하고 함께 번영하기에 충분히 크다."라고 발언하며, 계속되는 분쟁 속에서도 공통 기반을 모색하려는 의지를 내비쳤다.

　그러나 중국은 갈등이 깊어지면 주요 소통 채널을 끊는 이중적 태도를 보이기도 한다. 사드 배치로 한중이 갈등할 당시 중국 측은 70개가 넘는 양자 간 고위급 소통 채널을 일방적으로 폐쇄했다. 그리고 대만 문제로 미국과 충돌이 일자 군사 핫라인까지 일방적으로 단절했다. 바이든과 합의한 핫라인을 복원할 때 의도적으로 몇 달간 미루면서 정작 상대방에게는 대화의 중요성을 설파하는 일을 반복했다. 이는 자신의 행동에는 폭넓은 융통성을 허용하면서도 상대국에게는 더욱 높은 수준의 외교적 책임을 요구하는 방식이다.

시진핑이 "우리는 결코 패권을 추구하지 않을 것이지만, 우리의 주권·안보·발전 이익은 결연히 수호할 것이다."라고 밝힌 대목을 눈여겨봐야 한다. 중국이 경쟁을 회피하지 않으면서도 직접 충돌은 피하고 싶어 하는 이중 전략을 잘 보여주는 대목이기 때문이다. 갈수록 치열해지는 미중 경쟁에서 시진핑은 실용적이고 냉정한 자세로 미국과의 관계를 관리하려 한다. 하지만 그 이면에는 '중국의 부상에 따른 미국과의 전략적 충돌은 불가피하다'는 변증법적 인식이 깔려 있다. 과거 중국이 미국을 '피해야 할 도전'으로 보았다면, 이제는 경제력과 군사력이 커진 만큼 미국을 '넘어서야 할 장애물'로 여기게 되었다는 것이다. 이는 '정–반–합'을 거치며 더 강해진다는 변증법의 순리이자, '아픈 만큼 성숙해진다'는 논리와도 맞닿아 있다. 결국 중국은 위기를 피하기보다 정면으로 맞서고 이를 극복함으로써 더 큰 성장을 이루겠다는 의지를 보여주고 있는 셈이다.

미국 역시 중국의 외교적 수사에 점차 익숙해지고 있다. 시진핑은 2024년 5월 프랑스 방문 당시 "각국이 개방과 포용의 자세로 서로 배우고 협력하며 인류 문명을 함께 창조해나가자."라고 역설하며 '인류 운명 공동체' 구축을 제안했다. 미국은 이를 중국이 주도해 새로운 국제 질서를 구축하려는 시도로 보고 경계심을 늦추지 않고 있다.

시진핑 시대의 미중 패권 경쟁:
새로운 강도의 전방위적 각축전

시진핑의 리더십 아래 미중 경쟁은 새로운 강도로 격화되고 있다. 중국 공산당은 미국을 '기울어가는 패권국'으로 간주한다. 동시에 시진핑의 '중국몽'을, 중국의 글로벌 영향력을 확대하고 궁극적으로 미국을 추월하려는 야심 찬 비전으로 이해한다. 이는 실용적 전략과 공산주의 이념이 결합된 것으로 평가된다. 2017년 연설에서 시진핑은 "중화민족은 일어섰고, 부유해졌으며, 강해졌다." 中華民族從此站起來了, 富起來了, 強起來了 면서 "중국이 세계 무대의 중심에 더욱 가까워지고, 인류에 더 큰 공헌을 하게 될 시대가 열릴 것이다." 中國正日益走向世界舞台中央, 為人類做出更大貢獻 라고 선언했다.

이러한 비전은 시진핑의 이념적 성향과 긴밀하게 연관된다. 케빈 러드는 시진핑을 '이념적 순수주의자' ideological purist 로 분류한다. 그가 전임자들과 달리 뼛속까지 사회주의를 신봉하고 자본주의에 대해 회의적인 태도를 지녔다고 분석하는 것이다. 후진타오나 장쩌민 등이 표면적으로는 사회주의를 표방하면서 내심 자본주의를 동경한 것과 달리 시진핑은 마르크스주의 노선을 확고히 따르고 있다.

이러한 성향은 그가 표방한 '공동부유' 정책에서도 잘 드러난다. 코로나19 이후 중국 경제가 침체된 상황에서 최근 중국 정부가 '공동부유'라는 표현을 사용하지 않자 일각에서는 시진핑이 이 정책을 포기한 것 아니냐는 관측이 제기됐다. 하지만 공동부유는 시진핑의 사회주의 신념이 반영된 대표 정책이다. 따라서 경제 여건이 어려운 시기에 우선순위에서 잠시 밀려난 것에 불과하다는 해석이 우세하다. 실제로 공동부유는 중국 중장기 발전 전략의 핵심이며, 2021년 3월 발표된 '14차 5개년 경제계획'에서도 20개 부문 중 일곱 개가 민생과 복지를 강조해 성장에서 분배 중심으로의 정책 전환을 시사하고 있다.

미중 관계에서는 갈등이 계속해서 확장되는 중이다. 무역전쟁에서 시작된 분쟁은 관세전쟁, 기술전쟁, 이념전쟁으로까지 번졌고, 양국이 이미 '신냉전' 단계에 진입했다는 평가가 나오고 있다. 중국은 이에 대응해 '투이불파'鬪而不破 전략을 채택했다. 이는 미국과 대립하면서도 완전한 관계 단절을 피하려는 접근법으로, 미국과의 갈등을 관리하기 위한 중국식 전략이다. 갈등을 관리하면서 힘을 키우겠다는 의도다.

기술 발전 측면에서도 중국은 AI, 양자 과학, 양자컴퓨팅, 뇌과학, 클라우드 컴퓨팅 등 첨단산업에 막대한 투자를 진행하고 있다. 향후 5년간 이들 분야에 연평균 7퍼센트 이상의 예산을 투입하고, 핵심 분야에는 최대 10.6퍼센트까지 예산을 증액할 계획이다. 이는 중국이 기술 자립과 과학기술 강국으로 도약해 글로벌 무대에서 주도권을 확보하려는 의지를 그대로 보여주는 사례로 해석된다.

특히 주목할 만한 점은 중국 내부에서 시진핑의 정책이 상당한 지지를 받고 있다는 것이다. 적어도 코로나19 팬데믹 이전까지는 말이다. 민족주의적 정서와 결합된 그의 정책은 젊은 세대에게도 강한 호응을 얻었다.

서구에서는 개인 생활에 국가가 과도한 간섭을 하는 '유모 국가'^{Nanny State} 현상이라며 우려를 표했지만, 중국 내부에서는 오히려 국가가 국민을 '챙겨주는' 안정성의 상징으로 인식되는 분위기가 강했다. 큰 틀에서 볼 때 시진핑의 비전은 중화민족 부흥에 대한 중국인들의 오랜 열망에 뿌리를 두고 있다.

한 젊은 중국 기업가는 "우리는 미국의 문화적 영향력을 부러워한다. 하지만 언젠가 중국도 우리의 아이디어와 가치관으로 세계를 리드하는 문화 수출국이 되기를 희망한다."라고 말했다. 시진핑은 '소프트 파워' 확대보다는 경제, 기술, 군사 등 '하드 파워' 강화에 집중해왔다. 그런 흐름 속에서 AI와 5G 네트워크 같은 첨단기술에 대한 대규모 투자, 그리고 인민해방군 현대화가 핵심 과제로 떠올랐다.

이러한 야심은 미국의 우려와 맞물려 다양한 갈등을 불러일으켰다. 마이크 폼페이오 전 국무장관은 "중국 공산당은 우리의 자유롭고 개방적인 사회를 이용했다."라고 말한 데 이어 미국 사회에 침투한 중국 동조 세력이 "중국 체제 선전가들을 기자회견, 연구 센터, 학교, 심지어 학부모회^{Parent-Teacher Association, PTA}에까지 파견했다."라고 비판했다. 미국은 경제 제재와 동맹 강화, 고위급 외교를 통해 대응에 나섰다. 그리고 인권 이슈와 남중국해 영토 분쟁, 코로나19 책임론 등을 둘러싼 상호 불신도 계속 커지는 중이다. 이는 단순한 경제 패권 경쟁을 넘어서는 복합적인 대립으로 확산되고 있다.

중국은 2049년까지 경제력과 군사력에서 세계 1위를 달성하겠다는 목표를 내세웠다. 시진핑의 장기 집권 가능성이 높아지면서 사회주의적 성향과 국가 주도의 발전 전략은 더욱 공고해질 전망이다. 이러한 변화는 한국을 비롯한 주변국들에게도 중대한 전략적 과제를 안겨줄 것이다.

시진핑 시대의 미중 경쟁은 이미 21세기 지정학의 핵심 요소로 자리 잡았으며 장기전이 불가피해 보인다. 이 경쟁은 세계 질서의 향방은 물론 민주주의, 인권, 법치 같은 가치를 어떻게 지켜낼 것인가 하는 문제와도 맞닿아 있다. 이러한 상황에서 시진핑은 자신의 군사적 비전을 분명히 해왔다. 그는 집권 직후 '제2포병'(第二炮兵, 줄여서 二炮) 부대를 가장 먼저 방문해 "중국의 꿈은 강국의 꿈強國夢이고, 군에게는 강군의 꿈強軍夢이 필요하다."라는 점을 강조했다. 제2포병부대는 무슨 부대인지 이름만 들어서는 알 수가 없다. 하지만 유사시 중국이 미국을 공격할 수 있는 핵미사일을 포함해 탄도미사일과 전술미사일을 운용한다. 나중에 시진핑은 이를 격상시켜 '로켓군'火箭軍으로 명명했다. 정군급이기 때문에 인민해방군 육군, 해군, 공군에 이은 제4군으로서 독립군종이다. '중화민족의 위대한 부흥'을 실현하기 위해서는 강군 건설이 필수적이라는 시진핑의 인식은 이후 여러 차례의 연설과 정책을 통해 점점 더 구체화되었다.

시진핑이 가장 강조하는 핵심 요소는 능타승장能打勝仗, 다시 말해 '싸워서 이길 수 있는' 군대 건설이다. 그는 이를 '강군의 핵심'으로 규정한다. 2012년 12월 5일 열린 제8차 당대표 대회에서 시진핑은 제2포병을 중국 전략위협의 핵심 역량으로 지목하며, 국가안보와 전략적 지위를 뒷받침하는 중요한 초석이라고 언급했다. 이는 중국 최고 지도자로서는 처음으로 중국의 전략 핵 역량에 대해 공개 석상에서 직접 언급한 사례로 기록된다.

　시진핑의 군사적 접근은 역대 지도자들과 다르다. 그는 실제 전투에서 승리할 수 있는 군대를 건설하겠다는 강력한 의지를 보여준다. '싸워서 이길 수 있는 군대'를 끊임없이 강조하고 있으며, 이를 시진핑 시기 국방 및 군대 건설 사상의 핵심으로 삼고 있다. 그 결과 중국의 군사력은 과거에 비해 크게 강화되었고 중국군 내부의 자신감 역시 높아졌다. 또한 헌법 개정을 통해 장기 집권의 길을 연 시진핑은 미중 무역전쟁에서 나타나듯 점점 더 공세적인 외교정책을 펼치는 중이다.

　정리하자면, 시진핑은 '강군몽'이라는 표현을 지도 이념의 핵심 슬로건으로 내세운 첫 번째 지도자다. 동시에 '싸우면 이기는 군대'能打仗,打勝仗라는 구호를 직접 강조하기 시작한 것도 시진핑이 처음이다. 그는 미국과의 핵무기 경쟁을 염두에 두고 제2포병부대를 '로켓군'으로 격상시켰다. 그리고 이 로켓군이 중앙군사위원회 직속 명령체계에 포함되면서 시진핑의 직접적인 통제하에 놓이게 되었다.

　나아가 시진핑은 '핵심 이익'core interests과 관련해서는 양보할 수 없음을 거듭 강조하며, 남중국해 갈등이 심화되는 상황에서 중국이 '해양강국'海洋強國임을 선언했다. 그뿐만이 아니다. 시진핑은 항공모함 건설에 박차를 가해 현재 중국이 항모 세 척을 보유하도록 이끌었다. 이 항공모함들은 자국 기술을 통해 건조되는 이른바 '국산화' 과정을 거치고 있다. 한 중국 학자는 일부 첨단 장비의 경우 미국의 항공모함조차 채택하지 않은 첨단 기술을 탑재하고 있다며 자랑스럽게 언급하기도 했다.

　시진핑은 동시에 첨단 과학무기 개발과 '군민 협력'軍民融合, military-civilian

cooperation을 강조하며 무기 개발 속도를 더욱 높이는 중이다. 그는 아예 2017년 공산당 정치국 회의를 열어 중앙군민융합발전위원회中央军民融合发展委员会를 창설하고 본인이 주석을 맡기 시작했다. 손수 챙기겠다는 의지를 표명한 것이다.

제2포병부대를 로켓군으로 격상시키고 이를 '중국 억제전략의 핵심 역량'으로 부각한 시진핑은, 2017년 중국 건군 90주년 기념식에서 공개된 신무기들의 중요한 역할을 직접 선보였다. 그의 집권 5년 동안 중국군의 신무기 개발 역량은 한층 강화되었고 중국의 군사력은 가시적으로 확장되었다. 이는 시진핑의 공세적 외교 노선과 군사적 팽창 정책의 일환으로 해석되며, 궁극적으로 중국의 핵전략에도 영향을 미치고 있다.

중국이 로켓군을 창설하고 기술적 역량을 강조하는 이유는 미국의 미사일 방어 시스템을 무력화하기 위한 것이다. 이 기술은 로켓뿐 아니라 우주전space warfare으로까지 확대될 가능성이 있다.

시진핑의 칼날:
인민해방군의 특권을 흔드는 개혁의 맹추격

한국에서도 시진핑의 군부 장악력이 흔들리고 있다는 관측이 종종 제기된다. 시진핑 주석은 집권 초기부터 반부패 단속을 통치 체제의 핵심으로 삼았다. 그런데 10년이 지난 지금까지도 군부에서 끊임없이 부패 사건이 적발되고 있다. 중국 국방장관이 경질되거나 그보다 더 높은 중앙군사위 부주석까지 경질되는 일이 벌어지면서 시진핑의 군 장악력에 대한 의문이 제기되는 것이다. 이는 군부 내에 시진핑의 철권 통치에 불만을 품고 저항하는 세력이 있음을 의미한다. 한편으로는 시진핑이 '반부패 단속'을 명분으로 잠재적 정적을 제거하고 있다는 분석도 나온다. 이러한 관측은 주로 대만 등 해외 매체에서 제기되고 있으며, 한국 언론은 이를 인용 보도하는 양상을 보인다.

하지만 분석적으로 검토해보면 시진핑의 권력은 아직 건재해 보인다. 시진핑과 인민해방군人民解放軍, PLA 사이에 긴장이 존재하는 것은 사실이지만, 시진핑의 행보는 인민해방군 내부의 문제들을 해결하려는 노력으로도 해석할 수 있다. 그의 반부패 운동과 군사 개혁은 단기적인 혼란을 감수하더라도 장기적으로는 더 유능하고 충성스러운 군대를 건설하겠다는 의지로 봐야 한다. 대만과 통일하고 미국과의 경쟁에서 우위를 점하기 위해서는 강력한 군대가 필수적이기 때문이다. 시진핑은 아직 인민해방군이 미국과 겨룰 만큼 충분히 현대화되지 못했다고 판단하고 수년간 개혁을 추진해왔다.

어느 나라든 군대는 보수적인 성향을 갖고 있지만 중국은 특히 그 정도가 심하다. 따라서 군 내부에서 개혁에 대한 저항이 존재하는 것은 당연하다. 하지만 이러한 저항을 시진핑에 대한 반기로 해석하는 것은 지나친 비약이다. 끊임없이 제기되는 '시진핑-인민해방군 불화설'을 제대로 이해하려면 중국 역사에서 인민해방군이 차지하는 역할과 변천 과정을 살펴볼 필요가 있다. 특히 인민해방군의 기원과 중화인민공화국 수립 과정에서의 역할을 이해하는 것은 이러한 역학 관계를 파악하는 데 중요한 열쇠가 된다.

중국 국공내전^{国共内战} 시기인 1927년 난창 봉기^{南昌起义}에서 탄생한 인민해방군은 잔혹한 상하이 학살^{四一二惨案} 이후 등장해 1949년 공산당 승리의 주역으로 성장했다. 상하이 학살은 중국 공산당 역사에서 중추적인 사건이다. 주은래^{周恩来} 등이 이끈 봉기는 장제스^{蒋介石}의 4월 12일 정당 숙청^{四一二清党}으로 진압되었지만, 이를 계기로 공산당은 군대의 중요성을 절감하게 되었다. 이러한 역사적 경험은 인민해방군이 중국 정치에서 중요한 권력 중개자로 자리매김하는 토대를 마련했다. 그리고 수십 년 동안 지속된 자율성과 특권 의식을 갖게 된 배경이 되었다.

다른 나라와 달리 인민해방군은 국가의 군대가 아니라 공산당의 군대다. 이는 앞서 설명한 인민해방군의 역사적 기원과 밀접한 관련이 있다. 1949년 중화인민공화국을 건국한 마오쩌둥을 비롯해 초기 지도부의 많은 인사가 군 출신이었기 때문이다. 이런 역사는 인민해방군에게 중국 관료제 내에서 특별한 권력과 지위를 부여하게 된다. 예를 들어 인민해방군은 종종 중국 외교부와 군사 작전 정보를 공유하지 않아 중국 외교부가 곤란한 상황에 처하는 경우가 많았다.

인민해방군의 독특한 지위는 운영 자율성과 상당한 재정적 특권으로 특징지어진다. 인민해방군은 20세기의 대부분을 민간 당국의 감독을 거의 받지 않고 운영되었다. 게다가 자원 배분과 정책 결정 과정에서 상당한 영향력을 행사했다. 이러한 자율성은 단순히 형식적인 것이 아니었으며, 1976년 사인방^{四人帮} 체포와 1989년 천안문 사태^{天安门事件 혹은 六四事件} 진압 등 중요한 역사적 사건에서 결정적인 역할을 했다. 그러다 점차 시간이 흐르면서 인민해방군 내부에는 당의 지시를 넘어서는 특권 의식이 뿌리내리게 된다.

인민해방군의 역사적 유산은 군 내부에 자신들의 공헌과 희생에 대한 강한 자부심과 특권 의식을 심어주었다. 이러한 특권 의식은 인민해방군 개혁을 어렵게 만드는 요인 중 하나다. 군에 대한 더 엄격한 감독과 규율을 부과하려는 시도가 인민해방군의 역사적 역할과 지위를 훼손하는 것으로 받아들여지기 때문이다. 하지만 시진핑은 이러한 관행에 제동을 걸었다. 그는 군대가 당의 통제 아래 있어야 한다는 점을 분명히 했다. 그 결과 시진핑 집권 이후 인민해방군은 더 이상 무소불위의 권력을 누리지 못하게 되었다.

시진핑과 인민해방군의 관계는 그의 개인적인 경험과도 관련이 있다. 태자당 출신이자 혁명 지도자인 시중쉰의 아들인 시진핑은 칭화대학교 졸업 후 국방부 장관 경뱌오의 개인 비서로 사회생활을 시작했다. 이 경험을 통해 그는 군사 문제에 대한 이해도를 높였을 뿐만 아니라 인민해방군 내에 인맥을 형성했다. 하지만 2012년 중앙군사위원회 주석에 취임한 이후 시진핑은 군 개혁과 규율 강화에 있어서 단호한 태도를 보였다.

시진핑의 군 개혁은 그 범위가 매우 광범위하다. 지휘 계층 개편, 군구 수 감소, 합동 전투 능력 강화를 위한 각 군의 재조직을 비롯해 구조적인 변화가 이루어졌다. 또한 반부패 운동을 통해 해군, 로켓군, 장비개발부를 포함한 다양한 군 부문의 고위 관리들을 숙청했다. 이러한 조치는 뿌리 깊은 부패 네트워크를 해체하고 군 내부의 기강을 확립하기 위한 것이다. 시진핑은 미사일 부품 구매부터 병사들의 식단에 이르기까지 모든 군 관련 지출에 대한 엄격한 회계를 요구하고 있다.

개혁에 대한 인민해방군 내부의 저항은 겉으로 드러나지는 않지만 분명히 존재한다. '탕핑'躺平, 즉 의도적인 태업은 전통적인 특권을 잃게 된 것에 대한 불만을 표출하는 수동적 저항의 한 형태다. 하지만 이러한 저항이 군 현대화 자체에 대한 반대를 의미하는 것은 아니다. 인민해방군은 특히 러시아-우크라이나 전쟁에서 러시아군의 사실상 실패를 목격했다. 그 과정에서 합동 작전, 효율적인 군수 지원, 첨단기술의 중요성을 다시금 깨달았다. 시진핑의 개혁이 이러한 분야에서 의미 있는 진전을 가져올 수 있다는 점을 인민해방군도 인정하고 있다.

하지만 반부패 운동은 인민해방군 내부에 불안감을 조성하기도 했다. 심지어 군 서열 5위인 먀오화苗華 중국공산당 중앙군사위원회 위원 겸 정치사업부 주임 숙청은 이 운동의 광범위한 성격을 보여주는 사례다. (참고로 먀오화 장군은 2019년 시진핑이 평양을 방문해 김정은과 회담을 가졌을 때 배석한 시진핑의 측근이다.) 군사 규율 위반에 대한 시효가 없다는 점은 과거의 비리가 언제든 발목을 잡을 수 있다는 불안감을 야기한다. 이러한 상황은 부패를 억제하는 데는 효과적일 수 있다. 하지만 장교들을 지나치게 소극적으로 행동하게 하고 규정에 얽매이게 만드는 부작용을 낳기도 한다.

인민해방군의 현대화 노력은 매우 야심차고 다면적이다. 2027년까지 통합 기계화 및 정보화를 달성하고, 2035년까지 군 현대화를 완료하며, 2049년까지 세계적 수준의 군대를 건설하는 것이 그 목표다. 이러한 목표는 초음속 미사일, 해군력 강화, AI, 사이버 전쟁 능력 개발 등을 포함하며, 중국의 글로벌 영향력 확대를 위한 포석이다. 하지만 이러한 목표를 달성하기 위해서는 부패 방지, 운영 효율성 유지, 병력 사기 진작 사이의 균형점을 찾는 것이 중요할 것이다.

1894년 청일전쟁에서 당시 동북아 최강의 해군이라던 청나라의 북양함대北洋艦隊가 일본에 패배한 것은, 부패하고 무능한 군대가 어떤 결과를 초래하는지 보여주는 대표적인 사례다. 인민해방군의 전투 준비 태세와 조직적 응집력을 확보하는 것은 시진핑에게는 단순한 국가적 자존심의 문제가 아니라 중국의 전략적 목표 달성을 위한 필수적 요소다. 일부 분석가들은 시진핑이 대만 침공을 주저하는 이유 중 하나가, 인민해방군이 아직 고강도 전투를 수행할 준비가 되어 있지 않기 때문이라고 지적한다. 미국의 개입 가능성까지 고려하면 인민해방군의 현대화는 더욱 중요해진다.

시진핑의 반부패 운동과 구조 개혁은 인민해방군 내부의 오랜 관행을 깨뜨리고 책임감과 규율을 강조하는 새로운 문화를 만들어내는 중이다. 하지만 이러한 변화는 아직 완전히 정착되지 않았다. 저항은 억제되었지만, 수십 년 동안 인민해방군에 뿌리내린 특권 의식은 여전히 영향력을 행사하고 있다.

시진핑과 인민해방군의 관계는 현대 중국이 어떤 과제에 직면했는지를 보여주는 일종의 축소판이다. 역사적 유산과 현대화의 필요성 사이에서 균형점을 찾는 것이 중요하는 뜻이다. 인민해방군을 개혁하려는 시진핑의 노력은 더 강력하고 규율 있는 중국을 만들려는 그의 의지를 보여준다. 하지만 개혁 과정에서 나타나는 저항은 전통과 특권에 익숙해진 조직을 변화시키는 것이 얼마나 어려운지를 보여준다.

특히 많은 해외 분석가들은 인민해방군 내부의 부패와 전투력 부족을 지적하며 중국 군대를 과소평가하는 경향이 있다. 하지만 이런 시각은 성공적인 군 개혁이 가져올 잠재적 영향력을 간과한 것이다. 인민해방군의 현대화는 국제 정세에 큰 변화를 가져올 수 있으며 국제사회에서 중국의 행동 방식에도 상당한 변화를 미칠 것이다. 시진핑과 인민해방군 사이의 '불화설'에 집중하며 시진핑의 권력 이상을 점쳐보는 것은 흥미롭다. 하지만 시진핑이 결국은 인민해방군을 미국과 겨룰 수 있는 현대화된 군으로 탈바꿈시켰을 때 중국이 한국을 비롯한 주변 국가를 어떻게 다룰지에 대해서도 미리 상상해볼 필요가 있다.

PART 7

THE
FUTURE OF
GLOBAL
POWER

미국은 벌써 이겼는가

"중국은 (미국이 탄생한) 1776년 이후 미국이 직면한 가장 큰 위협이다. … 미중 경쟁에서 미국의 승리가 보장된다고 말할 수는 없다."

― 윌리엄 허드(전 CIA 요원·미국 연방 하원의원), 나와의 인터뷰 중에서

지금까지 우리는 미중 관계의 광범위한 맥락을 탐구했다. 특히 트럼프 행정부 첫 임기 동안 이루어진 '근본적인 재설정', 다시 말해 관여engagement에서 경쟁competition으로의 전환에 대해 살펴보았다. 우리는 2020년 공식 문서인 〈미국의 중국에 대한 전략적 접근〉The United States Strategic Approach to the People's Republic of China을 검토하면서 트럼프 행정부든 바이든 행정부든 상관없이 대중국 강경 노선이 지속되고 있음을 확인했다.

돌이켜보면 미중 경쟁은 공식적으로 2018년 미중 무역전쟁이 시작되

7 미국은 벌써 이겼는가

면서 본격화되었다. 2018년 3월, 트럼프 당시 대통령은 철강 및 알루미늄 수입에 대한 관세를 부과하며 "무역전쟁은 좋은 것이며 쉽게 이길 수 있다."고 선언했다. 같은 해 7월 트럼프 행정부는 경고한 대로 중국산 제품 340억 달러 규모에 관세를 부과했다. 당시 〈뉴욕타임스〉는 "세계 양대 경제 대국 간의 무역전쟁이 공식적으로 시작되었다."라고 보도했다.[126] 그리고 중국 상무부는 이를 '경제 역사상 최대 규모의 무역전쟁'이라고 비판했다.[127]

그로부터 7년이 지난 지금, 미중 경쟁은 단순한 무역 분쟁을 넘어 군사, 기술, 가치와 이념, 사이버, 우주 분야로까지 확장되었다. 최근까지 주중 미국대사를 역임했던 니컬러스 번스는 이를 다음과 같이 요약했다. "우리는 중국과의 장기적인 힘의 경쟁에서 미국의 입지를 강화했다." 그는 이어 "기술이 경쟁의 중심 무대에 올랐다."라고 덧붙였다.

번스 대사의 발언에서 중요한 점은 두 가지다. 미국의 시각에서 볼 때 미중 경쟁의 핵심 분야는 기술이며, 이 영역에서 미국이 중국에 대해 우위를 점하고 있다는 것이다. 그러나 이 가정이 여전히 유효할까?

공교롭게도 번스 대사의 발언 직후 전 세계는 '딥시크DeepSeek 충격을 경험했다. 중국 AI 기업 딥시크의 AI 모델 '딥시크-R1' 발표는 시장에 엄청난 충격을 주었다. 엔비디아의 주가는 12퍼센트 급락했고, 시가 총액 6,000억 달러가 순식간에 사라졌다. 이 금액은 한국에도 잘 알려진 미국의 대형 소매업체 월마트의 전체 시가 총액과 맞먹는 수준이다. 딥시크로 우리가 알던 월마트란 회사(이 회사 자체도 무척 큰 회사다) 하나가 송두리째 없어진 것과 같은 충격을 겪은 것이다. 그 밖에 브로드컴과 마이크로소프트의 주가도 각각 12퍼센트, 6퍼센트 하락하는 등 반도체 및 AI 인프라 기업들의 주가가 큰 폭으로 떨어졌다. 전체적으로 미 증시에서 1조 달러 이상이 증발했다. 이런 일련의 흐름은 그 충격의 강도가 어떠했는지를 잘 보여준다.

딥시크의 AI 모델이 특히 주목받는 이유는 저비용·고효율 때문이다. 딥시크의 V3 모델은 단 557만 달러의 비용으로 개발되었으며, 이는 메타의 라마^{Llama} 모델 개발 비용의 1퍼센트 수준에 불과하다. 미국 AI 모델들이 막대한 연산 자원을 필요로 하는 것과 사뭇 다르다. 딥시크는 단 2,000개의 저사양 H800 GPU를 활용해 고성능 AI 모델을 개발했다. 이는 AI 개발 비용을 열 배 이상 절감하는 결과를 낳았으며, 기존 AI 시장의 패러다임을 흔드는 요소로 작용하고 있다.

딥시크의 성공은 단순한 기술적 혁신이 아니다. 오히려 미국의 대중 기술 제재가 의도치 않게 초래한 결과이기도 하다. 미국은 반도체 수출 규제를 통해 중국의 AI 발전을 억제하려 했다. 그러나 딥시크는 제한된 하드웨어 환경에서도 최적화된 알고리즘을 통해 최대한의 성능을 구현하는 기술을 개발했다. 이는 미국의 기술 패권 전략이 오히려 역효과를 초래할 수 있음을 시사한다.

미국 정부의 기술 차단 정책은 AI뿐만 아니라 반도체, 양자컴퓨팅 등 다양한 분야에서 중국의 기술 자립을 촉진하는 결과를 가져오고 있다. 실제로 양자컴퓨팅 분야에서 중국은 정부 주도로 2016년부터 연구개발을 가속화해왔으며, 이미 153억 달러 이상을 투자했다. 양자컴퓨팅 기술이

상용화될 경우 미국의 암호 체계가 무력화될 가능성이 제기되는 상황이다. 나아가 AI를 넘어 또 다른 패러다임 변화를 촉진할 수 있다.

미국은 대중 기술 제재를 강화하면서 동맹국들과의 기술 협력도 확대하는 중이다. 오커스, 쿼드, 미-EU 무역기술위원회Trade and Technology Council, TTC 등을 통해 AI 및 양자 기술에 대한 공동 대응을 논의하고 있으며, 2024년에는 '퀀텀개발그룹'Quantum Development Group을 출범시켰다.

이는 단순한 중국 견제의 차원을 넘어선다. 그보다는 기술 패권 경쟁에서 미국이 우위를 지속적으로 유지하기 위한 장기 전략이다. 그러나 딥시크의 사례는 미국의 기술 봉쇄 전략이 오히려 중국의 혁신적 적응력을 자극할 수 있음을 보여준다. 제한된 환경 속에서도 고성능 AI를 구현할 수 있다면 향후 미국의 제재는 점차 효력을 잃을 가능성이 크다.

딥시크의 등장은 단순한 AI 모델 출시가 아니라 미중 기술 경쟁의 패러다임이 변화하고 있음을 의미한다. AI 개발 비용 절감을 통해 저비용··고성능 AI 시대가 도래하고 있으며, 미국의 기술 제재는 중국의 창의적 AI 최적화 전략을 촉진하는 역설적 결과를 낳고 있다. 미국의 폐쇄형 모델과 달리 중국은 개방형 AI 모델을 확산시키며 협력을 통한 기술 발전을 강화하는 중이다.

내가 버지니아주 고속도로를 운전할 때 들은 방송에서는 실리콘밸리에서 새로운 AI 기술 구현 실험이 한창 진행되고 있으며, 벌써 적지 않은 미국 스타트업들이 딥시크를 사용하고 있다는 소식을 전했다. 더불어 이에 대한 우려를 표명했다. 품질이 좋은 데다 누구나 사용할 수 있는 공개된 기술(오픈소스)이라, 플랫폼으로 활용해 새로운 응용 기술을 접목하기 쉬운 확장성이 우려하는 이유라고 했다. 이는 레고 블록으로 여러 장난감을 만들더라도 기본 단위는 레고 블록인 것과 같은 이치다. 이렇게 사용자, 특히 신제품 개발자들이 딥시크를 많이 이용하면 자연스럽게 딥시크의 시장 영향력은 확대될 것이다. 방송에서는 중국이 원하기만 한다면, 딥시크로 데이터 정보를 수집해 다른 국가의 AI 전문가들이 어떤 기술을 개발하고 무슨 제품을 만들려고 하는지 모두 모니터링할 수 있다고 덧붙였다.

AI뿐만 아니라 양자컴퓨팅과 같은 미래 기술에서도 미국과 중국의 경쟁은 더욱 치열해질 전망이다. 또한 기존의 기술 패권 구도가 흔들릴 가능성도 크다. 이러한 격변을 고려한다면 과연 미국이 AI 경쟁에서 이미 승기를 잡았다고 단언할 수 있을까?

딥시크의 등장은 그 답이 결코 단순하지 않음을 시사한다.

서방 모델에 대한 '대안적 현대화' 구상을 당당히 밝히는 중국

기술 경쟁이 심화하는 가운데, 중국은 경제 및 정치적 차원에서도 사실상 독자적인 발전 모델을 제시했으며 서방과의 차별성을 강조하고 있다. 특히 트럼프 2기 행정부 출범 이후 중국은 서방 모델을 따르지 않는 '대안적 현대화' 구상을 더욱 선명하게 부각시켰다.

트럼프 2기 행정부가 출범한 지 채 한 달이 되지 않은 2025년 2월 5일,

중국 공산당 기관지 〈인민일보〉人民日報는 '중국식 현대화'中國式現代化의 세계적 의의와 발전 개념을 집중 조명하는 기획 기사를 게재했다. 해당 기사는 중국이 제시하는 현대화 모델이 서구식 현대화와 차별화된 대안적 발전 경로를 제공할 수 있음을 강조하고 있다. 〈인민일보〉에 인용된 중국 전문가들은 중국식 현대화가 서구식 현대화 이론과 실천을 뛰어넘는 중대한 혁신이며, 세계 발전의 새로운 방향을 제시한다고 평가했다.

시진핑 총서기는 최근 "중국식 현대화로 강국 건설과 민족 부흥의 위대한 사업을 전면적으로 추진하자."以中國式現代化全面推進強國建設、民族復興偉業라는 글을 발표했다.[128] 그리고 그 글에서 "중국식 현대화는 '서구화'라는 신화를 깨고 현대화의 또 다른 청사진을 제시하며, 개발도상국이 현대화로 나아가는 경로 선택을 확장한다. 또한 더 나은 사회제도를 탐색하는 인류에게 중국식 해결책을 제공한다."라고 강조했다.

중국 인민대학 국제관계학원장 양광빈楊光斌 교수는 〈인민일보〉 기고문에서 중국식 현대화가 기존 서구식 발전 패러다임을 뛰어넘는 중대한 혁신이라고 평가했다. 그는 서구 국가들이 근대 이후 가장 먼저 현대화의 길을 걸었지만 그것은 사실상 '경제 독점형 현대화'經濟壟斷式現代化였음을 지적했다. 그에 따르면, 서구 국가들은 산업화와 폭력을 통해 전 세계로 자본주의 조직 시스템을 확장했다는 것이다. 더불어 '현대 세계 시스템'現代世界體系을 형성했고 이를 통해 독점적 이익을 강력히 보호해왔다.

최근 트럼프 대통령이 중국산 제품에 대한 10퍼센트 관세를 부과한 것은 이러한 분석을 뒷받침하는 사례로 제시될 수 있다. 중국은 이에 즉각 보복 조치를 취하며 일부 미국산 제품에 대한 관세 부과, 핵심 광물 수출 제한, 그리고 미국 기업 구글에 대한 반독점 조사를 발표했다. 그러나 미국의 전반적인 경제력과 중국의 무역 적자를 감안할 때 단순한 보복 조치만으로는 장기적으로 대응할 수 없다. 이 점에 대해서는 중국의 정책 결정자들도 잘 알고 있다. 이런 이유로 중국은 트럼프 행정부의 불안정한 정책 운영에 대비하는 전략을 오랜 기간 마련해왔으며, 최근 몇 달 동안 이에 맞춘 대책을 한층 강화했다.

중국의 대응은 단순한 무역전쟁을 넘어 경제적 내구성을 강화하는 방향으로 진행되고 있다. 2024년 11월 8일 중국 정부는 향후 2년간 1.4조 달러를 투입해 지방정부 부채를 감축하는 계획을 발표했다. IMF에 따르면 중국의 지방정부 부채는 약 9조 달러에 달하며, 이를 해결하기 위한 적극적인 재정 정책이 시행되고 있다고 한다. 같은 해 12월 중국은 보다 적극적인 재정 정책과 완화된 통화 정책을 추진하겠다고 발표했다. 이로써 정부 지출 확대와 금리 인하를 통해 경제 성장을 촉진할 계획을 공식화했다. 이는 2010년 이후 지속된 긴축 정책에서 벗어나 경제 부양을 위한 전환점을 마련하는 중요한 조치로 평가된다.

경제 정책의 변화는 중국 내부의 필요성에 의해 촉진되었지만, 트럼프 2기 행정부 출범이 이러한 정책 전환을 가속화했다는 점은 부인할 수 없다. 2024년 12월에 열린 중앙경제공작회의(中央經濟工作會議)는 외부 환경 변화가 중국 경제에 미치는 부정적 영향을 심화시킨다고 분석했다. 그럼 어떻게 해야 할까? 중국은 이에 대응하기 위해 보다 강력한 재정·통화 정책을 추진해야 한다는 결론을 내렸다. 특히 중국은 미국과의 직접적인 무역 감소를 보완하기 위해 대체 시장을 적극적으로 모색하는 중이다. 그

일환으로 아시아, 남미, 아프리카 등 '글로벌 사우스' 국가들과의 무역 관계를 더욱 강화하고 있다.

〈인민일보〉보도에 따르면, 중국식 현대화는 단순한 경제 성장을 의미하는 것이 아니라 보다 포용적이고 지속 가능한 발전 경로를 제공하는 것을 목표로 한다. 중국은 '공유 발전'共享發展을 지향하며 '이웃을 희생시키는 방식'以鄰為壑이 아닌 상호 이익을 고려한 경제 구조를 구축하고 있다. 또한 '공동 안보'共同安全를 추구하며 '문명 충돌'文明衝突이 아닌 '문명 상호 학습'文明互鑑을 강조하는 것이 특징이다. 이러한 접근은 트럼프 행정부가 추진하는 보호주의적 정책과 대조를 이룬다. 나아가 중국이 보다 개방적이고 협력적인 국제경제 질서를 주도할 수 있음을 시사한다. 적어도 문구상으로 볼 때는 말이다.

2024년 10월, 중국과 인도는 4년간 지속된 국경 대치를 해결하기 위해 라다크Ladakh 지역에서의 군대 철수에 합의했다. 이는 히말라야 분쟁 국경인 실질통제선Line of Actual Control, LAC에서의 군사 순찰 협정의 일환이다. 양국은 라다크 동부 뎁상Depsang과 뎀초크Demchok 지역에서 병력과 임시 초소 등 시설물을 철거하기로 했으며, 이는 2020년 6월 갈완 계곡Galwan Valley에서 벌어진 치명적인 충돌 이후 고조된 긴장을 완화하는 중요한 진전으로 평가된다. 11월에는 인도 국가안보보좌관 아지트 도발Ajit Doval을 초청해 국경 문제에 대한 협상을 진행했다.

또한 중국과 일본 간 외교관계도 개선되고 있다. 중국은 2024년 9월 일본산 수산물 수입 금지 조치를 완화하고, 11월에는 일본과의 비자 면제 프로그램을 재개했다. 이러한 움직임은 미국의 인도-태평양 전략에 대응해 지역 내의 안정적인 외교관계를 구축하려는 중국의 노력으로 볼 수 있다.

중국의 경제 전략 또한 변화하고 있다. 미국의 관세 정책 때문에 직접적인 무역이 어려워지면서 중국은 베트남, 인도네시아, 멕시코 등 제3국을 경유한 무역을 확대하는 중이다. 예를 들어 2023년 중국의 베트남 내 투자는 80퍼센트 증가했으며, 중국과 멕시코 간 직접 투자 규모도 공식적인 수치보다 열 배 이상 많을 것으로 추정된다. 이는 미국과의 직접적인 무역 감소를 완화하고, 글로벌 공급망에서 중국의 역할을 유지하기 위한 전략적 조치로 해석될 수 있다.

결국 중국의 현대화 전략은 단순한 경제 발전 모델에 머무르지 않는다. 그것을 넘어 변화하는 국제 질서 속에서 중국의 위상을 강화하기 위한 종합적인 대응으로 볼 수 있다. 트럼프 행정부의 정책이 단기적으로 중국 경제에 부담을 줄 수는 있다. 하지만 중국 지도부는 장기적으로 미국이 자국의 영향력을 스스로 약화시키는 방향으로 나아갈 것이라고 판단한다. 따라서 중국은 외부 충격을 견디면서도 새로운 경제 및 외교전략을 통해 국제사회에서의 입지를 더욱 확장해나가고자 할 것이다. 시진핑 지도부는 이를 '세기적 변혁 百年未有之大變局'의 일부로 인식한다. 또한 이러한 전략이 향후 국제 질서 재편 과정에서 중요한 역할을 할 것으로 전망하고 있다. 결국 이러한 전망의 바탕에는 '중국의 굴기'는 지속될 것이며 미국의 패권은 점차 쇠퇴할 것이라는 관점이 자리한 것이다.

미국은 중국의 '야심'을 뒤늦게 깨달았다. 이와 관련해 전직 CIA 요원이자 아시아 지정학을 담당했던 윌리엄 허드의 의견이 궁금했다. 그와의 인터뷰를 통해 미국이 바라보는 중국, 그리고 전반적인 미중 관계에 대한 그의 견해를 들어보았다. 다음은 인터뷰 내용이다.

윌리엄 허드 전 CIA 요원 및 미국 연방 하원의원과의 인터뷰 전문

Q. 미국 정보기관이 글로벌 질서 변화에 대한 중국의 야망을 인식하기 시작한 시점은 언제인가?

A. 많은 미국 전문가가 미중 관계에 있어서 2015년을 중요한 전환점으로 본다. 그해 중국은 '중국 제조 2025'Made in China 2025 전략을 발표했다. 이를 통해 국가 차원에서 자국 산업을 적극 지원해 글로벌 경쟁에서 우위를 점하려는 의도를 공식적으로 드러냈다. 사실 정보기관 내부에서는 오래전부터 중국을 경계하는 목소리가 존재했다. 리처드 닉슨이 중국 개방을 신뢰했던 것과 달리 일부에서는 회의적인 시각을 견지해왔다. 그러나 미국이 중국의 전략을 보다 심각하게 받아들이기 시작한 것은 2015년 이후다. 중국이 글로벌 질서를 바꾸는 과정에서 미국을 대체하려 한다는 점은 분명하다.

Q. 무역전쟁으로 촉발된 미중 경쟁이 이미 수년째 진행 중이다. 미중 경쟁은 얼마나 지속될 것으로 예상하는가?

A. 명확한 종료 시점을 예측하기는 어렵다. 미국과 중국이 일부 영역에서는

협력하고 일부에서는 경쟁하는 형태가 이상적이다. 하지만 현재의 대립과 충돌이 지속되는 한 어느 한쪽이 상대보다 우위를 점할 때까지 경쟁이 이어질 것으로 본다.

Q. 미중 경쟁이 국제 질서에 미치는 영향은?

A. 미국은 일본, 한국, EU와도 산업 등의 분야에서 경쟁 관계에 있다. 하지만 미중 경쟁은 지정학적 글로벌 질서를 장기간 지배할 가능성이 크다. 군사적 충돌 가능성도 배제할 수 없다. 특히 중국이 대만을 무력으로 점령하려 할 경우, 이는 우크라이나-러시아 전쟁과는 다른 양상의 충돌로 이어질 가능성이 높다. 대만해협, 남중국해, 제1도련선과 같은 전략적 요인들이 얽혀 있어 미래를 예측하기 어려운 상황이다.

Q. 대만에 위기 상황 발생 시, 미국이 한국에 기대하는 역할은?

A. 미리 밝혀두지만 내 대답이 미국 정부의 의중을 대변하는 것은 아니다. 하지만 일반적으로 미국은 한국, 일본, 필리핀, 호주 및 유럽 동맹국들이 NATO와 유사한 방식으로 협력할 것으로 기대하고 있다. 특히 한국과 미국 간 군사적 협력 수준은 매우 높다. 현재 서울에서는 한국군과 미군이 같은 공간에 모여 북한 관련 기밀 정보를 공유하는 등 유례없는 수준의 공조가 이루어지고 있다. 향후 이러한 협력 모델을 대중국 전략에도 적용할 수 있을지 고민해야 한다. 또한 한국과 일본 간 정보 협력은 동맹의 핵심 요소가 될 것이다. 한국과 일본 사이에는 역사적 갈등이 존재한다. 그럼에도 정보 협력의 증대는 동맹 전체에 이익이 된다.

Q. 미중 경쟁에서 미국이 승리하려면 무엇이 필요한가?

A. 미국은, 중국이 국제 규범을 준수하도록 압박해야 한다. 중국이 국제사회의 신뢰를 얻으려면 WTO 규정을 준수하고, 불공정한 정부 보조금 지급과 시장 개입을 자제해야 한다. 또한 국가 차원의 기술 절도 및 외국 내정 개입을 중단해야 한다. 공화당과 민주당을 막론하고 미국의 입장은 '중국이 스스로 동의한 국제 규범을 지켜야 한다'는 점에서 일치한다.

Q. 중국이 공산당 체제를 유지하면서도 국제 규범을 준수할 수 있는가?

A. 미국 정부는 중국의 정치체제 변화를 직접적으로 요구하지는 않는다. 하지만 독재적 통치 방식이 중국의 발전을 스스로 저해한다고 본다. 만약 중국이 자유로운 시장경제와 정치적 개방성을 도입했다면 경제 발전 속도는 훨씬 더 빨랐을 것이라고 평가한다. 또한 중국이 국제사회에서 신뢰를 얻으려면 반드시 자국민과 주변국을 대하는 태도를 변화시켜야만 한다.

Q. 현재 미중 경쟁에서는 미국이 우세한가?

A. 미국의 승리가 보장된 것은 아니다. 중국은 이미 라틴아메리카와 멕시코 등지에서 영향력을 확대하고 있다. 멕시코 정부가 한 미국 기업의 항구 운영권을 국유화하려 했으나, 결과적으로 해당 항구를 중국이 운영하게 된 사례가 있다. 그럼에도 미국의 강점은 강력한 동맹 네트워크에 있으므로 이를 무시할 수 없다.

이에 반해 중국은 '우방국'이라기보다는 '속국'을 거느리는 형태에 가깝다. 아프리카에서도 중국은 막대한 투자와 지원을 하고 있지만, 아프리카 국가들은 여전히 미국 및 유럽과 협력하기를 선호한다. 다만 미국은 장기적인 외교전략을 유지하는 것이 어려운 반면 중국은 일관된 외교전략을 펼친다는 데서 차이가 있다. 미국의 국내 정치가 2년 단위로 정책을 흔들어놓는 것이 가장 큰 걸림돌로 평가된다(미국의 대통령 선거는 4년마다 치러지는데, 그 중간인 매 2년마다 중간선거가 있음을 뜻하는 말이다).

Q. 중국의 군사력은 현재 어느 정도 위협적인가?

A. 중국은 1776년 이후 미국이 직면한 가장 큰 위협이다. 냉전 당시 미국과 소련은 '대등한 경쟁자'로 여겨졌으나 소련은 경제적으로 미국을 따라가지 못했다. 반면 중국은 인구 규모가 미국의 네 배이며 경제력도 미국과 대등한 수준까지 성장했다. 많은 이가 중국의 인구 감소와 부채 문제를 지적하지만 미국에도 유사한 문제가 존재한다. 결국 현재 중국은 미국과 실질적으로 경쟁할 수 있는 유일한 국가이며, 여기서 갈등이 생겨날 가능성이 더욱 높아지고 있다고 평가된다.

Q. 북한의 김정은 위원장은 러시아와 군사 협력을 강화하고 있으며, 핵 무력도 끊임없이 증강하고 있다. 김정은 같은 인물은 어떻게 상대해야 하는가?

A. 김정은의 최우선 목표는 권력 유지다. 미국에서는 그가 '배부르고, 취하고, 행복한 상태'를 유지하고 싶어 한다고 표현한다. 김정은은 어떤 일이 있어도 권력을 유지하려 할 것이므로 미국, 한국, 일본이 긴밀히 협력하

는 것이 관건이다. 북한 문제는 미중 협력의 가능성이 있는 분야일 수도 있다. 북한이 도발할 경우 수백만 명의 난민이 중국 국경으로 몰려들 가능성이 있으며, 중국은 이를 원치 않을 것이기 때문이다. 미국과 중국 사이에 협력의 여지는 존재한다. 그럼에도 북한 문제는 한국이 가장 큰 영향을 받는 사안이므로, 한국이 주도하는 방식으로 대응하는 것이 최선임을 강조하고 싶다.

북한 문제를 포함한 국제적 긴장과 지정학적 불안정성은 현재 미국 정치에도 영향을 미치는 상황이다. 특히 미국의 외교정책 방향과 글로벌 리더십의 변화는 국내의 정치적 흐름과 맞물려 있다. 이는 트럼프의 재선과 민주당의 패배를 이해하는 데 중요한 맥락을 제공한다.

트럼프의 재선:
분열과 불안 속의 변화, 그리고 역설적 기대

트럼프가 재선에 성공한 이유만큼이나 민주당이 이번 대통령 선거에서 패배한 이유를 이해하는 것도 중요하다. 이 두 가지는 서로 긴밀히 연결되어 있으며, 오늘날 미국 사회를 이해하는 데 필수적인 요소기 때문이다. 트럼프의 재선이 미국 사회에 미친 변화와 그로 인해 심화된 사회적 분열을 분석하는 것은 향후 미국의 방향성을 가늠하는 데 중요한 단서를 제공한다.

참고로 한국의 이웃인 일본에서는 이미 '공화당 집권 12년설' 시나리오가 거론되고 있다. 즉 민주당이 장기간 정권을 잡지 못할 가능성이 제기되는 것이다. 현재의 트럼프 2기 행정부가 4년간 유지된 후, 부통령인 J. D. 밴스가 대통령으로 당선되어 4년을 집권한다. 이어서 밴스가 재선에 성공해 추가로 4년을 이끌면서 총 12년간 공화당 정부가 지속될 것이라는 게 이 시나리오의 전망이다. 일본측에서는 그만큼 현재 민주당의 기반이 취약함을 어느 정도 인정한다는 것이다.

트럼프의 재선 성공과 민주당의 패배는 현재 미국 사회의 주요 관심사와 흐름을 반영하고 있다. 유권자들은 높은 물가와 경제 문제에 대해 우려를 표했지만, 민주당은 이에 대한 효과적인 해결책을 제시하지 못했다. 민주당은 트럼프의 법적 문제와 '민주주의 위협'을 강조했다. 하지만 다수의 유권자는 그런 문제보다 현실적인 경제 문제에 집중했다. 게다가 라틴계와 노동자층 등 민주당의 전통적 지지층 일부가 등을 돌렸다. 그뿐만이 아니다. 해리스 부통령은 바이든 행정부와의 차별화를 이루지 못했고, 엘리트주의적 이미지 때문에 대중적 공감을 얻는 데 실패했다. 바이든 대통령이 건강 악화에도 불구하고 오랫동안 후보직을 유지하면서 해리스 부통령이 충분한 대선 준비 기간을 갖지 못한 점도 패배의 요인으로 작용했다.

반면 트럼프는, 공화당이 침체된 경제를 더 효과적으로 회복시킬 수 있다는 인식을 확산시켰고 미국 내에서 점점 강해지고 있는 반이민 정서를 적극 활용했다. 나아가 그는 경제, 국경, 불법 체류 문제 등 유권자들의 실질적인 관심사를 정확히 파악했고, 이에 대한 대응책을 제시했다. 또한 자신을 향한 법적 기소를 '정치적 박해'로 규정하는 데 성공했으며 이는 지지층 결집에 긍정적인 영향을 미쳤다. 이번 선거 결과는 미국 유권자들이 경제 문제와 이민 정책에 큰 관심을 두고 있으며, 이념적 가치보다는 현실적인 생활 문제 해결을 우선시하고 있음을 보여준다. 또한 정치인의 개인적 자질이나 과거 행적보다 현재의 경제 상황과 미래 비전을 더욱 중요하게 평가하는 경향이 강화되었음을 시사한다.

트럼프의 재선은 미국 정치 지형에 상당한 변화를 가져왔다. 공화당의 정체성과 정책 기조가 변화했으며 보수주의와 포퓰리즘이 결합된 새로운 형태로 진화했다. 이민, 무역, '미국 우선주의' 외교정책이 당의 핵심 의제로 자리 잡았다. 더불어 공화당이 상·하원을 모두 장악하는 '레드 스윕'Red Sweep이 발생하면서 트럼프의 정책 추진에 강한 탄력이 붙을 것으로 예상된다. 행정부의 정책 방향도 급격히 바뀔 수 있다. 보호무역주의 강화, 환경 규제 완화, 강경한 이민 정책 도입 등 바이든 행정부와 정반대 성격의 정책이 추진될 가능성이 크다.

트럼프의 재선은 특히 미국의 예산 논의에 큰 영향을 미친다. 그는 부채 한도의 폐지를 강력히 주장하며 기존의 여야 합의를 뒤엎었고, 정부 셧다운 가능성을 높였다. 또한 기존 예산안을 철회하고 새로운 예산안을 마련하도록 공화당에 촉구하는 중이다. 새 예산안에는 임시 예산 편성, 부채 한도 폐지, 재난 지원 및 농민 지원 등이 포함되어 있다. 그러나 이는 보수 성향 의원들에게 부담으로 작용하고 있는 데다 민주당과 일부 공화당 의원들 역시 이를 강하게 반대하면서 정치적 갈등이 고조되는 상황이다.

트럼프의 재선은 미국 사회의 분열을 더욱 심화시키고 있다. 정치적 양극화가 극단적으로 심화되었으며, 트럼프 지지자와 반대자 간의 견해 차이는 더욱 벌어져 상대 진영을 국가적 위협으로 간주하는 수준에 이르렀다. 이는 사회 전반에 걸쳐 대화와 타협을 어렵게 만들었다. 이민 정책을 둘러싼 갈등도 격화되었다. 트럼프는 중남미 이민자 증가에 대해 강경한 입장을 고수하며 이를 일자리 및 치안 문제와 연결시켰다. 결국 이민에 개방적인 태도를 보이는 집단과의 갈등은 더욱 깊어졌다.

노예제의 현대적 영향에 대한 평가를 비롯해 트럼프 지지자와 반대자 사이에는 뚜렷한 견해 차이가 존재한다. 선거 과정에서 있었던 상호 비방과 악마화 전략은 사회적 증오를 키우는 요인으로 작용했다. 선거가 끝난 후에도 양극화된 감정이 지속되는 경향이 나타났다. 이런 흐름 속에서 최근 미국 내 정치인에 대한 폭력 위협이 급증하고 있다. 트럼프가 선거 과정에서 두 차례의 암살 시도를 겪었다는 점은 이러한 분열이 극단적인 형태로 나타나고 있음을 보여준다.

그러나 아이러니한 것은 트럼프의 재선이 일부 진보 성향 유권자들에게조차 의미 있는 선택지로 받아들여지고 있다는 점이다. 이는 주목할 만한 경향이다. 트럼프에 대한 반감이 강한 진보 인사들조차도 특정 사안에서 민주당이 제대로 역할을 하지 못했다고 판단하면서 트럼프의 행보에 기대를 거는 것이다.

대표적인 사례가 여성 스포츠 보호 문제다. 테니스 스타 마르티나 나브라틸로바 Martina Navratilova는 평소 트럼프를 강하게 비판해왔다. 그러나 민주당이 여성과 소녀들의 권리를 제대로 보호하지 못했음을 지적하며 트럼프의 조치를 긍정적으로 평가했다. 《해리 포터》 시리즈의 작가 J. K. 롤링 J.K. Rowling 또한 트럼프의 행정명령을 공유하며, 급진적 젠더 이데올로기에 대한 민주당의 대응을 비판했다. 이와 같은 현상은 트럼프 개인에 대한 평가를 넘어 민주당이 직면한 정책적 도전과 실책을 반영하는 것이기도 하다.

여성 스포츠 보호(예를 들어, 남성이 성전환 수술을 한 후 여성이 되어 여성 스포츠에 참가해 이기는 것), 이민 정책, 젠더 이슈 등에서 일부 리버럴층이 트럼프의 입장을 인정하는 모습은 민주당이 향후 정책 방향을 조정해야 할 필요성을 시사한다.

트럼프의 재선 이후 미국이 직면할 도전과 변화는 향후 정치적·사회적 흐름을 가늠하는 중요한 지표가 될 것이다. 경제 문제와 이민 정책이 선거에서 핵심 요소로 작용했으며, 민주당은 유권자들의 경제적 불만을 해소하지 못한 대가를 톡톡히 치렀다. 또한 정치적 폭력의 증가와 양극화된 사회 분위기는 향후 미국 민주주의의 안정성을 위협하는 요소로 작용할 가능성이 크다. 트럼프의 재선은 단순한 권력 교체가 아니다. 권력 교체를 넘어 미국 사회의 근본적인 변화와 균열을 드러내는 신호탄이라 할 수 있다.

트럼프가
바꿔놓은 세상

다시 백악관에 입성한 트럼프는 전례 없는 속도로 변화를 일으키는 중이다. 그의 급격한 정책 변화는 미국 내에서부터 국제무대에 이르기까지 광범위한 영향을 미치고 있으며, 그는 의료, 교육, 글로벌 공급망 등 다양한 분야에서 변화를 초래하고자 한다. 트럼프 대통령은 선거 기간에 약속했던 정책을 빠르게 실행하고 있다. 또한 연방정부의 규모를 축소하고 동맹국들에 대한 압박을 강화하는 중이다.

트럼프 행정부는 미국 국제개발처United States Agency for International Development, USAID와 같은 연방 기관의 권한을 축소하고, 전 행정부의 기후 변화 및 다양성·형평성·포용성Diversity·Equity·Inclusion, DEI 정책을 폐지하려 하고 있다. 또한 정부 지출을 전면 동결하는 조치를 취했으나 법원에 의해 중단되기도 했다. 캐나다 및 멕시코산 상품에 대한 고율 관세 부과 위협도 일단 철회되었다. 하지만 이러한 조치는 여전히 경제 및 외교에 상당한 불확실성을 초래한다.

일부 미국인들은 트럼프 대통령이 낭비되는 정부 지출을 줄이고 관료체계의 개혁을 추진하는 것이야말로 약속을 지키는 것이라며 지지하고 나섰다. 그러나 이러한 변화로 전국적인 혼란이 발생하고 있다. 위스콘신에서는 연방 자금 지원이 중단되면서 저소득층을 위한 유아교육 프로그램인 '헤드 스타트'Head Start가 은행과 재단에서 긴급 지원을 모색해야 하는 상황에 놓였다. 웨스트버지니아에서는 연방 보조금이 끊기면서 태양광 패널 설치 사업이 중단되었고, 버지니아에서는 일부 지역 보건소가 임시 폐쇄되었다.

미국뿐만 아니라 해외에서도 트럼프의 정책 변화가 상당한 영향을 미치는 중이다. 캐나다 몬트리올의 한 의류업체는 미국의 관세 위협을 이유로 약 140명의 직원들을 일시 해고했다. 콜롬비아에서는 미국이 제공하는 연료 및 유지 보수 지원이 끊기면서 마약 단속 작전에 사용되던 블랙호크 헬리콥터 18대가 운항을 중단했다. 파나마 운하에서는 미국 정부 선박의 무상 통과를 둘러싼 갈등이 발생하며 국제 조약의 균형이 흔들리고 있다.

기업들은 트럼프 행정부가 규제를 완화하고 세금을 낮춰 기업 활동을 장려할 것이라고 기대했다. 하지만 예상보다 빠르고 광범위한 행정명령들이 기업 운영에 불확실성을 초래하는 중이다. 일부 기업 경영진들은 트럼프 행정부가 단순한 개혁을 넘어 경제 환경을 지속적으로 불안정하게 만들고 있는 것이 아닌지 우려하고 있다. 미국 내 CEO들 사이에서도 '트럼프 정부가 문제 해결자인가, 아니면 도발자인가'라는 의문이 제기되는 상황이다.

트럼프의 정책을 지지하는 이들은 그의 조치와 결단이 미국을 변화시키고 불필요한 지출을 줄이는 데 기여하고 있다고 평가한다. 그러나 워싱턴에서는 공화당 의원들조차 '일부 유권자들이 우려를 표하고 있음'을 인정하는 분위기다. 중서부 지역의 한 공화당 하원의원은 캐나다산 가스 수입업자, 신문사 경영진, 외국산 자동차를 판매하는 딜러들에게서 걱정 어린 전화가 잇따른다고 밝혔다. 알래스카주 공화당 상원의원 리사 머카우스키Lisa Murkowski는 트럼프 행정부의 정책과 일론 머스크의 행정부 개입에 항의하는 전화가 폭주하면서 의회 전화 시스템이 마비될 정도라고 전했다.

트럼프의 정책 변화가 가져온 경제적 충격은 상당하다. 특히 이러한 충격은 관세와 신재생 에너지 정책 변화가 영향을 미치는 산업에 집중되고 있다. 미국의 대표적인 공구 제조업체 스탠리 블랙앤데커Stanley Black & Decker는 중국 생산을 축소하고 공급망 재편을 가속화하고 있다. 캐나다의 한 가구 제조업체는 관세에 대한 우려로 115명의 직원을 해고했다. 미국의 태양광 발전 기업인 솔라 홀러Solar Holler는 연방 보조금 620만 달러가 동결되면서 이미 완공한 30개 이상의 프로젝트에 대한 자금 지원이 중단되었다. 이뿐만이 아니다. 향후 계획된 30~40개의 프로젝트도 진행이 불가능한 상태다.

기업 인수합병M&A 시장에서도 예상치 못한 정책 변화에 대한 걱정과 불안이 확산되고 있다. 기업들은 정부의 갑작스러운 조치가 거래 성사에 영향을 미칠 것을 우려해 더 많은 '만약의 상황'에 대비하는 방식으로 거래를 진행하고 있다. M&A 소프트웨어 회사인 딜룸DealRoom의 CEO 키손 파텔Kison Patel은 "관세가 갑자기 도입되면서 사업의 핵심 요소들이 변하고 있다."라며 기업들이 예측 불가능한 정책 변화에 대비하고 있다고 말했다.

트럼프가 이민 정책을 바꾸면서 미국 내 불법 체류자들은 불안감을 느끼고 있다. 일부 지역에서는 불법 체류자 신분을 가진 학생들이 등교를 포기하는 사례도 보고된다. 이는 학교에 갔다가 단속에 나선 경찰에 의해

체포될 것을 우려한 것으로 보인다.

텍사스주 댈러스에서는 교사들이 일부 학생들이 학교에 나오지 않고 있다고 보고했다. 그리고 한 고등학교에서는 약 900명의 학생이 등교하지 않은 것으로 나타났다. 불법 체류자 신분의 한국인들도 적지 않다. 이들의 신변 안전을 걱정하는 한국 내 가족들의 안부 전화가 많이 걸려오고 있다는 이야기도 심심찮게 들려온다.

법원이 트럼프의 정부 지출 동결을 철회하면서 일부 사회복지 기관들은 연방 지원금을 다시 받을 수 있게 되었다. 하지만 여전히 자금 집행이 불안정한 상태다. 버지니아에서는 지역 보건 네트워크의 절반이 자금 부족으로 운영을 중단했으며, 일부 병원은 산부인과 서비스를 축소해야 하는 상황에 처했다.

트럼프 행정부의 정책 변화는 단순한 행정 개혁을 넘어 미국 국내 경제 및 국제 질서에 커다란 변화를 초래하고 있다. 이처럼 예측 불가능한 정책들이 향후 미국과 세계 경제에 어떤 영향을 미칠지에 대한 논쟁이 계속될 전망이다.

이상과 현실 사이:
트럼프의 관료주의 개혁

트럼프는 대통령이 되기 오래전부터 워싱턴 정치가 기득권 세력에 의해 장악된 '딥 스테이트' deep state 에 의해 운영되고 있음을 주장해왔다. 그는 자기가 대통령이 되면 기존 권력 구조를 개혁하고 정부 예산을 절감해 불필요한 지출을 없애겠다고 공언한 바 있다. 이런 의도로 출범한 것이 바로 '정부 효율성부'Department of Government Efficiency, DOGE다. 이 부서는 정부의 낭비를 줄이고 국가 운영의 효율성을 높이는 것을 목표로 한다. 미국 언론에서 '도지'DOGE라고 부르는 동시에 트럼프의 '1촌'이 된 일론 머스크가 책임지고 있는 이 기구의 첫 번째 개혁 대상으로 선정된 기관은 미국 국제개발처였다.

백악관 대변인 캐럴라인 레빗Caroline Leavitt은 DOGE의 조치가 불필요한 프로그램을 제거하고, 미국 납세자의 세금이 보다 효과적으로 사용되도록 하기 위한 것이라고 설명했다. 특히 USAID 예산 중 일부가 '비정상적인 우선순위'에 사용되고 있음을 밝혔다. 구체적으로 세르비아의 '다양성, 형평성 및 포용' 프로그램에 150만 달러, 아일랜드의 DEI 뮤지컬 제작에 7만 달러, 콜롬비아의 트랜스젠더 오페라 제작에 4만 7,000달러, 페루의 트랜스젠더 만화책 제작에 3만 2,000달러가 사용된 사례를 지적했다. 레빗 대변인은 이러한 지출을 비판하며 "미국 납세자의 돈이 이런 곳에 쓰이는 것을 원치 않는다."고 강조했다.

DOGE의 개혁 조치는 트럼프 행정부의 정책 기조와 일맥상통한다. 게다가 특정 DEI 프로그램의 폐지뿐만 아니라 세계보건기구 탈퇴 등 다른 행정명령들과도 연계되어 추진되는 중이다. 행정부는 외국 원조 프로그램이 종종 미국의 국익 및 가치와 부합하지 않는다고 보며, 이에 대한 전면적인 개혁이 필요하다는 입장을 고수하고 있다. 레빗 대변인은 인플레이션과 이전 행정부의 과도한 지출을 언급하며, 정부 예산이 철저히 관리되어야 한다는 재정 책임성을 강조했다. 트럼프 행정부는 어떤 입장일까? 그들은 이러한 조치들이 미국 납세자의 부담을 줄이고, 정부의 불필요한 지출을 통제하기 위한 필수적인 개혁이라고 주장하고 있다.

이러한 조치에 대한 반발은 예상보다 미미했다. 민주당 지지자들조차도 USAID의 예산 집행 방식이 지나쳤다는 점을 인정하는 분위기다. 과거 이 기관은 여러 국가에서 문화적 영향력을 행사하는 프로그램을 추진해왔으나, 이를 두고 일각에서는 '문화적 제국주의'라는 비판이 제기되었다. USAID가 아일랜드에서 DEI 뮤지컬을 제작하거나, 네팔에서 무신론 확산을 지원하는 등 미국의 국익과 직접적인 연관성이 낮은 프로젝트에 자금을 투입한 것이 논란을 키웠다.

정부가 단순한 인도적 지원을 넘어 해외에 특정 가치관을 강요하는 방식이 오히려 반미 정서를 유발했을 거라는 지적도 있다. 결과적으로 공화당뿐만 아니라 민주당 내에서도 USAID가 너무 나갔다고 보는 시각이 확산되었다. 이는 DOGE의 예산 삭감 조치가 예상보다 적은 저항에 직면한 이유 중 하나다.

한편 국방부에 따르면 2016년부터 2021년까지 트랜스젠더 군인 치료에 약 1,500만 달러가 지출된 것으로 밝혀졌다. 이 비용에는 심리 치료에 쓰인 1,150만 달러, 수술 비용 310만 달러, 637명의 군인을 위한 호르몬 치료 34만 달러가 포함되어 있다. 군 병원에서 시행된 수술에는 가슴 절제술, 고환 제거술, 자궁 적출술, 질 조직 재구성 수술(라비아 성형술) 등이 포함되어 있었다. 이러한 예산 지출 내역은 정부의 예산 운용에 대한 논란을 더욱 가중시키고 있다. 또한 재정 책임성을 강조하는 DOGE의 정책 기조와 맞물려 논의되는 중이다. 그러나 트럼프 행정부가 이러한 프로그램을 철폐하는 과정에서 과연 신중한 접근이 이루어졌는지에 대한 우려도 존재한다.

DOGE의 과감한 개혁 조치는 정부 지출을 보다 효과적으로 조정하고, 트럼프 행정부의 정책 방향에 부합하는 방식으로 세금을 사용할 것을 목표로 한다. 그러나 이러한 결정은 사회적 논쟁을 불러일으키고 있다. 특히 트랜스젠더 군인 치료 비용과 같은 예산 항목이 지속적으로 검토될 가능성이 높다. 또한 최근 DOGE의 권한 행사 방식에 대한 법적 논란도 불거졌다.

뉴욕 연방 판사는 DOGE가 미 재무부의 지급 시스템에 접근하는 것을 일시적으로 제한하는 조치를 취했다. 판사는 민감한 금융 정보의 무단 공개를 방지하기 위해 필요한 조치라고 설명했다. 그리고 적절한 보안 심사를 거치지 않은 DOGE 관계자들은 해당 기록을 즉각 파기할 것을 명령했다. 이 소송은 민주당이 이끄는 19개 주의 검찰총장들이 제기한 것으로, DOGE가 의회의 승인 없이 정부 예산 집행 과정에 간섭할 위험이 있다는 점이 문제로 지적되었다.

DOGE는 트럼프의 행정명령을 통해 창설된 기구로, 일론 머스크가 이끄는 이 조직은 여러 연방 기관에 인력을 배치했으며, 특히 재무부에서의 활동이 큰 주목을 받고 있다. 미 재무부는 미국 정부의 재정 운영 핵심 기관이다. 이곳은 연간 수조 달러의 세수를 걷고, 예산을 집행하며, 부채를 발행하는 역할을 담당한다. 최근 DOGE 관계자들은 재무부 지급 시스템에 접근했으나 이를 우려한 공무원들의 반발이 이어졌다. 결국 법원의 결정으로 DOGE는 재무부 시스템을 열람할 수는 있지만, 수정은 불가능한 상태로 제한되었다.

　DOGE의 개혁 조치가 궁극적으로 어떤 결과를 초래할지는 아직 불확실하다. 다만 공화당과 민주당을 막론하고 지나치게 확대된 정부 프로그램에 대한 피로감이 존재하는 것은 분명하다. 트랜스젠더 스포츠 문제에서부터 USAID의 예산 사용 논란, 그리고 불법 이민 문제까지, 지난 수십 년간 정책이 한쪽으로 치우치면서 정부가 지나치게 개입한다는 인식이 확산된 상태다.

　머스크는 이러한 기류를 활용해 정부의 방만한 예산 운영을 '근본적인 개혁'으로 바로잡겠다고 주장한다. 그러나 그 방식이 지나치게 급진적이고 무모한 것은 아닌가 하는 의문도 제기된다. 미국의 정치 흐름은 항상 균형을 찾아왔다. 그러나 DOGE의 개혁이 단순한 예산 삭감이 아니라 국가 운영 전반에 걸쳐 구조적 변화를 초래할 경우, 그 충격이 어디까지 미칠지는 아무도 장담할 수 없다.

　이러한 변화의 흐름 속에서 트럼프 2기의 미국은 어떤 방향으로 나아가게 될까? 이에 대한 관심도 높아지고 있다.

트럼프 2기와 미국의 길: '위대한 미국'은 어디로 가는가?

　영화 보기를 좋아하는 나는 신문에서도 종종 영화평을 살펴보곤 한다.

〈한국일보〉의 영화 전문 기자로 활동하는 '라제기'는 2025년 2월 6일 독자들에게 보낸 뉴스레터에서 트럼프 2기에 대한 영화적 소감을 밝혔다. 그는 흑백영화를 좋아하는 이유에 대해 단순한 향수를 넘어 그 시대상을 돌아보게 해주기 때문이라고 설명했다.

라제기 기자는 최근 본 영화 중에서도 〈우리 생애 최고의 해〉(1946)가 특히 인상적이었다고 했다. 제2차 세계대전 이후 고향으로 돌아온 세 남자의 이야기를 다룬 이 영화는 예상과 달리 그들을 기다리는 냉혹한 현실을 조명하며 깊은 울림을 준다. 이는 전쟁 이후의 격변 속에서 새로운 질서를 모색하는 미국의 현실과도 맞닿아 있으며, 한편으로는 트럼프 2기의 미국이 맞이할 변화와 혼란을 연상케 한다.

영화의 내용을 잠시 살펴보자. 전쟁에서 돌아온 공군 대위 프레드, 중사 알, 하사 호머는 서로 다른 계층과 배경을 가졌지만 애국심과 자유를 위해 희생했다는 공통점을 지니고 있다. 그러나 그들이 기대했던 금의환향은 없었다. 전후 미국 사회는 그들의 희생에 무관심했고 전쟁터에서 일상으로 복귀한 그들은 가정은 물론 일터에서도 적응이 쉽지 않았다. 프레드는 직장을 찾기 어려웠고, 알은 전쟁 경험이 무시당했으며, 호머는 장애로 사회적 거리감을 느꼈다. 결국 그들은 서로를 의지하며 어려움을 극복해나간다.

이 영화를 보며 기자는 오늘날의 미국을 떠올린다. 한때 세계 질서를 주도하며 자유와 평화를 지키던 미국은 지금 어디로 가고 있는가? 트럼프 대통령의 정책은 전통적 동맹국과 갈등을 일으키고 있으며 예측 불가능한 행보를 보인다. 과거 미국이 전쟁 후 재건을 통해 세계 경제를 주도

했던 모습과 대비된다.

그는 우리가 알고 있던 '위대한 미국'The Great America이 사라지고 있다고 진단한다. 트럼프는 '미국을 다시 위대하게 만들겠다'고 외치지만, 정작 위대함이 무엇인지 종잡을 수 없는 시대라는 것이다.

앞서 내가 인터뷰한 조지프 나이 교수는 미국의 '소프트 파워'가 쇠퇴하고 있음을 인정하면서도 여전히 미국의 '하드 파워'는 건재하다고 평가했다. 그러나 《포린 어페어스》에 기고한 알렉산더 쿨리Alexander Cooley와 대니얼 넥슨Daniel Nexon은 다르게 말한다. 그들은 트럼프의 정책이 단순한 고립주의를 넘어 미국이 지난 50년간 구축해온 글로벌 영향력의 구조 자체를 근본적으로 약화시키고 있다고 분석한다. 트럼프 행정부는 NATO와 같은 동맹을 축소하고, IMF 및 세계은행 탈퇴를 고려하며, 유엔을 '반미적이고 반자유적인 조직'이라 비판하는 인사들을 전면에 내세운다. 게다가 2024년 대선 직후 트럼프는 유럽 NATO 회원국들이 방위비 지출을 늘리지 않으면 "러시아가 원하는 대로 하도록 내버려두겠다."는 발언을 하기도 했다.

트럼프의 이 같은 행보는 왜 문제가 될까? 트럼프 개인의 즉흥적인 결정에 머무는 것이 아니라 미국의 전략적 자산 자체를 포기하는 방향으로 가고 있기 때문이다. 미국이 구축해온 '자유주의 국제 질서'liberal international order는 이미 약화되는 추세인데, 트럼프의 정책은 이를 더욱 가속화할 것이다. 문제는 이 국제 질서가 단순히 이상주의적 가치의 산물이 아니라 미국이 세계에서 영향력을 행사할 수 있도록 만들어진 시스템이라는 점이다.

미국이 자발적으로 그 역할을 포기할 경우 그 공백은 중국과 러시아가 메우게 될 것이다. 이미 중국과 러시아는 기존 국제기구에서의 영향력을 강화하고 있다. 동시에 브릭스, 상하이협력기구 Shanghai Cooperation Organisation, SCO, 아시아인프라투자은행 등 대체 구조를 구축하며 미국의 공백을 차지하는 중이다.

트럼프의 접근 방식인 '거래적 외교' transactional diplomacy는 동맹 관계를 단순한 비용과 이익의 문제로 환원하면서 장기적으로 미국의 패권을 축소하는 결과를 초래할 수 있다. 전 세계 민주주의가 지속적으로 후퇴하는 분위기다. 이런 상황에서 미국이 국제사회에서의 리더십을 포기한다면 동맹국들은 점점 더 새로운 대안을 모색하게 될 것이다.[129]

이는 단순한 지정학적 변화가 아니라, 권위주의 국가들이 민주주의 국가보다 더 유리한 조건을 갖추게 되는 환경을 조성하는 것이다. 방글라데시, 헝가리, 터키, 베네수엘라에서 나타나는 권위주의의 후퇴는 미국의 역할 축소와 무관하지 않다. 이들 국가는 겉으로는 다당제 선거를 유지한다. 하지만 권력 집중과 언론 탄압, 사법부 장악을 통해 민주적 절차를 사실상 무력화하는 '경쟁적 권위주의' competitive authoritarianism 체제로 변화하고 있다.

트럼프 2기와 글로벌 권력 재편:
미국과 중국, 승자는 누구인가?

자, 여기서 앞서 언급한 니컬러스 번스 전 주중 미국 대사의 소감을 다시 반추해보자.

"바이든 행정부가 임기를 마무리하는 시점입니다. 우리는 오랜 권력 경쟁 속에서 미국의 입지를 강화해왔음을 자신 있게 말할 수 있습니다. 내가 이곳에 부임했을 때 그것이 나의 핵심 임무라는 것을 알고 있었습니다. 이제 대사직을 마치고 미국으로 떠납니다. 나는 그동안 미국이 효과적으로 경쟁해왔다고 확신합니다. 지금 미국은 이전보다 더 강해졌습니다."

과연 그럴까?

나는 앞에서 트럼프가 왜 당선되었는지를 이해하는 것이 중요하다고 언급했다. 그는 단순한 개인이 아니라 시대적 흐름이 만들어낸 인물이다. 따라서 트럼프라는 인물 자체보다 그를 가능하게 한 미국 사회의 구조적 변화에 대한 이해가 더욱 중요하다.

9년 전 트럼프가 처음 당선되었을 때 많은 사람이 이를 '예외적 사건'으로 간주했다. 그러나 이번 당선은 그것이 단순한 우연이 아니었음을 보여준다. 더욱이 그는 8년 전보다 더 많은 선거인단과 유권자의 지지를 얻었으며 상·하원에서도 더 많은 의석을 확보했다. 이는 트럼프가 기반으로 삼고 있는 사회적 기류가 오히려 강해졌음을 의미한다. 미국에 트럼프같이 생각하는 사람이 더 많아졌다는 뜻이기도 하다.

따라서 중요한 것은 트럼프 개인이 아니라 그를 탄생시킨 미국 사회의 변화다. 같은 맥락에서 고개를 돌려 중국의 경우 시진핑에게 주목해야 한다고 생각한다. 그는 단순한 국가 지도자가 아니라 중국이 나아가는 방향을 형성하는 핵심 인물이다. 그러한 시진핑이 사라진 중국을 상상해보자. '포스트 시진핑' 중국의 정치적 방향성은 상당한 변화를 맞이할 가능성이 높다.

반면 미국은 트럼프가 사라져도 그를 만들어낸 사회적 조건이 지속될 가능성이 높다. 이러한 차이는 두 국가의 정치 체계와 사회 구조의 특성에서 비롯된다. 결국 변화의 지속성과 영향력이라는 측면에서 어느 쪽이 더 장기적인 흐름을 갖고 있는지는 명확하다.

트럼프의 정책이 미국의 장기적인 경쟁력을 강화하고 있는지는 솔직히 의문이다. 예를 들어 트럼프는 대중 강경 노선을 유지하며 화웨이와 같은 중국 기업을 제재했지만, 결과적으로 이는 중국의 기술 자립을 가속화하는 계기가 되었다. 화웨이는 제재를 받고 일시적으로 흔들렸다. 하지만 중국 정부의 지원과 자체 연구개발 투자로 오히려 독립적인 반도체 기술과 운영체제를 확보하는 성과를 거두었다.

미국이 반도체 및 AI 기술 수출을 제한하는 동안 중국은 자체 AI 모델을 개발하며 글로벌 기술 경쟁력을 강화하고 있다. 앞서 논의한, 2025년 1월 출시된 중국의 AI 모델 '딥시크'를 보자. 미국의 제재 속에서도 오픈AI의 챗GPT와 대등한 성능을 보이는 것은 물론이고 개발 비용을 대폭 절감하는 데 성공했다. 이는 미국의 강경책이 중국의 기술적 자립을 촉진하는 역설적 결과를 낳았음을 보여준다.

트럼프의 에너지 정책은 어떤가? 그는 전통 화석연료 산업에 집중하며 "드릴, 베이비, 드릴!"을 외쳤다. 하지만 그 사이 중국은 친환경 에너지와 전기차 산업을 선점하며 새로운 산업 패러다임에서 앞서나가고 있다. 미국이 기존 산업 구조를 고수하는 동안 중국은 전기차 및 배터리 기술에서 글로벌 시장을 주도하고 있다. 이는 향후 경제적 패권 경쟁에서 중요한 요소로 작용할 것이다.

그뿐만 아니라 트럼프 행정부는 국제 원조 삭감을 추진하며 미국의 글로벌 소프트 파워를 약화시키는 중이다. 그는 미국이 외국에 자금을 지원하는 것이 불필요하다는 입장을 고수하며 국제개발처를 해체하려 하고 있다. 그러나 이 조치들 때문에 국제사회에서 미국의 영향력이 축소될 경우 그 빈자리는 중국이 채울 가능성이 크다. 중국은 이미 일대일로 정책을 통해 개발도상국과의 관계를 강화하며 글로벌 영향력을 확대하는 중이다. 미국이 스스로 물러나는 동안 중국은 보다 적극적으로 국제적 리더십을 확보하려 나서고 있다.

나는 최근 미국 사회를 다시 경험하면서 트럼프 현상이 단순한 정치적 이벤트가 아니라 보다 깊은 사회적 흐름의 일부임을 깨달았다. 트럼프는 이러한 흐름을 정확히 파악하고 효과적으로 활용하는 인물이다. 중요한 것은 미국 사회의 구조적 변화가 진행 중이며, 이는 단순히 특정 지도자의 문제를 넘어서는 현상이라는 점이다.

미국 내 사회적 불균형이 심화되고 있다는 점도 눈여겨볼 필요가 있다. 미국의 수도 워싱턴을 비롯해 내가 목격한 대도시 곳곳에서 노숙자가 증가하는 걸 확인할 수 있었다. 이런 모습은 미국 사회가 직면한 경제적·사회적 도전 과제를 단적으로 보여준다. 이는 단기적 대응이 아닌 보다 근본적인 해결책이 요구되는 문제다.

한국은 미중 갈등 속에서 어떤 '상상력'을 발휘해야 하는가?

나는 미중 패권 경쟁이 이제 막 '초입' 단계에 접어들었다고 본다. 그러나 한국에서는 여전히 미중 관계를 'G2 공존'이라는 낭만적인 시각으로 바라보는 경향이 남아 있는 듯하다. 이러한 사고방식은 현재의 미중 갈등을 정확히 이해하는 데 오히려 장애가 될 수 있다. 미중 갈등은 일시적으로 완화될 수는 있지만 전반적인 추세는 관계의 점진적 악화다. 이는 단순한 일시적 현상이 아니다. 기존 패권국과 신흥 강대국 간의 구조적 충돌이다. 일부 협력 가능성이 남아 있더라도 근본적인 경쟁 구도를 뛰어넘기는 어렵다.

한 세기 전, 조선 말기 한국 지식인들은 한반도를 둘러싼 강대국 사이의 역학을 정확히 이해하지 못했다. 그 결과 국가 주권을 상실하는 비극을 맞았다. 같은 실수를 반복하지 않으려면 한국은 미중 갈등의 잠재적 격화를 '상상'해야 한다. 오늘날 한국이 조선 말기처럼 나라를 잃을 가능성은 낮다. 하지만 미중 사이에서 선택을 강요받는 압박은 지속될 것이다. 단순히 중립을 유지하거나 '미국도, 중국도 중요하니 어느 한쪽도 선택할 수 없다'는 식의 회피 전략은 더 이상 장기적으로 유효한 선택지가 아니다. 전략적 모호성의 실효성을 냉정하게 평가해야 한다. 역사적으로 강대국들은 주변 국가들을 자신의 이익에 맞게 정렬시키려 했고 지금도 다르지 않다.

일각에서는 코로나19 팬데믹이 미중 관계의 새로운 패러다임을 열었다고 주장하지만 실제로는 그렇지 않다. 이는 기존에 악화된 관계를 더욱 뚜렷이 드러내는 계기에 불과했다. 한국 내부에서도 미중 갈등의 본질과 심각성에 대한 논의가 계속되면서 국가 차원의 통합된 대응을 어렵게 만들고 있다.

현재 한국의 공론장에서는 미중 갈등을 여전히 '트럼프 행정부의 중국 견제'로 해석하거나 'G2 국가들이 결국 타협할 것'이라는 기대를 품는 시각이 많다. 혹은 미중 갈등을 과도하게 강조해 사회적 불안이 커질 것을 우려하는 목소리도 있다. 이러한 다양한 시각 속에서 일부는 미중 관계를 '2C'(cooperation과 competition, 협력과 경쟁)로 설명하며 균형 잡힌 협력을 기대하기도 한다.

그러나 한국 내부의 논쟁과 달리 국제기구와 전문가들은 미중 갈등이 점점 더 심화되고 있음을 경고한다. 헨리 키신저 전 미 국무장관은 2019년 11월 이 갈등을 두고 '초기 단계의 신냉전'이라고 평가했다.[130] 아시아 소사이어티의 오빌 셸Orville Schell은 미국의 대중국 관여 정책이 사실상 끝났다고 선언했다.[131] 그리고 트럼프 1기에서의 미 국가안보회의 부보좌관이었던 맷 포팅저는 디커플링이 단순한 경제적 분리의 문제가 아니라 근본적인 가치 충돌임을 강조했다.[132] 현재의 미중 경쟁이 '냉전'

인지에 대해서는 논쟁이 여전하다. 하지만 콘돌리자 라이스 전 국무장관은 '냉전보다 더 심각한 상황'이라고 진단한다.[133] 왜냐하면 '열전'의 가능성이 있기 때문이다.

미중 갈등이 심화됨에 따라 한국은 주요 사안에서 입장을 정하고 선택해야 하는 압박을 받고 있다. 남중국해 문제(2015년), 사드 배치 논란(2016년), 화웨이 제재(2019년), G-11 참여 문제(2020년) 등과 관련해 한국은 미국과 중국 사이에서 전략적 곤경에 빠지곤 했다. 그러나 조선 말기보다 더 영리한 전략적 사고를 보여주었다는 증거는 부재한 편이다.

한국이 미중 관계에서 사안별 접근 issue-by-issue approach 을 채택하는 것은 이론적으로는 이상적으로 보이지만, 실제 외교 역량이 이를 뒷받침할 수 있는지 냉정한 평가가 필요하다. 역사적으로 미국의 패권 전략에서 다른 국가들 '줄 세우기' 정렬 alignment 은 반복적으로 등장했다. 조지 W. 부시가 9·11 이후 '우리 편이 아니면 적'이라고 선언했던 것을 떠올릴 필요가 있다. 이는 미국뿐만이 아니라 제국이 갖는 보편적 DNA다.

현재 한국은 개화기 이후 120년 만에 미중 갈등이라는 국제 질서의 대전환기를 다시 맞고 있다. 기존의 분석 틀만으로는 이를 완전히 이해하기 어려울 터다. 9·11 테러 이후 미국 정부가 내린 중요한 결론 중 하나는 '최악의 시나리오를 상상하는 데 실패했다'는 점이었다. 한국 역시 미중 갈등의 잠재적 격화를 충분히 상상하고 대비해야 한다. 최선의 전략은 현실을 직시하고 어려운 미래를 준비하는 것이다.

지금이야말로 한국이 미중 갈등에 대한 '상상력'을 발휘해야 할 때다. 이 상상에는 역사학자 마거릿 맥밀런 Margaret MacMillan 이 강조한 것처럼 개별 특이성을 보이는 지도자가 기존 질서를 어떻게 뒤흔들 수 있는지 고려하는 것이 포함되어야 한다.

그뿐만이 아니라, 현재 미국이 주도하는 국제 질서가 예상보다 더 취약할 수 있다는 점을 직시해야 한다. 맥밀런이 역사적 사례로 지적했듯이, 겉으로는 안정적으로 보이는 체제도 정당성에 대한 신뢰가 무너지는 순간 급속히 붕괴할 수 있다.

2015년 당시 한국 외교장관은 "한국이 미중 양국에서 러브콜을 받고 있다."고 언급했다. 미중 패권 경쟁이 본격화되던 시점이었기에 이 발언은 그러한 우려를 무마하기 위한 외교적 수사였다고 믿고 싶다. 그러나 이후 한국이 외교의 '명품 처방전'으로 여겨왔던 '안보는 미국, 경제는 중국'이라는 외교 전략은 냉엄한 국제 정치 현실하에서 실제로 추진하기는 쉽지 않다는 것을 하루하루 수업하고 있는 중이다.

나는 바로 그 시점이 '한국이 미중 갈등의 장기적 흐름을 면밀히 검토하고, 국가적 차원의 전략을 수립하기 시작할 사실상 마지막 기회'였다고 생각한다. 한국은 늘 한 박자 늦었다. 위기가 닥치기 전에는 대비하지 못했고, 위기가 가시화되면 '오징어 게임'의 술래처럼 고개를 돌려 외면했다. 그러다 모두가 위기를 인식한 뒤에야 부랴부랴 대응책을 내놓았다. 안타깝게도 개화기 조선의 모습과 닮아 있다.

현재 국제 질서는 심각한 압박을 받고 있으며, 이런 상황 속에서 한국은 다양한 시나리오에 대비해야 한다. 한미 동맹이 여전히 한국 외교·안보의 근간이기는 하지만 그것만으로는 예측 불가능한 지정학적 변수를 모두 통제하기 어려운 것은 사실이다. 그래서 나는 현시점에서 한국의 전략을 '한미 동맹+α'로 정의하고 싶다. 최악의 상황까지 가정하고 대응 전략을 세워야만 이 복잡한 국제 환경 속에서 한국이 자국의 이익을 지킬 수 있을 것이다.

PART 8

THE FUTURE OF GLOBAL POWER

초강대국
틈새에서의
생존과
도약

러시아의 우크라이나 침공 후, 전 러시아 주재 미국 대사였던 마이클 맥폴Michael McFaul은 블라디미르 푸틴 러시아 대통령과 나눈 비밀 대화를 회고했다. 맥폴 대사는 북대서양조약기구의 동진東進 확장을 우려하는 푸틴에게 이렇게 장담했다. "그런 일은 없을 것이다. 미국은 자비로운benign 초강대국이다. 미국을 믿으라." 하지만 푸틴은 의심의 눈초리를 거두지 않았고 이에 맥폴은 실망감을 감추지 못했다. 아마 맥폴 대사의 내면의 목소리는 '아니 우리 미국을 못 믿어?'라고 말했지 싶다. 그러나 이후 NATO는 동진 확장을 시도했으며, 푸틴은 우크라이나를 침공했다. 결과적으로 푸틴의 판단이 맞았던 셈이다.

이는 국제정치학자 존 미어샤이머John Mearsheimer 시카고대학교 교수가 한 인터뷰에서 내용을 공개하며 자세한 내막이 세상에 알려지게 되었다.

이 이야기의 교훈은 무엇일까?

미어샤이머 교수는 국제정치의 본질을 '힘'으로 파악한다. 그에 따르면 강대국은 자신의 힘을 '극대화'하려는 본능이 있다. 러시아가 약해졌다고 본 미국과 서방은 NATO의 동진을 통해 세력 확장을 시도했다. 반면 푸틴은 러시아의 힘이 약화되는 것을 막기 위해 양보할 수 없다고 판단했다. 이는 서방의 '힘 상승 추구'와 러시아의 '힘 하락 저지' 사이의 대결이었다. 그 결과는 우크라이나의 비극으로 이어졌다.

우크라이나는 NATO의 동진 전략에 편승해 러시아의 위협을 저지하려 했지만 오히려 침공당하고 말았다. 이는 강대국을 상대할 때 중소국가의 영민한 국가전략이 얼마나 중요한지를 보여준다.

한국은 아직 강대국이 아니다. 그렇다면 어떻게 해야 할까? 미어샤이머 교수는 중소국이 자신을 보호할 수 있는 가장 확실한 수단도 역시 '힘'임을 주장한다. 그는 강대국을 상대하는 중소국가들에게 스스로의 힘을 키우라고 조언한다.

놀랍게도 미어샤이머 교수는 필요하다면 심지어 핵무기도 가지라고 권장한다. 우크라이나의 경우, 핵무기가 러시아의 침공을 막는 최선의 방어책이었으며, 우크라이나는 핵무기를 포기하지 말았어야 했다고 그는 주장했다.

사실 우크라이나는 원래 핵무기를 갖고 있었다. 그런데 1994년 '부다페스트 각서' Budapest Memorandum 에 서명하며 핵무기를 포기했다. 이는 소련 붕괴 후 우크라이나가 세계 3위의 핵보유국이 된 상황에서 일어난 일이었다.

우크라이나가 핵을 포기한 이유는 국제사회의 안보 및 경제적 지원을 확보하고, 주권과 안정성을 보장받기 위함이었다. 하지만 우크라이나가 핵을 포기했음에도 애초의 목적대로 되지 않았다. 강대국들은 우크라이나를 비핵화시키는 목적은 달성했지만, 안보 보장 약속은 지키지 못했다. 빌 클린턴 전 미국 대통령도 나중에 "우크라이나가 핵무기를 가지고 있었다면 러시아가 침공하지 않았을 것이다."라며 후회의 말을 남겼다.[134] 미어샤이머 교수 역시 "약소국 지도자는 강대국 지도자의 말을 너무 믿어서는 안 된다."고 조언한다.

강대국 국제정치의 비극을 주로 연구하고 조명하는 미어샤이머 교수의 견해에 모두가 동의할 필요는 없다. 하지만 러시아-우크라이나 전쟁, 이스라엘-하마스 전쟁, 대만 위기, 그리고 트럼프 대통령의 '가자지구 소유' 돌출 구상 파문 등 지정학적 불안정이 고조되는 시대에 그의 냉정한 시각은 주목받을 수밖에 없다. 당신이 손에 들고 있는 이 책 역시 '힘'에 관한 것이다.

20여 년간 미국, 중국, 한국을 오가며 연구하고 전문가들을 인터뷰했다. 그 과정에서 모든 지정학적 생존의 고민에 대한 해답이 '힘'으로 수렴되는 듯한 인상을 받았다. 이는 불길한 느낌으로 연결된다. 미중 관계를 관찰하면서 강대국의 경쟁 속에 휘말리는 주변국의 운명을 목도하기 때문이다. 강대국들 사이에서 중견국이 생존하기란 쉽지 않다. 러시아와 우크라이나 사이에 벌어진 전쟁만 해도 그렇다. 이는 강대국들의 지정학적 야망의 본질을 보여주는 단적인 사례다.

미중 패권 경쟁은 2018년 본격적으로 격발했고 2025년 현재 7년 차에 접어들었다. 이런 상황에서도 한국은 여전히 좌충우돌하고 있어 안타깝고 불안하다. 더욱이 2024년 12월 3일에 있었던 한국의 비상계엄령 사태는 '코리아 리스크'에 대한 우려를 고조시켰다.

나는 6년 전 〈중앙일보〉에 "미중 사이에서 '임도 보고 뽕도 따는' 시대는 끝났다."는 칼럼을 썼다.[135] 이를 다시 읽어보니 씁쓸함이 몰려왔다. 한국은 당쟁에만 몰두하느라 미중 경쟁 시대에 대한 준비가 전혀 되어 있지 않았기 때문이다.

당시의 내 정세 평가는 다음과 같다. 첫째, 미중 무역전쟁의 본질은 미래 패권을 둘러싼 전쟁이다. 무역을 통한 공동 이익 창출의 시대는 가고 이제는 다면전 양상으로 치달을 것이다. 둘째, 미중 경쟁은 '봉합 후 악화'를 반복하는 장기전이 될 것이다. 셋째, 중국은 결코 항복하지 않을 것이다. 넷째, 한국의 입지는 매우 곤란해질 것이다.

이 글을 쓴 지 수년이 지났지만, 한국이 처한 작금의 상황과 여전히 맞닿아 있어 마음이 무겁다. 특히 한국 내부의 분열은 매우 심각한 상태다. 국제 정세가 불안정한 상황에서 이는 한국에 불리하게 작용한다. 지각변동이 일어나는 시기에 내부 갈등 해소에 역량을 쏟아야 하기 때문이다. 미중 관계는 전반적으로, 그리고 구조적으로 악화일로에 있다. 워싱턴에서는 중국과 '경쟁 80퍼센트, 협력 20퍼센트'라는 말도 나오는 중이다. 말이 좋지, 이 정도면 사실상 디커플링이다. 앞서 살펴봤듯이 '디리스킹'은 이를 갑자기 빨리 실행하기에는 벅차서 과도기적으로 사용한 외교적 수사였을 뿐이다. 강대국 정치를 바라보는 우리는 힘이 지향하는 목적과 방향성을 주시해 분석해야 한다.

한편 설마 설마 하던 트럼프의 재집권 가능성이 현실화됐다. 북한의 도발 가능성도 우려된다. 한반도 전쟁 위기설까지 나오는 상황이다. 대만 위기는 이제 남의 일이 아니다. 중국이 대만을 침공할 때 한국도 연루될 수 있다. '중국의 대만 침공' 플러스 '북한의 남한 공격'이란 소위 '2×2 동북아 동시 전쟁설'이 나온 지도 한참 됐다. 한국이 대외적으로 직면한 도전과 위협은 갈수록 증대하는 상황이다.

일각에서는 2023년 11월 샌프란시스코에서 열린 바이든-시진핑 정상회담으로 미중 충돌 가능성이 줄어들었다고 보기도 한다. 당시 양국의 정상은 중단되었던 군사 대화 채널을 재가동하기로 합의했다. 하지만 나는 생각이 조금 다르다. 언급했듯이, 이 회담은 오히려 미중 관계의 '한계'를 여실히 보여준 자리였다. 회담 후 바이든 대통령은 따로 기자회견을 열었고, 한 기자가 바이든에게 "대통령님, 시진핑을 여전히 '독재자'로 보십니까?"라고 질문했다.

이에 퇴장하려던 바이든은 걸음을 멈추고 기자를 향해 고개를 돌려 답했다. "그렇다. 그는 독재자다. 우리와 전혀 다른 체제를 운영하는 공산주의자다."[136] 전 세계에 생중계된 장면이다. 순간 맨 앞줄에 앉아 있던 토니 블링컨 국무장관은 당혹스러운 표정을 지었다. 이런 도발적 질문에 대해 으레 그러하듯 교과서적이고 안전한 '외교적 표현'이 나오지 않았기 때문이다. 자극적 표현은 신문에 실린다. 30분에 달하는 바이든의 기자회견 내용보다 퇴장 전 남긴 마지막 한마디가 더 화제가 되었고, 그다음 날 신문 헤드라인이 되었다.

노령의 바이든이 말실수를 한 것일까? 사실 그는 종종 말실수를 하고 건망증 증세를 보이곤 했다. 하지만 이 경우에는 단순한 실언이 아닐 수 있다.

바이든의 50년 지기 친구인 미국의 한 교수가 전해준 이야기가 의미심장하다. 바이든은 7선 상원의원 경력에다 외교위원장까지 지냈으며 부통령에 이어 마침내 대통령까지 했다. 그는 외교의 내밀함에 대해 누구보다 잘 알고 있는 바이든이 고령이 되면서 전에 없었던 한 가지 성격적 특징을 보인다고 했다. 감정을 숨기지 않고 직설적으로 말하는 경향이 바로 그것이다. 즉 기자회견장을 나가며 한 이야기는 실수가 아니라 바이든이 자신의 속내를 그대로 드러낸 것이라는 의미다. 시진핑에 대한 바이든의 솔직한 평가가 불현듯 나와버린 것이다. 게다가 바이든이 시진핑을 공개적으로 '독재자'로 지칭한 것은 이번이 처음이 아니다. 2023년 6월에도 그는 시진핑을 '독재자'로 묘사한 바 있다. 일관성 있는 태도다.

이는 바이든만의 이야기가 아니다. 면밀히 관찰해보면 토니 블링컨을 포함해 바이든 행정부의 고위 관료들도 미국이 중국의 부상을 어떻게 인식하고 있는지를 드러내는 데 주저하지 않았다. 블링컨은 중국을 '국제질서를 재편하려는 의도와 더불어 점점 더 그렇게 할 수 있는 경제적, 외교적, 군사적, 기술적 힘을 모두 갖춘 유일한 국가'라고 규정했다. 그는 중국 공산당 정권이 "국내적으로는 더욱 억압적이 되었고, 해외에서는 더욱 공격적으로 변모했다."고 지적했다.

이런 식의 표현은 바이든 이전의 민주당 정권이었던 오바마 행정부(2009~2017)에서는 사용되지 않았던 외교 문구다. 그 후 트럼프 1기, 바이든, 그리고 이제 다시 트럼프 2기로 이어지면서 미국 정부는 민주당과 공화당을 막론하고 중국에 대해 경쟁적 자세를 유지하고 있다. 우리는 이 일관된 자세와 큰 흐름에 주목해야 한다.

미중 패권 경쟁 속 한국의 딜레마: 동맹과 국익 사이에서

미국은 중국의 패권 추구를 '가장 심각한 장기적 도전' the most serious long-term challenge 으로 간주한다.[137] 특히 향후 10년은 수십 년간 이어질 미중 경쟁에서 전략적으로 핵심적인 시기가 될 것이다. 이 시기에 AI, 퀀텀 컴퓨팅, 반도체 등의 분야에서 미국이 '초격차'를 확보한다면, 이후 중국이 따라잡기는 훨씬 어려워질 것이기 때문이다.

한편 미국은 동맹국들과 함께 중국 견제의 고삐를 더욱 조이고 있다. 한미일 공조가 강화되고, 한국이 NATO 회의에 초청되는 배경이다. 인도-태평양 전선과 유럽 전선이 따로 떨어져 있지 않다는 의미이기도 하다. 다시 말해 중국이 '지구적 도전' global challenge 으로 부상했다는 것이다.

이런 맥락에서 "동맹국들은 미국이 가진 가장 귀중한 자산이다."라는 말의 중요성이 더욱 부각된다. 〈뉴욕타임스〉 기자이자 국가안보 전문가인 데이비드 생어 David E. Sanger 가 언급한 이 문장은 미국의 세계적 영향력과 안보에 있어 동맹국들이 지니는 중요성을 정확하게 짚어준다.[138]

그러나 미국의 동맹이자 중견국인 대한민국이 처한 현실은 결코 만만치 않다. 2018년 무역전쟁으로 촉발된 미중 패권 경쟁이 어느덧 7년째 이어지고 있다. 그리고 2019년 내가 예견했듯 '미중 사이에서 임도 보고 뽕도 따는 시대'는 이미 끝나버렸다. 미중 갈등은 무역을 넘어 기술·안보·인권·체제 전반으로 확산되고 있으며, 장기화가 불가피해 보인다. 중국은 미국의 패권에 도전하고 있고, 미국이 이를 묵과하지 않을 것임은 분명하다.

한국은 미중 경쟁 가운데 가장 난감한 입장에 놓인 국가 중 하나다. 지정학적으로는 미국과 깊이 연계돼 있고, 경제적으로는 중국과 밀접하게 얽혀 있기 때문이다. 이는 한국이 선택의 기로에 놓일 수밖에 없음을 의미한다. 더욱이 한국 내부의 정치적 분열이 대외정책의 일관성을 저해하고 있다. '친미'와 '친중' 사이를 오가며 갈피를 잡지 못하는 모습으로는 강대국들의 신뢰를 얻기 어렵다.

미중 간의 전략적 불신은 구조적 현상이다. 바이든 대통령이 시진핑 국가주석을 '독재자'로 지칭한 것은 양국 관계의 본질을 드러내는 지표다. 블링컨 국무장관의 대중국 정책 연설 역시 이러한 인식을 체계적으로 반영한다. 트럼프 대통령이 시진핑 국가주석 면전에서 '당신은 왕You're king이라 지칭한 것은 중국의 권위주의 정권을 풍자한 표현이기도 하다.[139]

강대국 전략의 객관적 분석이 부재한 상황에서 중견국 대한민국이 취할 정책 방향은 명확하다. 외교안보 역량 강화와 국내 정치 안정화를 통한 대외정책의 일관성 확보가 핵심이다.

문재인 정부와 윤석열 정부의 대외정책은 뚜렷한 대비를 보인다. 전자는 균형 외교를 표방하며 중국 편향성을 보였고, 후자는 가치동맹을 강조하며 한미 동맹 강화에 중점을 두었다. 이처럼 180도 방향을 트는 정책 변동은 한국 외교의 예측 가능성을 저해하는 요인으로 작용한다. 국내 정치 합의를 통해 한국은 대외적으로 무게감 있는 일관성을 보여줄 수 있어야 한다. 12·3 비상계엄과 관련한 해외 반응은 이러한 정책적 불안정성에 대한 국제사회의 우려를 반영한다.

한국의 외교적 딜레마는 지정학적 구조에 기인한다. 세력 전이 과정에서 중견국의 전략적 선택지는 제한적이다. 우크라이나 사례가 입증하듯 중견국의 안보는 강대국의 전략적 계산에 종속되는 경향이 있다. 임진왜란, 청일전쟁, 러일전쟁은 이러한 지정학적 취약성의 역사적 사례다. 현재 대한민국은 전략적 자율성 확보라는 과제에 직면해 있다. 이는 단순한 정책 선택이 아닌 국가 생존의 문제다. 국내 정치 안정화를 통한 내구력 강화와 일관된 대외정책 수립이 요구되는 시점이다.

국제 질서에서 한국의 입지는 갈수록 복잡해지고 있다. 특히 2025년에 다시 대통령직에 오른 도널드 트럼프가 북한을 '핵 보유국'nuclear power 으로 거론하면서, 한국과 미국의 대북 접근법 사이에 존재했던 간극이 또다시 주목받고 있다. 백악관 대변인이 "북한 비핵화 정책에는 변화가 없다."라고 공식 입장을 밝히긴 했지만, 이러한 외교적 수사로 넘어가기에는 사안의 무게가 결코 가볍지 않다. 객관적인 현실 인식과 함께 구체적인 해법을 모색해야 할 시점이다.

트럼프 행정부의 변칙적 외교를 성급히 예단하기보다는 최근 미국 내에서 포착되지만 한국에는 상대적으로 덜 알려진 흐름에 주목할 필요가 있다. 그 흐름은 바로 '한국의 북한 문제 해결 한계론'이 서서히 부상하고 있다는 것이다. 전 미 국방부 차관 출신 인사는 한 세미나에서 "한국의 여러 정부가 수십 년 동안 북한 문제를 해결하지 못했다."며 한국의 대북 정책 역량에 의문을 제기했다.

여기에 더해, 과거 중국 측과 북핵 문제를 논의하는 과정에서 만났던 중국 인민해방군의 한 고위 간부도 비슷한 불만을 토로했다. "한국은 북핵 문제 해결 협조를 중국에 요청하지만, 정권이 바뀔 때마다 요구 사항이 180도 달라진다. 어느 정부는 대화를, 또 다른 정부는 강경 대응을 원한다. 어느 장단에 맞춰야 할지 모르겠다." 이는 한국이 대북 영향력을 객관적으로 재평가해볼 필요가 있음을 시사한다.

트럼프 2기 행정부 출범과 함께 '코리아 패싱'Korea passing 우려도 다시 불거지고 있다. 이에 대해 시드니 사일러Sydney A. Seiler 전 미 국가정보위원회 북한 담당관은 한 방송에서 "실제로 한국을 배제하려는 시도가 있었던 것은 아니지만, 그런 인상을 받은 사람이 많았다. 이는 (한국이) 북한을 대화 테이블로 끌어내지 못한 데서 오는 좌절감에 가깝다. 결국 북한은 남한과의 관계 개선을 원치 않는다."고 지적했다. 북한이 한국과의 대화를 원하지 않는다면 결국 '코리아 패싱'이 불가피하다는 사실을 시사하는 발언이다.

실제로 트럼프 행정부 주요 인사들 사이에서는 '한국은 충분한 시간이 있었지만 문제를 해결하지 못했다. 미국도 바쁘다. 해결이 어렵다면 적어도 현 상황을 관리하기라도 해야 한다'는 기류가 감지된다. 최근 한국을 방문한 트럼프 행정부 자문 중 한 명은 문재인 정부 시절 판문점 북미 회담에서 한국이 개입하려 했던 사례를 언급하며 "한국이 꼭 북핵 협상 테이블에 참여해야 하는 것은 아니다. 북한도 이를 원치 않는다."고 말했다.

이는 한국의 역할에 대한 국제사회의 기대가 점차 축소되고 있음을 보여주는 단적인 예다.

한반도 당사자인 한국이 주도적 역할을 하지 않으면 결국 다른 국가들이 주도권을 가져갈 것이다. 이는 국제정치가 보여주는 냉혹한 현실이다. 동시에 북미 관계가 개선될 경우 한반도 지정학이 어떻게 변할지 다각도로 시나리오를 준비해야 한다. 이런 흐름은 전통적 틀에서 벗어나 새로운 관점과 새로운 국제적 사고가 필요함을 뜻한다. 세계가 빠르게 '리셋'되는 만큼 한국이 북핵 문제를 다룰 때도 새로운 관점이 필요하다. 지금은 '한 번도 경험해보지 못한 세계'에 대비해야 하는 시점이다.

한미 동맹을 기반으로 하되 독자적 국익 추구 능력 배양이 필수다. 북핵 문제에서도 주도적 역할 수행이 중요하다. '북핵 문제의 국제화'는 오히려 국제사회의 관심 저하를 초래할 수 있으며, 이는 미국의 대북정책이 '해결'이 아닌 '봉합'으로 전환될 위험성을 내포한다. 미중 패권 경쟁 속에서 한국의 외교전략은 더욱 정교해져야 한다. 미국과의 동맹을 강화하는 한편, 중국과의 관계도 조율해야 한다. 한국 주변에 굳이 사이가 안 좋은 이웃을 만들 필요는 없다. 북핵 문제에 있어서도 한국은 국제사회에서의 역할을 재정립해야 하며, 이는 단순히 북핵 폐기를 주장하는 차원을 넘어서야 한다. 실질적인 대안을 제시하고 국제적 신뢰를 확보하는 방향으로 나아갈 필요가 있다.

한국은 강대국 간 경쟁 속에서 자국의 입지를 확보하는 것이 필수다. 전략적 사고와 유연한 대응이 필수인 시대, 한국의 외교전략은 국익을 중심으로 한 실용적 접근이 필요하다. 이를 위해서는 국제정치의 현실을 직시하고 국가 역량을 객관적으로 평가하는 것이 선행되어야 한다.

국제정치의 기본 원리는 국력이고 힘이다. 도덕이나 정의가 아닌 실질적 역량이 국가의 행동반경을 결정한다. 사드 보복과 우크라이나 사태가 이를 실증해준다. 따라서 한국은 외교적 이상론을 넘어 안보·경제·기술·문화 등 다양한 분야에서 총체적 국력을 강화함으로써 전략적 자율성을 확보해야 한다. 현 국제 질서에서 한미 동맹의 전략적 가치는 유효하지만, 이를 효과적으로 활용하기 위해서는 외교역량과 정치적 성숙도에 대한 제고가 필요하다.

그럼에도 동맹 관계에 전적으로 함몰되는 것은 경계해야 한다. 대한민국 헌법 제1조는 "대한민국은 민주공화국이다."라고 명시하며 "대한민국의 주권은 국민에게 있고, 모든 권력은 국민으로부터 나온다."라고 규정한다. 즉 국민이 대한민국의 주인이라는 의미다. 따라서 대한민국의 외교는 국민의 안전과 번영, 행복을 최우선으로 추구해야 한다. 미국도, 중국도 이러한 자국 우선 원칙 아래 외교를 펼친다. 원칙을 지키며 당당하고 일관된 태도를 보일 때 강대국의 존중도 따르는 법이다.

한 정치인의 "중국에 '셰셰謝謝'하면 돼."라는 말은 실용주의를 강조하려는 의도였을 수 있으나 중국의 관점을 전혀 고려하지 못한 발언이었다. 중국은 이를 동양적 겸손이 아닌 굴종의 표현으로 해석한다. 중국은 굴종적 태도를 보이는 상대를 일시적으로 우대하다가 결정적 시점에 압박해 종속 관계로 전환하는 특징이 있다.

그렇다고 해서 중국과 불필요한 갈등을 조장할 필요는 없다. 이웃 국가와는 원만한 관계를 유지하는 것이 바람직하다. 한국 국가 지도자가 "한국인 대부분은 중국을 싫어한다."라고 언급한 것은 불필요한 말이었다. 한국보다 반중 정서가 강한 일본에서도 지도자들은 이런 발언을 삼간다. 불필요한 마찰은 피해야 한다. 한국 외교의 문제점 중 하나는 좌우를 막론하고 최고 지도자들의 부주의한 외교적 실수가 되풀이된다는 점이다. 그리고 그 대가는 국민과 기업이 고스란히 떠안게 된다.

대부분의 한국 정치 지도자들은 국내 정치에 지나치게 집중한 탓에 국제정치적 감각이 부족하다는 지적을 받는다. 이런 상황이 반복되면서 외교적 리스크도 줄줄이 뒤따른다. 대표적인 사례로, 오르지 말아야 할 천안문 망루에 오른 일, 중국 대학생들 앞에서 '한국은 작은 나라'라고 발언한 일, '대만 문제는 북한 문제처럼 지역을 넘어선 세계적 문제'라고 언급한 일 등이 거론된다.

대만 관련 발언을 두고 일부에서는 '자유주의 진영의 가치를 분명히 표명한 것'이라는 긍정적 평가도 있다. 그러나 전략적 발언은 분명한 목적 달성을 전제로 해야 하며, 단순히 소신을 피력하는 것에 그쳐서는 곤란하다.

더 큰 문제는, 한국이 대만 문제에 관한 중대한 입장을 표명하면서도 대만 당국과 미리 협의하거나 사후 소통조차 하지 않았다는 점이다. 당초 대만 정부 관계자들은 한국 지도자의 발언을 반겼지만 뒤이어 실망과 섭섭함을 드러냈다. 국제정치적으로 중요한 함의를 가진 발언을 해놓고 정작 당사자인 대만과 상의조차 없었기 때문이다. 이 과정에서 '한국은 늘 이런 식이다'라는 불만까지 제기됐다. 한편 중국 정부는 '강한 불만'을 표시하며 주중 한국대사를 초치해 항의했고, 사드 사태 이후 경색된 한중 관계는 더욱 악화되었다.

당시 나는 워싱턴의 싱크탱크를 방문해 한 관계자와 대만 문제와 관련한 토론을 두어 시간 한 적이 있다. 그날 그의 발언은 나를 다소 놀라게 했다. "한국 대통령이 대만 문제와 관련해 과거에는 접하지 못한 적극적 의지 표명을 한 것을 환영한다. 그런데 곰곰이 생각해보니 당연한 말을 한 것 아니냐는 생각이 든다. 미국의 동맹으로서 그리고 인태 지역의 평화 안보 중요성을 공유하는 자유 진영 국가로서 그런 의견을 표명하는 것은 놀랄 일이 아니다." 이말인즉슨 앞으로도 한국이 그렇게 해주는 걸 당연시하겠다는 것이다.

미국은 그 후 대만 위기 시나리오와 관련해 한국에 더 많은 군사적 동참을 요구하고 있다. 말을 했으니 행동해야 한다는 것이다. 한국 대통령의 대만 발언이 어떤 전략적 목표를 달성했는지 자문해봐야 한다. 화가 난 중국은 '불용치훼'不容置喙와 '불장난을 하는 자는 반드시 스스로 불에 타 죽을 것'이라는 극단적 표현까지 동원했다.[140] 그뿐만이 아니다. 대만은 서운해했고, 미국은 더 구체적인 군사 협력을 요구하고 있다.

특히 이는 이미 예정된 한미 정상회담을 앞두고 나온 발언이다. 이 발언을 함으로써 한국 대통령이 당연히 충성해야 할 '대한민국 주인'인 국민에게 어떤 이익을 주었는지 따져봐야 한다. 당시 중국은 아주 미미하지만 서서히 한한령을 풀던 시점이었다. 하지만 이 사태로 중국은 다시 자물쇠를 굳게 잠가버렸다.

국익 차원에서 볼 때 중국의 '핵심 이익'을 건드려 양국 관계를 이 정도로 악화시키는 행동을 했다면, 그 이상의 긍정적인 반대급부를 미국 측에서 얻어냈어야 했다. 우리가 미국에 받아낼 수 있는 것은 많다. 한미 사이에 첨예했던 반도체 문제 혹은 한국 자동차에 대한 보조금 등 경제 문제에 대한 미국의 양보, 또는 수년째 발목이 잡혀 있는 한국인에 대한 미국 전문직 H-1B 취업비자 쿼터. 이 중 무어라도 확실히 받아냈어야 했다. 미국이 일본에는 허용해주지만 한국에는 허용해주지 않는 핵연료 재처리 허용을 따내거나, 정 안 되면 미국이 쿼드 멤버 국가 젊은이들에게만 주는 펠로십을 한국의 젊은이들도 받게 하는 등 요구할 만한 것들이 여러 가지였다. 그런데 과연 한국은 무엇을 얻어냈는지 궁금하다.

대만 문제와 관련한 한국의 기존 입장은 '대만해협에서의 평화와 안정 유지의 중요성'이다. 이는 2022년 5월 한미 정상회담 공동선언에서도 확인된 바 있다. 대만해협 위기 고조에 따라 만약 한국에 대해 동맹국인 미국이 기존보다 진일보한 입장 표명을 요청한다면 당연히 이를 고려해야 한다. 실제로 대만해협의 군사 위기 출동 가능성이 높아졌기 때문이다. 그리고 미국이 개입하게 된다면 미국의 법적인 동맹인 한국도 연루될 수 있다.

더구나 동아시아의 지정학적 측면에서 보자면 대만해협은 한반도와 멀지 않은 곳에 있다. 따라서 좋든 싫든 한국은 그 여파에서 벗어나기 어렵다. 특히 대만해협 위기를 남침 기회로 볼 수 있는 북한과 상대하고 있기에 한국은 다양한 시나리오 상황에 대비해야 한다.

국제정치학적 관점에서 한국은 미국의 요청에 부응하면서도 중국과의 관계를 고려한 균형 잡힌 접근법을 모색할 필요가 있었다. 대만 문제는 중국이 '핵심 이익' 중에서도 가장 민감한 사안으로 간주하는 것이다. 시진평 국가주석이 20차 당대회에서 "무력 사용을 포기한다는 약속은 절대 하지 않는다."[141]라고 강조했을 정도로 절대 양보할 수 없는 문제다. 따라서 미국의 동맹국으로서 한국이 대만 문제에 관해 입장을 표명할 때는 그 표현 방식에 더욱 각별한 주의를 기울여야 한다. 내가 대만 문제에 대해 좀 더 자세히 부연하는 이유는 향후 대만 문제가 장기적으로 동북아의 화약고가 될 가능성이 매우 크기 때문이다. 한국 지도자라면 임시변통적인 발언보다는 차기 지도자도 일관되게 사용할 수 있는 정책적 입장을 담아 표현하는 것이 바람직하다.

이런 맥락에서 볼 때, 윤석열 대통령이 "대만 문제는 단순히 중국과 대만 사이의 문제가 아니라, 북한 문제처럼 지역을 넘어선 세계적인 문제다."라고 언급한 것은 여러모로 아쉽다. 대만 문제의 '국제화'를 공식화했다는 점에서 전략적 고려가 부족했다는 지적을 피하기 어렵기 때문이다. 중국 측은 '북한과 한국은 모두 유엔 회원국이자 주권 국가'임을 강조하면서 한반도 문제와 대만 문제는 애초에 비교 자체가 불가능하다고 반발했다.

좀 더 객관적이고 신중한 방식으로 입장을 표명했더라면 어땠을까 싶다. "한국은 수출 중심 국가로서 대만해협이 자국 해상 물동량의 90퍼센트를 차지하는 전략적 요충지이므로, 이 지역의 안정과 평화에 깊이 관심을 가질 수밖에 없다." 정도의 메시지만으로도 충분했을 것이다. 게다가 북한 문제를 함께 언급함으로써 이미 복잡한 지정학적 상황을 더욱 복잡하게 만든 점 역시 전략적으로 바람직하지 않았다.

전환기의 국제 질서와
한국의 미래 비전

　미중 패권 경쟁은 21세기 국제 질서의 핵심 변수가 아닌 상수로 자리 잡았다. 특히 동아시아에서 미중 간 전략적 경쟁이 심화되며 한국은 전례 없는 외교적 도전에 직면해 있다. 이러한 상황에서 국익 수호와 전략적 자율성 확보가 그 어느 때보다 중요하다.

　제2차 세계대전 이후 국제 질서의 근간이었던 미국의 글로벌 리더십은 중국의 부상으로 도전받고 있으며, 새로운 형태의 국제 질서가 태동 중이다. 2025년 현재 미중 경쟁은 경제를 넘어 기술, 가치체계, 지역 질서 전반에 걸친 포괄적 경쟁으로 확대되는 중이다.

　한미 동맹은 변화하는 국제환경 속에서 한국 외교의 핵심축이다. 또한 그 중요성이 더욱 부각되고 있다. 동시에 중국과의 높은 경제적 상호의존성은 여전히 못 본 척할 수 없는 현실이다. 이는 한국이 미중 갈등 속에서 전략적 선택을 할 때마다 중요한 고려 사항이 된다.

　최근 국제 정세는 이러한 딜레마를 심화시키고 있다. 미국의 인도-태평양 전략과 중국의 일대일로 구상이 충돌하는 가운데 한국은 더욱 심해진 양자택일의 상황에 놓여 있다. 그리고 국익을 최대화할 수 있는 전략적 선택지를 만들 방도를 모색해야 한다. 최근 트럼프는 백악관을 방문한 우크라이나 대통령 젤렌스키에게 러시아와 빨리 휴전할 것을 종용하며 "당신은 카드를 가지고 있지 않다."You don't have cards 라고 했다.[142] 그렇다면 한국은 강대국의 경쟁 파도에서 살아남을 수 있는 카드를 가지고 있는가?

한국의 전략적 자율성 확보는 결국 '힘'을 갖고 있느냐의 문제이고 힘이 있을 때 한국은 더 많은 '카드'를 가지게 된다. 전략적 자율성은 단순히 강대국 사이에서 균형을 잡는 것을 넘어 자국의 이익을 주도적으로 추구할 수 있는 능력을 의미한다. 이를 위해서는 군사력, 경제력, 기술력 등 종합적인 국력 강화가 필수다.

특히 반도체, AI, 양자컴퓨팅 등 첨단기술 분야에서의 경쟁력 확보는 전략적 자율성 강화를 위한 핵심 과제다. 이러한 분야에서의 우위는 경제적 성과를 넘어 국가안보와 직결되는 문제가 되었다. 한국은 이러한 기술력을 바탕으로 강대국 간 경쟁 속에서도 독자적 영향력을 행사할 수 있는 기반을 마련해야 한다.

동맹외교와 다자외교의 균형적 발전도 중요하다. 한미 동맹을 근간으로 하면서도 아세안, EU 등 다양한 파트너와 협력을 강화할 필요가 있다. NATO와의 군사적 협력은 아직 신중해야 한다. 하지 말라는 얘기가 아니라, 하더라도 '로우키'로 하기를 권한다는 말이다. 이는 미국의 한 학자가 조용히 건넨 조언이다. 한국이 강대국 간 경쟁에 너무 깊숙이 발을 담그는 것이 우려스럽다는 것이다. 더불어 중견국 외교를 통해 호주 등과 같은 입장에 놓인 국가들과의 연대 강화가 필요하다.

혼란의 시대에도 가치 외교의 중요성은 간과할 수 없다. 대한민국 헌법이 규정하는 '자유 민주주의' 정신에 따라 민주주의, 인권, 법치주의 등 보편적 가치를 견지해야 한다. 그러면서도 실용적 접근을 통해 국익을 추구하는 균형 잡힌 외교가 필요하다. 이는 한국이 국제사회에서 신뢰받는 파트너로서 위상을 강화하는 데 기여할 것이다.

국내적으로는 초당적 협력을 통한 일관된 외교정책 추진이 필요하다. 미중 경쟁의 장기화를 고려할 때 정권교체와 별개로 일관된 대외정책 유지가 필수적이다. 이를 위해 여야를 아우르는 초당적 협의체 구성과 운영이 검토되어야 한다.

외교 인재 양성과 역량 강화도 시급한 과제다. 복잡해지는 국제 정세에 대응하기 위해 경제, 안보, 기술 등 다양한 분야의 전문성을 갖춘 복합형 인재를 육성해야 한다.

더불어 국민적 공감대 형성도 중요하다. 대외정책을 성공적으로 추진하려면 국민들의 이해와 지지가 필수적이다. 정부는 대외정책의 방향과 내용을 국민들과 적극적으로 소통하고 공감대를 형성해야 한다.

미중 경쟁의 심화는 한국에게 위기이자 기회다. 전략적 모호성을 넘어 적극적이고 전략적인 창의성을 통해 국익을 증진하고, 국제사회에서 영향력을 확대하는 기회로 삼을 필요가 있다. 이를 위해서는 확고한 원칙과 유연한 접근의 조화, 그리고 이를 뒷받침할 수 있는 국력 강화가 바탕이 되어야 한다.

주

PART 1

1. Zakaria, Fareed. The Post-American World. 1st ed. New York: W. W. Norton & Company, 2008.
2. The Economist. "The Rise of the Rest." The Economist, May 22, 2008. https://www.economist.com/books-and-arts/2008/05/22/the-rise-of-the-rest.
3. Global Firepower. 2025 Military Strength Ranking: Annual Ranking. Accessed March 24, 2025. https://www.globalfirepower.com/countries-listing.php.
4. Kristensen, Hans, Matt Korda, Eliana Johns, Mackenzie Knight, and Kate Kohn. "Status of World Nuclear Forces." Federation of American Scientists, March 29, 2024. https://fas.org/initiative/status-world-nuclear-forces/.
5. 윤근영. "'남한 대 북한 종합군사력은 1 대 100⋯남한 완전 열세'." 연합뉴스, December 26, 2024. https://www.yna.co.kr/view/AKR20241222031300546.
6. Institute for Economics & Peace. Economic Consequences of War on the U.S. Economy. Sydney: Institute for Economics & Peace, 2011. https://www.economicsandpeace.org/wp-content/uploads/2015/06/The-Economic-Consequences-of-War-on-US-Economy_0.pdf.
7. Digital History. "Mobilizing for War." Digital History. University of Houston, n.d. https://www.digitalhistory.uh.edu/disp_textbook.cfm?smtID=2&psid=3491.
8. The National WWII Museum. "Great Responsibilities and New Global Power." The National WWII Museum, October 23, 2020. https://www.nationalww2museum.org/war/articles/new-global-power-after-world-war-ii-1945.
9. Darwin, John. "Britain, the Commonwealth and the End of Empire." BBC History, last modified March 3, 2011. https://www.bbc.co.uk/history/british/modern/endofempire_overview_01.shtml.
10. Glaser, Bonnie S., and Kelly Flaherty. "US-China Relations in Free Fall." Comparative Connections, September 2020. https://cc.pacforum.org/2020/09/us-china-relations-in-free-fall/.

11 Swanzy, Brenée Goforth. "How John Locke Influenced the Declaration of Independence." John Locke Foundation, July 4, 2019. https://www.johnlocke.org/john-locke-and-the-declaration-of-independence/.

12 Diamond, Jeremy. "Trump Opens NATO Summit with Blistering Criticism of Germany, Labels Allies 'Delinquent'." CNN, July 11, 2018. https://www.cnn.com/2018/07/10/politics/donald-trump-nato-summit-2018/index.html.

13 이현호. "트럼프 2기 출범에 '국방비' 증액 하나…한국 GDP 대비 국방비, 영국·중국·일본보다 높다[이현호 기자의 밀리터리!톡]." 서울경제, January 16, 2025. https://www.sedaily.com/NewsView/2GNPR1AZHN.

14 White House. Indo-Pacific Strategy of the United States. Washington, DC: White House, February 2022. https://bidenwhitehouse.archives.gov/wp-content/uploads/2022/02/U.S.-Indo-Pacific-Strategy.pdf.

15 O'Brien, Robert C. A Free and Open Indo-Pacific. Assistant to the President for National Security Affairs. Washington, DC: White House, January 5, 2021. https://trumpwhitehouse.archives.gov/briefings-statements/president-donald-j-trump-and-prime-minister-shinzo-abe-are-working-together-to-maintain-a-free-and-open-indo-pacific/.

16 The White House, Office of the Press Secretary. Remarks by President Obama and Prime Minister Gillard of Australia in Joint Press Conference. Washington, DC: White House, November 16, 2011. https://obamawhitehouse.archives.gov/the-press-office/2011/11/16/remarks-president-obama-and-prime-minister-gillard-australia-joint-press.

17 European Parliament. EU Strategic Autonomy 2013–2023: From Concept to Capacity. Briefing, July 8, 2022. Brussels: European Parliamentary Research Service. https://www.europarl.europa.eu/thinktank/en/document/EPRS_BRI(2022)733589.

18 Zhang, Jie. "Rebuilding Strategic Autonomy: ASEAN's Response to US–China Strategic Competition." China International Strategy Review, April 30, 2023: 1–17. https://doi.org/10.1007/s42533-023-00128-3. https://pmc.ncbi.nlm.nih.gov/articles/PMC10148977/.

19 Times of India. "India's Non-Alignment Policy Is Relevant in Today's Geopolitics." August 1, 2024. https://timesofoman.com/article/148289-indias-non-alignment-policy-is-relevant-in-todays-geopolitics.

20 Bhatt, Gita. "A Deeper Look at Forces Fragmenting Our World—and How to Respond." IMF Blog, June 2, 2022. https://www.imf.org/en/Blogs/Articles/2022/06/02/a-more-fragmented-world.

21 Huddleston, Tom Jr. "Bill Gates on the No. 1 Thing That Keeps Him Up at Night: 'If We Avoid a Big War… There Will Be Another Pandemic'." CNBC, September 9, 2024. https://www.cnbc.com/2024/09/09/bill-gates-on-what-keeps-him-up-at-night-war-another-pandemic.html.

22 Weaver, Greg. The Role of Nuclear Weapons in a Taiwan Crisis. Washington, DC: Atlantic Council, November 2023. https://www.atlanticcouncil.org/wp-content/uploads/2023/11/Weaver-Role-of-Nuclear-Weapons-in-Taiwan-Crisis.pdf.

23 Tribune News Service. "Narendra Modi, Xi Jinping Helped Dissuade Russian President Vladimir Putin from Nuclear Strike on Ukraine: US Report." The Tribune, March 10, 2024. https://www.tribuneindia.com/news/india/modi-xi-helped-dissuade-putin-from-nuclear-strike-on-ukraine-us-report-599340/.

24 Lee, Seong-Hyon. "Strategic Convergence in the Indo-Pacific: South Korea's Indo-Pacific Strategy Meets Taiwan's New Southbound Policy." Global Taiwan Institute, December 11, 2024. https://globaltaiwan.org/2024/12/south-koreas-indo-pacific-strategy-meets-taiwans-new-southbound-policy/.

25 Ryan, David, and Liam O'Brien. "Democracy Promotion and US Foreign Policy." Oxford Research Encyclopedia of Politics. Published September 26, 2017. https://doi.org/10.1093/acrefore/9780190228637.013.361.

26 Benson, Emily, Japhet Quitzon, and William Alan Reinsch. Securing Semiconductor Supply Chains in the Indo-Pacific Economic Framework for Prosperity. Washington, DC: Center for Strategic and International

Studies (CSIS), May 30, 2023. https://www.csis.org/analysis/securing-semiconductor-supply-chains-indo-pacific-economic-framework-prosperity.

27 Fukuyama, Francis. The End of History and the Last Man. Reissue ed. New York: Free Press, 2006.

28 Caitlin Emma, Daniel Lippman, and Meridith McGraw, "Trump Wants Billions Cut from Global Covid Vaccine Distributor," Politico, January 14, 2021. https://www.politico.com/news/2021/01/14/trump-billions-cut-covid-vaccine-distributor-459496.

29 Derek Lowe, "Vaccine Efficacy Questions," In the Pipeline (blog), Science, April 12, 2021. https://www.science.org/content/blog-post/vaccine-efficacy-questions.

30 Gavi. "What Is the COVAX Facility?" Gavi, the Vaccine Alliance. Accessed March 27, 2025. https://www.gavi.org/covax-facility.

31 Pompeo, Mike. "China Policy Address at the Nixon Library." Speech, Yorba Linda, CA, July 23, 2020. American Rhetoric. Accessed March 27, 2025. https://www.americanrhetoric.com/speeches/mikepompeochinanixonlibrary.htm.

32 Air Warfare, Global, Land Warfare STRATCOM Chief Warns Of Chinese 'Strategic Breakout' "The breathtaking growth and strategic nuclear capability enables China to change their posture and their strategy," Adm. Charles Richard said. By Aaron Mehta on August 12, 2021 at 5:03 PM. https://breakingdefense.com/2021/08/stratcom-chief-warns-of-chinese-strategic-breakout/.

33 Swanson, Ana. "Trump's Trade War With China Is Officially Underway." New York Times, July 5, 2018. https://www.nytimes.com/2018/07/05/business/china-us-trade-war-trump-tariffs.html.

34 Haenle, Paul. "How Biden's New Outbound Investment Executive Order Will Impact U.S.-China Relations." Carnegie Endowment for International Peace, August 15, 2023. https://carnegieendowment.org/posts/2023/08/how-bidens-new-outbound-investment-executive-order-will-impact-us-china-relations?lang=en.

35 Zhang, Rachel. 2020. "Could a US-Led Quad Add Up to an Asian NATO Against China?" South China Morning Post, December 25, 7:00 p.m. Updated December 26, 10:09 p.m. https://www.scmp.com/news/china/diplomacy/article/3115262/could-us-led-quad-add-asian-nato-against-china.

36 Bureau of Industry and Security. U.S. Trade with China: 2022 Statistical Analysis of U.S. Trade with China. Washington, DC: U.S. Department of Commerce, 2022. https://www.bis.doc.gov/index.php/country-papers/3268-2022-statistical-analysis-of-u-s-trade-with-china/file.

37 Mathiesen, Karl, Zack Colman, Stuart Lau, and Zia Weise. "U.S. and China Step to Forefront as Climate Talks Near End Game." Politico, November 10, 2021. Updated November 10, 2021. https://www.politico.com/news/2021/11/10/us-china-climate-talks-cooperation-520686.

38 Swaine, Michael. Threat Inflation and the Chinese Military. Quincy Paper No. 7. Washington, DC: Quincy Institute for Responsible Statecraft, June 2022. https://quincyinst.org/wp-content/uploads/2022/06/QUINCY-PAPER-NO.-7-%E2%80%94-SWAINE-%E2%80%94-JUNE-2022.pdf.

39 Sanger, David E., and Mary K. Brooks. New Cold Wars: China's Rise, Russia's Invasion, and America's Struggle to Defend the West. New York: Crown, 2024.

40 PBS NewsHour. "'New Cold Wars' Examines America's Struggles with China and Russia." YouTube video, 7:35. April 29, 2024. https://www.youtube.com/watch?v=HNn_wGLUKKk.

41 Achcar, Gilbert. The New Cold War: The United States, Russia, and China from Kosovo to Ukraine. Chicago: Haymarket Books, April 4, 2023.

42 Medeiros, Evan S., ed. Cold Rivals: The New Era of US-China Strategic Competition. Washington, DC: Georgetown University Press, August 15, 2023.

43 Niblett, Robin. 2024. The New Cold War: How the Contest Between the US and China Will Shape Our Century. London: Atlantic Books.

44 Smith, Reid. 2023. "Why the U.S.-China 'Cold War' Framing Is So Dangerous." Foreign Policy, June 7, 2023. https://foreignpolicy.com/2023/06/07/us-china-cold-war-competition-history/.

45 Hirsh, Michael. 2024. "No, This Is Not a Cold War—Yet." Foreign Policy, May 7, 2024. https://foreignpolicy.com/2024/05/07/cold-war-cold-peace-united-states-china-xi-decoupling-trade/.

46 Culp, Wesley. 2022. "Fifteen Years after Munich, Putin Is Driven by the Same Fears." The Hill, February 12, 2022. https://thehill.com/opinion/international/593857-fifteen-years-after-munich-putin-is-driven-by-the-same-fears/.

47 Deutsche Welle. "Former Chancellor Under Pressure Over Ties with Putin." DW, April 27, 2022. https://www.dw.com/en/gerhard-schr%C3%B6der-comes-under-increasing-pressure-over-putin-ties/a-61611841.

48 Zhang, Taisu, Graham Webster, and Orville Schell. 2015. "What Xi Jinping's Seattle Speech Might Mean For the U.S." Foreign Policy, September 23, 2015. https://foreignpolicy.com/2015/09/23/china-xi-jinping-seattle-speech-cyber-chinese-dream-us/.

49 The White House. 2015. "Remarks by President Obama and President Xi of the People's Republic of China in Joint Press Conference." The White House, September 25, 2015. https://obamawhitehouse.archives.gov/the-press-office/2015/09/25/remarks-president-obama-and-president-xi-peoples-republic-china-joint.

50 Voice of America. "Bush: 'You Are Either With Us, Or With the Terrorists' - 2001-09-21." Voice of America, October 27, 2009. https://www.voanews.com/a/a-13-a-2001-09-21-14-bush-66411197/549664.html.

51 Zoellick, Robert. 2005. "Robert Zoellick's Responsible Stakeholder Speech." National Committee on U.S.-China Relations. Accessed March 28, 2025. https://www.ncuscr.org/fact/robert-zoellicks-responsible-stakeholder-speech/.

52 新华社. 2006. "中美互为'利益相关者'论提出人佐利克将访华." 中央政府门户网站, January 20, 2006. https://www.gov.cn/zwjw/2006-01/20/content_164923.htm.

53 新华社. "国务院印发《中国制造2025》." 新华网, May 19, 2015. http://www.xinhuanet.com//politics/2015-05/19/c_1115331338.htm.

54 Hansler, Jennifer, Zamira Rahim, and Ben Westcott. 2021. "US Accuses China of 'Genocide' of Uyghurs and Minority Groups in Xinjiang." CNN, January 20, 2021. https://www.cnn.com/2021/01/19/us/us-xinjiang-china-genocide-intl/index.html.

55 U.S. House of Representatives. H.Res. 11 - Establishing the Select Committee on the Strategic Competition Between the United States and the Chinese Communist Party, 118th Congress (2023-2024). Introduced January 10, 2023. https://www.congress.gov/bill/118th-congress/house-resolution/11.

PART 2

56 Brunnstrom, David, and Michael Martina. "US Says South Korea's Yoon Badly Misjudged Martial Law Declaration." Reuters, December 4, 2024. https://www.reuters.com/world/us-says-south-koreas-yoon-badly-misjudged-martial-law-declaration-2024-12-04/.

57 Congressional Research Service. Emergency Alerting—False Alarm in Hawaii. IF10816, January 17, 2018. https://www.everycrsreport.com/reports/IF10816.html.

58 BBC News. Trump to Kim: My Nuclear Button Is 'Bigger and More Powerful'. YouTube video, January 3, 2018. https://www.youtube.com/watch?v=QPVLdi4VFrg.

59 Johnson, Eliana. "White House Scrambles After False Missile Warning in Hawaii." Politico, January 13, 2018. https://www.politico.com/story/2018/01/13/hawaii-missile-warning-white-house-339520.

60 Watkins, Eli. "Gabbard: 'Unacceptable' False Alarm Missile Warning in Hawaii Underscores Need for Talks with North Korea." CNN, January 14, 2018. https://www.cnn.com/2018/01/14/politics/tulsi-gabbard-hawaii-cnntv/index.html.

61 Newsweek. What Tulsi Gabbard Said About North Korea's Nuclear Weapons. March 26, 2025. https://www.newsweek.com/dni-tulsi-gabbard-senate-intelligence-hearing-north-korea-nuclear-weapons-2050702.

62 MacAulay, Jessica, Ed Specht, Eva Andersen, and CBS News Philadelphia Staff. Trump Works Drive-Thru at Pennsylvania McDonald's Before Town Hall in Lancaster. CBS News Philadelphia, October 21, 2024. https://www.cbsnews.com/philadelphia/news/donald-trump-town-hall-lancaster-kamala-harris-pennsylvania/.

63 Kates, Graham, and Clare Hymes. E. Jean Carroll Testifies in Trump Lawsuit Trial, "I'm Here Because Donald Trump Raped Me." CBS News, April 26, 2023. https://www.cbsnews.com/news/e-jean-carroll-called-to-testify-trump-trial/.

64 ABC News. Woman Who Accused Trump of Groping Her on an Airplane Doubts Weinstein Backlash Will Prompt Change. October 20, 2017. https://abcnews.go.com/US/woman-accused-trump-groping-airplane-doubts-weinstein-backlash/story?id=50532962.

65 McKinley, Jesse. What Is the 'Access Hollywood' Tape, and How Does It Factor Into Trump's Trial? New York Times, May 28, 2024. https://www.nytimes.com/2024/05/28/nyregion/access-hollywood-tape-trump-trial.html.

66 Ronald Reagan Presidential Foundation & Institute. Ronald Reagan for President "Let's Make America Great Again" 1980. YouTube video, 1:01. Premiered July 9, 2021. https://www.youtube.com/watch?v=SBfzwycHOcY.

67 Thomson-DeVeaux, Amelia, and Meredith Conroy. Trump's Rivals Can't Compete With His Version of Masculinity. FiveThirtyEight, August 1, 2023. https://fivethirtyeight.com/features/trumps-rivals-cant-compete-with-his-version-of-masculinity/.

68 PBS NewsHour. Trump Says He'll Keep Using 'Animals' to Describe Gang Members. May 18, 2018. https://www.pbs.org/newshour/politics/trump-says-hell-keep-using-animals-to-describe-gang-members.

69 이성현. 재미 한인들, '내가 트럼프를 찍은 이유는…'. 한국일보, December 3, 2024. https://www.hankookilbo.com/News/Read/A2024120209560000765.

70 Alafriz, Olivia. Harvard President Says 'I Don't Know How You Could Feel Anything but Regret' After Antisemitism Testimony. Politico, December 8, 2023. https://www.politico.com/news/2023/12/08/harvard-president-apologizes-after-backlash-over-congressional-testimony-00130833.

71 이성현. [ON 선데이] 태극기와 트럼프. 중앙선데이, February 23, 2024. https://www.joongang.co.kr/article/25230809.

72 Leffert, Catherine. Bankers Say Deregulation Pros May Outweigh Cons of Trump Tariffs. American Banker, February 13, 2025. https://www.americanbanker.com/news/bankers-say-deregulation-pros-may-outweigh-cons-of-trump-tariffs.

73 Moore, David. Here Are Trump's Investment Industry Donors. Sludge, October 9, 2024. https://readsludge.com/2024/10/09/here-are-trumps-investment-industry-donors/.

74 Peat, Jack. Republicans Favoured Kamala Harris's Policies in Blind Polling. The London Economic, November 8, 2024. https://www.thelondoneconomic.com/politics/republicans-favoured-kamala-harriss-policies-in-blind-polling-385496/.

75 Newsweek. How Kamala Harris Can Win Back Black Voters. October 21, 2024. https://www.newsweek.com/kamala-harris-donald-trump-black-voters-polls-win-back-democrats-1970524.

PART 3

76 SHIN, Gi-wook. "Foreign Policy of Trump 2.0 and Korea's Strategy" (트럼프 2기의 대외정책과 한국의 전략). Foreign Relations (한국외교협회), no. 152 (January 2025).

77 PBS NewsHour. "WATCH: Trump Says He Was 'Saved by God' in Assassination Attempt to Make America Great Again." YouTube video, 3:45. Posted March 4, 2025. https://www.youtube.com/watch?v=Mr1e3Q9qgzg&ab_channel=PBSNewsHour&loop=0.

78 PolitiFact. Trump-O-Meter Scorecard. Accessed March 29, 2025. https://www.politifact.com/truth-o-meter/promises/trumpometer/?ruling=true.

79 Institute on Taxation and Economic Policy. Corporate Taxes Before and After the Trump Tax Law. May 2, 2024. https://itep.org/corporate-taxes-before-and-after-the-trump-tax-law/.

80 American Immigration Lawyers Association (AILA). Summary of Secure Fence Act of 2006. AILA Doc. No. 06091467. Accessed March 29, 2025. https://www.aila.org/library/pl-109-367.

81 Reiff, Nathan. "USMCA: Definition, Purpose, Major Provisions, vs. NAFTA." Reviewed by Robert C. Kelly. Updated March 12, 2024. Accessed March 29, 2025. https://www.investopedia.com/usmca-4582387.

82 ABC News. "Trump Warns: 'If I Don't Get Elected, It's Going to Be a Bloodbath.'" YouTube video, 2:47. Posted March 17, 2024. https://www.youtube.com/watch?v=Lokw_nsumD0&ab_channel=ABCNews.

83 McCarthy, John. "Trump Redux: What Matters to Foreign Relations." Asialink (University of Melbourne), November 17, 2024. https://asialink.unimelb.edu.au/diplomacy/article/trump-redux-what-matters-foreign-relations/.

84 Drezner, Daniel W. "Has the Outbidding on Trade Protectionism Finally Ended? Kamala Harris is not great on trade, but she's sooooo much better than Donald Trump." Drezner's World, September 9, 2024. https://danieldrezner.substack.com/p/has-the-outbidding-on-trade-protectionism.

85 Drezner, Daniel W. "It's a Mad Mad Mad Madman's World: I See We're Gonna Be Testing the Madman Theory in 2025." Drezner's World, January 7, 2025. https://danieldrezner.substack.com/p/its-a-mad-mad-mad-madmans-world.

86 "Kori Schake." Firing Line. PBS, November 15, 2024. https://www.pbs.org/wnet/firing-line/video/kori-schake-nna319/.

87 Tuttle, Christopher M. Trump's National Security Appointees, With Christopher M. Tuttle (Transition 2025, Episode 3). The President's Inbox, Council on Foreign Relations, November 20, 2024. YouTube video. https://www.youtube.com/watch?v=iueI053uiZg.

88 The Bulwark. Warren to Hegseth: Would YOU Refuse a Defense Industry Job After Serving? January 14, 2025. YouTube video. https://www.youtube.com/watch?v=g7pd0qPOhy0.

89 Forbes. Marco Rubio Calls Trump 'The Only Leader In The Planet' To Join Russia And Ukraine For Peace Talks. March 24, 2025. YouTube video. https://www.youtube.com/watch?v=XBNCZ8lZvmw.

90 Council on Foreign Relations. Trump vs. Harris on Foreign Policy. August 28, 2024. YouTube video. https://www.youtube.com/watch?v=HfGPcezxVeQ.

91 Council on Foreign Relations. Staffing a New Administration, With Stephen Hadley (Transition 2025, Episode 1). The President's Inbox. November 5, 2024. Podcast, 37:37 min. https://www.cfr.org/podcasts/tpi/staffing-new-administration-stephen-hadley-transition-2025-episode-1.

92 National History and Heritage Command. EP-3 Collision, Crew Detainment, Release, and Homecoming. Collection Number: AR/695. Accessed March 29, 2025. https://www.history.navy.mil/research/archives/Collections/ncdu-det-206/2001/ep-3-collision—crew-detainment-and-homecoming.html.

PART 4

93. Murphy, Theodore. Neither America nor China: How Europeans Can Shape a New Order with the Global South. European Council on Foreign Relations, May 18, 2023. https://ecfr.eu/article/neither-america-nor-china-how-europeans-can-shape-a-new-order-with-the-global-south/.

94. German Development Institute. Europe's Global Gateway: A New Geostrategic Framework for Development Policy? 2022. Accessed March 29, 2025. https://www.idos-research.de/uploads/media/BP_1_2022.pdf.

95. Fortinsky, Sarah. "Trump Says He Was 'Being a Little Bit Sarcastic' When He Promised to End Ukraine War in 24 Hours." The Hill, March 16, 2025. https://thehill.com/homenews/administration/5197961-trump-says-he-was-being-a-little-bit-sarcastic-when-he-promised-to-end-ukraine-war-in-24-hours/.

96. Teslova, Elena. "'No Illusions': Russia Says Trump's Re-election Will Not Affect America's 'Containment' Policy." Anadolu Agency, November 6, 2024. https://www.aa.com.tr/en/2024-us-presidential-election/no-illusions-russia-says-trumps-re-election-will-not-affect-americas-containment-policy/3386314.

97. Cohen, Zachary, Katelyn Polantz, Pamela Brown, Evan Perez, and David Shortell. "Trump Pushed Ukraine to Investigate Joe Biden, Transcript Shows." CNN, September 25, 2019. https://www.cnn.com/2019/09/25/politics/donald-trump-ukraine-transcript/index.html.

98. CBS News. Trump Reacts to Zelenskyy Meeting, Says He Is "Not Ready for Peace." YouTube video, 2:28. February 28, 2025. https://www.youtube.com/watch?v=0wzj8GH462Y.

99. "Iran International." "Casting Vote, Trump Wishes Iran Success but Rules Out Nuclear Weapons." Iran International, November 5, 2024. Updated November 7, 2024. https://www.iranintl.com/en/202411057158.

100. Fowler, James, and Alicia Nieves. "How US Military Action Against Drug Cartels in Mexico Could Unfold." Atlantic Council, accessed March 29, 2025. https://www.atlanticcouncil.org/blogs/new-atlanticist/how-us-military-action-against-drug-cartels-in-mexico-could-unfold/.

101. India News Network. "PM Modi and President Trump Launch US-India COMPACT for 21st Century: Big Push to Defence Procurement and Co-Production, Military Cooperation." India News Network, February 14, 2025. https://www.indianewsnetwork.com/en/20250214/pm-modi-and-president-trump-launch-us-india-compact-for-21st-century-big-push-to-defence-procurement-and-co-product.

102. Ming, Lee Chong. "Singapore Must Adapt to 'New Reality' Where US Is No Longer Prepared to Underwrite Global Order: SM Lee." Channel News Asia (CNA), February 8, 2025. Updated February 8, 2025. https://www.channelnewsasia.com/singapore/singapore-adapt-new-reality-united-states-global-order-geopolitics-lee-hsien-loong-4925926.

103. Rattanakit, Narupat. "Economic Corridors: One Way Forward for US Engagement in Southeast Asia." The Diplomat, February 10, 2025. https://thediplomat.com/2025/02/economic-corridors-one-way-forward-for-us-engagement-in-southeast-asia/.

104. Allen, Mike, and Zachary Basu. "Trump Disavows Heritage Foundation's Project 2025, Despite MAGA Ties." Axios, July 5, 2024. https://www.axios.com/2024/07/05/trump-project-2025-heritage-foundation.

105. "China Sharpens Edge in Global Trade with Zero-Tariff Deal for Developing World." South China Morning Post, accessed March 29, 2025. https://www.scmp.com/economy/global-economy/article/3284329/china-sharpens-edge-global-trade-zero-tariff-deal-developing-world.

106. Wang, Huiyao. "China's Resilience and Commitment to Globalization." Center for China and Globalization (CCG), March 6, 2025. http://en.ccg.org.cn/archives/87074.

PART 5

107　White House. United States Strategic Approach to the People's Republic of China. May 26, 2020. https://trumpwhitehouse.archives.gov/wp-content/uploads/2020/05/U.S.-Strategic-Approach-to-The-Peoples-Republic-of-China-Report-5.24v1.pdf.

108　Bloomberg Television. "Joe Biden Calls China's Xi Jinping a 'Thug'." YouTube video, February 25, 2020. https://www.youtube.com/watch?v=DcMT_QZN2xk&ab_channel=BloombergTelevision&loop=0.

109　BBC News. "Joe Biden Calls Chinese President Xi Jinping a 'Dictator'." YouTube video, November 16, 2023. https://www.youtube.com/watch?v=kGxHrW1lESo&ab_channel=BBCNews&loop=0.

110　Dragnich, George. "China Is Chasing Us. We Need to Run Faster." Washington Post, January 20, 2020. https://www.washingtonpost.com/opinions/china-is-chasing-us-we-need-to-run-faster/2020/01/20/38525740-3a3a-11ea-a1ff-c48c1d59a4a1_story.html.

111　The Korea Society. "The Impact of the U.S. Midterms and the U.S.-Korea Alliance." YouTube video, December 14, 2022. https://www.youtube.com/watch?v=rIUw69w2W9c&ab_channel=TheKoreaSociety&loop=0.

112　U.S. Department of State. "Security Clearance Process: Answers to Frequently Asked Questions." Accessed March 23, 2025. https://2009-2017.state.gov/m/ds/clearances/c10977.htm#:~:text=An%20individual%20is%20normally%20subject,in%20the%20security%20clearance%20process%3F.

113　National Committee on U.S.-China Relations. "U.S. Deputy Secretary of State Kurt Campbell: CHINA Town Hall 2024." YouTube video, April 12, 2024. https://www.youtube.com/watch?v=RfU03-nXqiM&ab_channel=NationalCommitteeonU.S.-ChinaRelations&loop=0.

114　Silver, Laura, Christine Huang, and Laura Clancy. "Views of China." Pew Research Center, July 27, 2023. https://www.pewresearch.org/global/2023/07/27/views-of-china/.

115　PBS NewsHour. "China Cuts Off Vital U.S. Contacts over Pelosi Taiwan Visit." PBS, August 5, 2022. https://www.pbs.org/newshour/world/china-cuts-off-vital-us-contacts-over-pelosi-taiwan-visit.

116　당시 이런 분위기는 그 후 많은 미국 싱크탱크 보고서에서 부각되었다. 예를 들어, Cancian, Mark F., Matthew Cancian, and Eric Heginbotham. The First Battle of the Next War: Wargaming a Chinese Invasion of Taiwan. Center for Strategic and International Studies, January 9, 2023. https://www.csis.org/analysis/first-battle-next-war-wargaming-chinese-invasion-taiwan. O'Hanlon, Michael E. "Could the United States and China Really Go to War? Who Would Win?" Brookings, August 15, 2024. https://www.brookings.edu/articles/could-the-united-states-and-china-really-go-to-war-who-would-win/. Lyons, Marco J. War with China: A View from Early 2024. U.S. Army War College, Strategic Studies Institute, April 11, 2024. https://ssi.armywarcollege.edu/SSI-Media/Recent-Publications/Display/article/3738629/war-with-china-a-view-from-early-2024/.

117　CNBC Television. "President Biden: I Do Not Believe China Will Try to Invade Taiwan Imminently." YouTube video, November 14, 2022. https://www.youtube.com/watch?v=h3fyF6c6-cs&ab_channel=CNBCTelevision&loop=0.

118　본 인터뷰는 필자의 중앙일보 기고 참조. 이성현. "미·중은 신냉전 중, 승자와 패자 갈린다" [The U.S. and China Are in a New Cold War—There Will Be Winners and Losers]. JoongAng Ilbo, February 27, 2023. https://www.joongang.co.kr/article/25143660.

119　Global Times. "G7 Has Descended into an 'Anti-China Workshop': Global Times Editorial." Global Times, May 22, 2023. https://www.globaltimes.cn/page/202305/1291111.shtml.

120　Foreign Affairs. "Nicholas Burns: In the Room With Xi Jinping | Foreign Affairs Interview." YouTube video, January 9, 2025. https://www.youtube.com/watch?v=fJN2q9KCfp8&ab_channel=ForeignAffairs&loop=0.

121　Cohen, Eliot A. "Strategy, by Edward N. Luttwak." Commentary, July 1987. https://www.commentary.org/articles/eliot-cohen/strategy-by-edward-n-luttwak/.

122 Jones, Seth G., and Alexander Palmer. China Outpacing U.S. Defense Industrial Base. Center for Strategic and International Studies (CSIS), March 6, 2024. https://www.csis.org/analysis/china-outpacing-us-defense-industrial-base.
123 Mastro, Oriana Skylar. "CLM Insights Interview with Oriana Skylar Mastro." China Leadership Monitor, August 31, 2024. https://www.prcleader.org/post/clm-insights-interview-with-oriana-skylar-mastro.

PART 6

124 Foreign Affairs. "Nicholas Burns: In the Room With Xi Jinping | Foreign Affairs Interview." YouTube video, January 9, 2025. https://www.youtube.com/watch?v=fJN2q9KCfp8&ab_channel=ForeignAffairs&loop=0.
125 UCANews.com. "China Officials Replace In-Home Pictures of Jesus with Xi Jinping," UCA News, November 14, 2017. https://www.ucanews.com/news/china-officials-replace-in-home-pictures-of-jesus-with-xi-jinping/80810.

PART 7

126 Swanson, Ana. "Trump's Trade War With China Is Officially Underway." New York Times, July 5, 2018. https://www.nytimes.com/2018/07/05/business/china-us-trade-war-trump-tariffs.html.
127 Mullen, Jethro. "China: The US Has Started 'the Biggest Trade War' in History." CNN Business, July 6, 2018. https://money.cnn.com/2018/07/06/news/economy/us-china-trade-war-tariffs/index.html.
128 Xi, Jinping. "Yi Zhongguo Shi Xiandaihua Quan Mian Tuijin Qiangguo Jianshe, Minzu Fuxing Weiye" [以中国式现代化全面推进强国建设 民族复兴伟业]. Qiushi, January 2025. Last modified December 31, 2024. http://www.qstheory.cn/20241231/d21bd57c012d4d29824219effd18ca35/c.html.
129 Jena, Debakant. "America's Retreat Leaves a Leadership Void That the Free World Must Fill." The Hill, March 13, 2025. https://thehill.com/opinion/international/5191745-americas-retreat-leaves-a-leadership-void-that-the-free-world-must-fill/.
130 Browne, Andrew. "Foothills of a Cold War." Bloomberg, November 21, 2019. https://www.bloomberg.com/news/newsletters/2019-11-21/-foothills-of-a-cold-war.
131 Schell, Orville. "With China, the West Is Reaping the Bitter Harvest of Imperialism." Institute for New Economic Thinking, July 17, 2020. https://www.ineteconomics.org/perspectives/podcasts/orville-schell.
132 Shim, Elizabeth. "Former White House Aide Warns against China's 'Offensive Decoupling'." UPI, April 15, 2021. https://www.upi.com/Top_News/World-News/2021/04/15/Former-White-House-aide-warns-against-Chinas-offensive-decoupling/8691618505913/.
133 Rice, Condoleezza. "Which Way, America? Condoleezza Rice on America's Foreign Policy Challenges." Interview by Peter Robinson. Hoover Institution, October 18, 2024. Video, 51:00. https://www.hoover.org/research/which-way-america-condoleezza-rice-americas-foreign-policy-challenges.

PART 8

134 The Hill. Bill Clinton: I REGRET Convincing Ukraine to Give Up NUKES. YouTube video, 4:29. April 5, 2023. https://www.youtube.com/watch?v=V60uwLZQw8E.

135 이성현. "미·중 사이에서 '임도 보고 뽕도 따는' 시대는 끝났다." 중앙일보, 2019년 6월 16일. https://www.joongang.co.kr/article/23498279.

136 Judd, Donald. "Biden Says He Still Believes Xi Jinping Is a Dictator." CNN, November 16, 2023. https://www.cnn.com/2023/11/15/politics/joe-biden-xi-jinping-dictator/index.html.

137 Forgey, Quint, and Phelim Kine. "Blinken Calls China 'Most Serious Long-Term' Threat to World Order." Politico, May 26, 2022. https://www.politico.com/news/2022/05/26/blinken-biden-china-policy-speech-00035385.

138 Council on Foreign Relations. America's New Cold Wars, With David Sanger – The President's Inbox. YouTube video, 35:58. May 22, 2024. https://www.youtube.com/watch?v=OkvpEVaoFbk.

139 CNN. Trump Calls Xi Jinping "King of China" during 2017 Visit. Video, 1:13. April 3, 2019. https://www.cnn.com/videos/world/2019/04/03/trump-xi-jinping-king-of-china-trade-sot-vpx.cnn.

140 中华人民共和国外交部. "2023年4月20日外交部发言人汪文斌主持例行记者会." 中华人民共和国外交部, 2023年4月20日. https://www.mfa.gov.cn/fyrbt_673021/202304/t20230420_11062419.shtml.

141 刘结一. "坚持贯彻新时代党解决台湾问题的总体方略." 求是, no. 23, 2022年12月1日. http://www.qstheory.cn/dukan/qs/2022-12/01/c_1129172940.htm.

142 ABC 7 Chicago. Trump Says Zelenskyy 'Does Not Have the Cards' after Heated Exchange at White House. YouTube video, 2:32. March 1, 2025. https://www.youtube.com/watch?v=wrEAAEsmXUI.

에필로그

그저 감사할 따름이다. 이 '불확실성의 시대'에 하루하루 '보통'의 '일상'의 삶을 살아갈 수 있다는 사실 자체만으로도 큰 위안이자 축복이다. 하버드대학교의 인도 출신 동료는 이렇게 말했다. "요즘 같은 세상에선, 내일 우리가 어떻게 될지 아무도 몰라. 이럴 때일수록 희망을 품고 살아야 해." 전시 상황에서나 나올 법한 말들이 이제는 일상에서도 자주 들려오는 시대에 우리가 살고 있다.

지금 이 순간에도 우크라이나-러시아 전쟁과 이스라엘-하마스 전쟁이라는 두 개의 전쟁이 계속되고 있다. 미얀마를 강타한 강진으로 사망자가 벌써 3,000명을 넘었고, 대만 해협의 긴장도 고조되고 있으며, 러시아에 파견된 북한군이 대량으로 사망했다는 보도도 있다. 반면, 하루에 러시아군 병력 1,000명이 전사하고 있다는 뉴스도 전해진다. 빌 게이츠는 코로나19와 같은 글로벌 팬데믹이 또다시 닥칠 수 있다고 경고한다. 곳곳에서 죽음과 재앙을 목도하고 있다.

한국으로 시선을 돌려보면, 계엄령 논란과 대통령 탄핵을 거치며 수개월간 국정이 마비되었고, 이제 새로운 대통령 선거를 다시 치르게 되었지만, 이것이 '위기의 끝'은 아닌 듯하다. 미국발 관세 폭탄은 한국 기업들에 직격탄이 되었고, 서민 경제는 더욱 어려워졌다.

중국의 시진핑 국가주석은 현재를 "100년에 한 번 올 격변기" 百年未有之大变局라고 규정했다. 요즘 워싱턴의 국제정치 전문가들 사이에서는 "그러고 보니 시진핑 말이 맞았네."라는 말이 심심치 않게 들린다.

미국은 상대적인 영향력 감소와 함께 내향적이고 고립주의적인 경향을 보이고 있다. 반면, 중국은 경제적으로 큰 도전에 직면해 있음에도 불구하고, 장기적으로는 미중 경쟁에서 승산이 있다고 보고 있다. 특히 미국이 국제사회에서 스스로 리더십을 내려놓고, 국내적으로도 정치적 분열이 심화되는 상황이라면 더욱 그렇다.

강대국 경쟁의 시대는 각자도생의 국제 질서로 흐른다. 그리고 그 속에서 약소국은 더 큰 부담을 짊어지게 된다. 그래서 대한민국의 미래에 대해 우려가 많다.

2024년 3월, 미국 CBS 방송의 유명 시사 프로그램 〈60분〉 60 Minutes은 베이징에 기자와 촬영팀을 파견해 니콜라스 번스 주중 미국 대사를 인터뷰했다. 기자가 "미중 관계의 앞날을 긍정적으로 보십니까?"라고 묻자, 번스 대사는 "두고 봅시다." We'll see라고 조심스럽게 답했다. 지금 우리는 그런 시대에 살고 있다. '두고 볼' 수밖에 없는 시대 말이다.

이제는 친구와 동맹, 적의 경계마저 흐려지고 있다. 이런 시대에 대한민국은 어떻게 대응해야 하는가? 그런 고민 속에서 이 책을 썼다.

이 책을 집필하는 동안 인내와 격려를 아끼지 않으시고, 때로는 따끔한 조언도 건네주신 담당 편집자님께 깊이 감사드린다. 스탠퍼드대학교 아태연구소의 신기욱 소장님, 미국 국방연구원IDA에서 동아시아 책임연구원으로 활동하신 오공단 박사님(嗚公丹, 미국명 Katy Oh)께도 각별한 감사를 전한다. 내가 미국으로 다시 돌아오는 과정에서 두 분 모두 아낌없는 조언을 보내주셨다.

시차에도 불구하고, 종종 늦은 밤까지 마다하지 않고 Zoom을 통해 깊이 있는 대화를 나눠주신 뉴욕타임스 서울 특파원 최상훈 기자님, 이동민 전 단국대 정치외교학과 학과장님, 홍콩뱁티스트대학교 영상원 원장 김신동 교수님께도 진심으로 감사의 마음을 전한다.

무엇보다도, 사랑하는 가족에게 고마움을 전한다. 이 여정을 함께해줘서 고맙습니다.

미국의 본심

초판 1쇄 인쇄 2025년 4월 15일 | 초판 1쇄 발행 2025년 4월 24일

지은이 이성현

펴낸이 신광수
출판사업본부장 강윤구 | 출판개발실장 위귀영
단행본팀 김혜연, 조기준, 조문채, 정혜리
출판디자인팀 최진아, 당승근 | 출판기획팀 정승재 김마이 이아람 전지현
출판사업팀 이용복, 민현기, 우광일, 김선영, 이강원, 신지애, 허성배, 정유, 정슬기, 정재욱, 박세화, 김종민, 정영묵
출판지원파트 이형배, 이주연, 이우성, 전효정, 장현우

펴낸곳 (주)미래엔 | 등록 1950년 11월 1일(제16-67호)
주소 06532 서울시 서초구 신반포로 321
미래엔 고객센터 1800-8890
팩스 (02)541-8249 | 이메일 bookfolio@mirae-n.com
홈페이지 www.mirae-n.com

ISBN 979-11-7347-554-2 (03320)

* 와이즈베리는 ㈜미래엔의 성인단행본 브랜드입니다.
* 책값은 뒤표지에 있습니다.
* 파본은 구입처에서 교환해 드리며, 관련 법령에 따라 환불해 드립니다.
  다만, 제품 훼손 시 환불이 불가능합니다.

와이즈베리는 참신한 시각, 독창적인 아이디어를 환영합니다.
기획 취지와 개요, 연락처를 bookfolio@mirae-n.com으로 보내주십시오.
와이즈베리와 함께 새로운 문화를 창조할 여러분의 많은 투고를 기다립니다.